Wilhelm Friedemann Bach

Zeichnung von P. Gülle in der Königl. Bibliothek zu Berlin

Wilhelm Friedemann Bach

Sein Leben und seine Werke

mit thematischem Verzeichnis
seiner Kompositionen
und zwei Bildern

von

Dr. Martin Falck

Eigentum des Verlegers für alle Länder.

C. F. Kahnt Nachfolger. Leipzig.

Herzogl. Anhalt. Hof- Musikalienhändler.

Inhalt.

Abkürzungen.

ABG = Ausgabe der Bachgesellschaft.

BB = Berliner Königl. Bibliothek.

IMG = Internationale Musikgesellschaft.

P = Partitur.

St = Stimmhefte.

ZIMG = Zeitschrift der Internationalen Musikgesellschaft.

Die Akkorde sind mit H. Riemanns Abkürzungen wiedergegeben: T=Tonika, S=Subdominante, D=Dominante; ein zugesetztes p bedeutet Parallele der betreffenden Funktion, ein durchgelegtes > oder < Leittonwechselklang des Akkords in Moll bzw. Dur; + bedeutet Dur, ° bedeutet Moll; ₰ heißt Subdominante der Subdominante; arabische Zahlen bedeuten Intervalle von unten nach oben (Dur), römische von oben nach unten (Moll); ein < hinter der Zahl erhöht, ein > vertieft das Intervall um einen Halbton. Vgl. dazu Riemanns Katechismus der Harmonielehre (Hesse).

Andere Buchstaben außer den angeführten bedeuten Themengruppen, die durch zugesetzte Zahlen oder kleine Buchstaben in Teile zerlegt werden.

Einleitung.

Lange Jahre hat sich die Vorstellung von Wilhelm Friedemann Bachs künstlerischer Persönlichkeit auf das Orgelkonzert in D-moll gestützt, das sich als eine Bearbeitung eines Vivaldischen Konzertes durch J. S. Bach herausgestellt hat, während der Mensch Friedemann als unechte Romanfigur im Bewußtsein der Allgemeinheit lebte. A. E. Brachvogel (Friedemann Bach; 7. Aufl. 1907) will natürlich keinen Bericht der Geschehnisse geben, aber leider ist nicht einmal das allgemeine Bild der Zeit getroffen: Im Streben nach äußerer Wirkung ist der Roman mehr die Ausgeburt berechnenden Verstandes und einer sentimental sich erhitzenden Phantasie, als die Wiederbelebung der Vergangenheit durch den schöpferischen Geist des wahren Dichters, der so oft den Geschichtsschreiber auf den rechten Weg zum Verständnis führt. Wir haben in dieser Hinsicht von Brachvogel keine Hilfe zu erwarten, sondern müssen uns ganz auf die Prüfung der Quellen verlassen, um das echte Bild Wilhelm Friedemann Bachs zu sehen.

Nachrichten über W. F. Bachs Leben spenden hauptsächlich folgende Quellen:

1. a) Die Akten in den Archiven zu Weimar, Dresden, Halle, Zittau, Darmstadt, Braunschweig, Wolfenbüttel und Berlin. b₁) Die Abdrücke einiger Akten durch Chrysander in den Jahrbüchern für Musikal. Wissenschaft, Leipzig 1867, 2. B., S. 241 ff. b₂) Die Abschriften in der BB: Ms. theor. fol. 63, deren Urschriften gegenwärtig in Halle verschwunden sind.

2. Gleichzeitige Zeitungsberichte in Leipziger, Hallischen, Braunschweiger und Berliner Zeitungen u. a.

3. a) Briefe der Zeit. b) Nachrichten in alten Hds. und Drucken Friedemannscher Werke und einigen späteren Hds. der BB (u. a. P. 228) und der Singakademie zu Berlin. c) Textdrucke der Kantaten. e) Papier und Schrift der Autographe und alter Abschriften.

4. a) Marpurgs „Historisch-Kritische Beyträge zur Aufnahme der Musik" 1754, S. 430 ff.; diese Mitteilungen über des Künstlers Leben bis in den Anfang der Hallischen Zeit fußen zum Teil vermutlich auf Friedemann Bachs eigenen Angaben.

b) Marpurgs Abhandlung von der Fuge 1753—56, neu herausg. von Dehn, Leipzig 1858, 2. Teil, S. III, Marpurgs „Kritische Briefe über die Tonkunst", Berlin 1760, I, 241, Griepenkerls, Adlungs, Petris, Schubarts, Zelters, Forkels, Gerbers u. a. an verschiedenen Orten gegebene Bemerkungen kurzer, sachlicher Natur.

Naturgemäß bilden sich um einen Künstler, der die letzten zwanzig Jahre seines Lebens ohne Amt in Not zubrachte, gern Sagen, die nicht gerade immer der Wahrheitsliebe entsprangen. Deshalb sind nur mit großer Vorsicht zu gebrauchen die Anekdoten in den erst nach W. F. Bachs Tode erschienenen „Legenden einiger Musikheiligen" 1786, von Marpurg gesammelt, die Anekdoten in Reichards Mus. Almanach 1796 und die von Rochlitz in der Leipziger Allgem. Mus. Zeitung II, 1800, die vielfach (z. B. von Sternberg) ohne Quellenangabe nachgedruckt wurden. Sie sind zum Teil nachweislich falsch.

Die nach Marpurgs Abriß erste größere Biographie W. F. Bachs ist die von Carl Bitter: C. P. E. Bach und W. F. Bach und deren Brüder, Berlin 1868, 2. Band. Unkritisch den Quellen gegenüber zeichnet Bitter ein verzerrtes Bild vom Charakter Friedemanns und parteiisch bedacht auf die Wahrung des kunstgeschichtlichen Ansehens Emanuels und ohne vollständige oder gar tiefere Kenntnis der erhaltenen Werke Friedemanns wie überhaupt der ersten Hälfte des 18. Jahrhunderts, verkennt er, zum Teil von unechten Kompositionen ausgehend, Wesen und Bedeutung der Schöpfungen des Meisters. Wertvoll ist die Mitteilung einiger jetzt unzugänglicher Briefe Bachs. Außerdem kommen von neueren Einzeldarstellungen in Betracht die schon erwähnte Chrysanders, die Dr. F. Kohlmanns: W. F. Bach in Halle, seine Familie und seine Hallesche Verwandtschaft (Monatsblätter des Thür.-Sächs. Vereins f. Erforschung . . . . B. 1, 1890, S. 150/154), W. Nagels: W. F. Bachs Berufung nach Darmstadt (Sammelb. der IMG, 1. B. 1900, S. 290 ff.) und C. Zehlers: W. F. Bach und seine Hallische Wirksamkeit 1746—64 (Bachjahrbuch 1910), der nicht alle Quellen benutzt, aber einiges neue Material vorlegt. Die übrigen Aufsätze werden im Text angemerkt werden.

Die Musik W. F. Bachs hat, um nur das wichtigste zu nennen, Bitter (a. a. O.) behandelt, über die Vokalmusik insbesondere Winterfeld in seinem Evangelischen Kirchengesang . . . (1843—47) ein ungerecht verallgemeinerndes hartes Urteil gefällt. Einem Verständnis des wahren Wesens der Kunst Bachs hat erst H. Riemann in seinen Präludien und Studien (1895—1900, 3. B., S. 178) und durch seine Phrasierungsausgaben mehrerer Konzerte, Fantasien, Sonaten und kleinerer Werke (bei Steingräber) und eines Trios (Breitkopf & Härtel: Coll. Mus.) den Weg gewiesen.

Den Herren Büchereivorständen bin ich für mannigfache Erleichterungen bei der Benutzung der Quellen zu Danke verpflichtet.

Auf Grund der Prüfung aller dieser Nachrichten wird sich die verschwommene romantische Vorstellung von Bachs Leben auflösen, der sich unter dem Einfluß einer späten Legendenbildung (kaum außer Zehler und Werker, dem alle Grundlagen fehlen: Allgem. Mus.-Zeitung 1907, S. 2 und 34), bisher die meisten Darsteller nicht ohne Wohlgefallen hingegeben haben. An ihrer Stelle wird ein nüchterneres Bild auftauchen. Das Schicksal eines großen Menschen, dessen bedeutende Schöpfungen, in einer Übergangszeit entstanden, den Alten zu neu, den Neuen alt erschienen, der von seiner Bahn gedrängt nach langem Kampfe am Ende die Welt selbst schroff von sich wies, werden wir mit Teilnahme, sein Irren nicht kalt verurteilend betrachten.

Martin Falck.

I. Das Leben
Wilhelm Friedemann Bachs.

1. Jugend, Lehrjahre und erste Meisterschaft.

Weimar, Köthen, Leipzig. (1710—33.)

Wilhelm Friedemann Bach wurde am 22. November 1710 als erster Sohn Johann Sebastians zu Weimar geboren. Der Eintrag im Taufbuche der Stadtkirche Weimar vom Jahre 1710 (S. 219) lautet so:

> „Herrn Hoforganisten Johann Sebastian Bachens Weib Maria Barbara, ist auch eine geborene Bachin, Einen Sohn geboren den 22. November getauft den 24. d.
> Namens: Wilhelm Friedemann.
> Die Paten: 1. H. Wilhelm Ferdinand Baron von Lyncker, Fürstl. Sächs. Kammer-Junker allhier.
> 2. Frau Anna Dorothea Hagedornin, H. Gottfried Hagedorns J. U. Candidat in Mühlhausen Frau Eheliebste.
> 3. H. Friedemann Weckbach, J. U. Doctor in Mühlhausen."

Die Namen bekam das Kind also nach dem früh verstorbenen Baron von Lyncker und Dr. Weckbach. Einem Neffen Lynckers werden wir später in Bachs Leben wieder begegnen. Die erste praktische Folge dieses Familienzuwachses — es lebte noch eine wenig ältere Schwester Friedemanns: Katharina Dorothea (geb. 27. Dez. 1708) — war wohl die Vermehrung der Einkünfte Sebastians, dessen knapper Gehalt zur Pflege zweier Kinder nicht mehr reichte, durch eine Zulage von 50 Talern von Michaelis 1711 an [1].

Wahrhaftig glücklich und ungetrübt muß die frühe Jugend des Kindes gewesen sein. Vom ersten Tage an umgaben es die unerhört zarten und gewaltigen Klänge der Werke seines Vaters, der das Glücksgefühl seiner überströmenden Schaffenskraft auf Gattin und Kinder mit gleicher Treue übertrug. Wie deutlich offenbart sich darin die allen wahrhaft Großen eigentümliche Liebe zum Kindlichen, die Ehrfurcht vor dem Werdenden, daß Sebastian dem kleinen Friede, wie ihn die

---

[1] Aus Weimarer Kammerrechnungen bei Spitta: J. S. Bach 1, S. 379.

Brüder zeitlebens nannten [1]), die Ungebundenheit der ersten Kindheit nicht raubte, um den Jungen, der, nach seinen außerordentlichen Fortschritten bei Beginn eines zielbewußten Unterrichts zu urteilen, schon in frühester Jugend ein offenes Gehör für die Hauskonzerte seiner Eltern gehabt haben muß, in harter Zucht zu einem frühreifen Wunderknaben zu machen: Frei und ohne geregelte musikalische Unterweisung durfte er bis zum Beginn seines zehnten Lebensjahres seine Jugend genießen. Nach Belieben konnte er dem Gesang der Mutter, dem Klavier- und Violinspiel des Vaters im Hause und den Proben des Chores und Orchesters zuhören, konnte in der Kapelle dem Vater beim Orgelspiel mit kleinen Handgriffen zur Seite stehen oder in den Unterrichtsstunden der Schüler [2]), die schon damals Sebastian aufsuchten, spielend erfahren, was andere mühsam lernen mußten.   Und die Naturstimmungen, die in so vielen Präludien, Inventionen, Sinfonien und Choralvorspielen Sebastians noch halb unverstanden in Friedemanns Ohr klangen, die erlebte er in sonntägigen Spaziergängen durch das anmutvolle Thüringer und gar bald durch das Anhaltische Land.   Später klingen solche Landschaftsstimmungen in den Kompositionen Friedemann Bachs wieder an (Polonaise E-dur, Sonate A-dur, Schlußsatz der B-dur-Sonate).

Wanderungen durch das anhaltische Land — denn 1717 verließ Sebastian Weimar, um nach Köthen als Kapellmeister und Kammermusikdirektor des Fürsten Leopold von Anhalt überzusiedeln [3]).   Auch hier blieb Friedemann noch ohne Unterricht in der Musik bis 1720. Da, nach erfülltem 9. Lebensjahre, hielt der Vater die Zeit für gekommen, mit der Unterweisung im Klavierspiel zu beginnen. Der Anfang des Unterrichts scheint geradezu ein Geburtstagsgeschenk an den Knaben gewesen zu sein, ist uns doch bekannt [4]), daß Sebastian, ehe er zum Studium wirklicher Kompositionen vorschritt, seine Schüler ein paar Monate bei Tonleiterstudien, Hand- und Fingerübungen zu deutlichem und sauberem Anschlag festhielt.   „Unter einigen Monaten [4]) konnte keiner von diesen Übungen loskommen, und seiner Überzeugung nach hätten sie wenigstens 6 bis 12 Monate lang fortgesetzt werden müssen.   Fand sich aber, daß irgendeinem derselben nach einigen Monaten die Geduld ausgehen wollte, so war er so gefällig, kleine zusammenhängende Stücke vorzuschreiben, wo jene Übungssätze in Verbindung gebracht waren.   Von dieser Art sind die 6 kleinen Präludien für Anfänger und noch mehr die 15 zweistimmigen Inventionen. Beide schrieb er in den Stunden des Unterrichts selbst nieder und nahm dabei bloß auf das gegenwärtige Bedürfnis des Schülers Rück-

---

[1]) J. S. Bachs Gesamtausgabe 45, 2 S. V, Mitteilung Emanuels.
[2]) z. B. des Bernhard Bach 1715—17 (Spitta 1, 796); von ihm stammt wahrscheinlich der als Klavierbuch des Andreas Bach bekannte Sammelband der Leipziger Stadtbibliothek.
[3]) Vgl. zu J. S. Bach in Weimar und Köthen, Spitta: J. S. B. 1. Band. Wir haben außer den nackten Tatsachen nur zu berichten, was das Bewußtsein des Kindes bereichern mußte.
[4]) Forkel: J. S. Bach 1803, S. 38 ff.

sicht." Die ersten Übungen mußte Friedemann in etwa zweimonatigem Studium schon überwunden haben, als ihm der Vater das „Clavier-Büchlein vor Wilhelm Friedemann Bach · angefangen in Cöthen d. 22. Jan. 1720" anlegte. Die geschwinde Steigerung der Schwierigkeiten zeigt, mit welch erfolgreicher Begeisterung Lehrer und Schüler ihre Aufgaben erfüllten. Die Beschreibung und Inhaltsangabe in der A B G[1]) überhebt uns der Aufgabe, hier Bericht zu erstatten.

Nach und neben den deutschen Kompositionen des Klavierbüchleins, an denen sich ein gesundes volkstümlich ausgeprägtes Musikempfinden entwickeln sollte, das ohne Gefährdung der Selbständigkeit fremde Anregungen aufnehmen konnte, studierte Friedemann wohl auch die Schätze der französischen und italienischen Klaviermusik, die Sebastian in seinen Wander -und Lehrjahren gesammelt hatte. Vielleicht hat der Meister den kleinen Friede den Stolz, mit dem bewunderten Vater auf zwei Klavieren spielen — konzertieren! — zu dürfen, zum ersten Male an einer Allemande in A-dur für zwei Klaviere von Couperin kosten lassen[2]). Sie steht etwa auf derselben Schwierigkeitsstufe wie die Choralfiguration „Wer nur den lieben Gott" im Anfang des Klavierbüchleins, mit der es die vielen Manieren teilt. Dieses reizende Tanzstück befindet sich in der B B unter Friedemanns Namen in einer späten Abschrift, während im Nachlaßverzeichnis C. P. Emanuels[3]) das Autograph Friedemanns aufgeführt wird. Jedenfalls hatte sich der junge Schüler das Werkchen in Köthen abgeschrieben, — in reiferen Jahren hätte es ihn kaum interessiert — und spätere Abschreiber und der Verfasser des Nachlaßverzeichnisses hielten es wegen der Schrift für eine Jugendkomposition Friedemanns[4])[5]).

In dem gleichen Jahre 1720 traf den jungen Friedemann der erste herbe Verlust. Vermutlich am 5. Juli starb plötzlich in Abwesenheit des Vaters, der sich gerade mit dem Fürsten auf seiner zweiten Karlsbader Reise befand, die Mutter. Erst nach dem Begräbnis traf Sebastian wieder in Köthen bei seinen verwaisten Kindern ein. Er hielt es für seine Pflicht, seinen Kindern — Friedemann hatte bereits mehrere Geschwister, unter ihnen C. P. E. Bach (8. März 1714 geb.) und Joh. Gottfr. Bernhard (11. Mai 1715 geb.) — eine neue Mutter zu geben.

---

[1]) Das Autograph Sebastians ist von Friedemann an seinen mutmaßlich Hallischen Schüler und Verwandten J. C. Bach in Halle, den sogenannten Klavierbach († 1814), von diesem an Kötschau, von ihm an Oberregierungsrat G. Krug über Oberappellationsgerichtsrat Dr. Krug übergegangen. Genaues Inhaltsverzeichnis und Abdruck der nur hier überlieferten Werke A B G 45, S. 213 ff. Alte Abschrift in der Bibliothek des Joachimsthalschen Gymnasiums zu Berlin.

[2]) F. Couperin: Pièces de Clavecin. Ausgabe von Brahms in Chrysanders Denkmälern Nr. 160 (s. auch them. Verz. hinter Nr. 11).

[3]) Hamburg 1790, bei Schniebes.

[4]) Eine zweite Kopie befindet sich in der Singakademie zu Berlin.

[5]) 1910 wurde die Allemande unter W. F. Bachs Namen von Pembaur dem Jüngeren in L. Schittlers Wunderhornverlag herausgegeben mit einem schwärmerischen Vorwort!

Am 3. Dezember 1721 heiratete Sebastian Anna Magdalena Wülcken, die Tochter des Kammermusikus Wülcken aus Weißenfels. Die Notenbücher, die Sebastian von 1722 und von 1725 an für sie und mit ihr schrieb, beweisen, daß sie wohl befähigt war, die Entwicklung ihres ältesten Stiefsohnes zu verfolgen und verstehend zu beeinflussen.

Daß Friedemann neben der musikalischen Erziehung in Köthen jedenfalls von Anfang an Schulunterricht genoß und seit etwa 1720 das Gymnasium besuchte, ist sicher, wenn sich auch Nachrichten am selben Orte nicht erhalten haben.[1] Wir müßten das aber schon aus den Schulheften schließen, die sich aus den Jahren 1723—27 erhalten haben, zusammen mit einem Texte einer verlorenen Köthener Gratulationskantate J. S. Bachs aufs Neujahr 1723, die mit Zahlenübungen von Friedemann beschrieben ist, und die jetzt im Bachmuseum zu Eisenach aufbewahrt werden[2], wenn es uns nicht außerdem Sebastian in einem Briefe an Erdmann (vom 28. Oktober 1730)[3] sagte, er habe sich nach Leipzig gewandt, „zumahle, da meine Söhne studiis zu inclinieren schienen".

Bekanntlich nahm Sebastian das Amt eines Thomaskantors und Universitätsmusikdirektors in Leipzig an. Den 31. Mai 1723 wurde er eingeführt[4]. Sogleich muß Friedemann in die Thomasschule aufgenommen worden sein, die er erst 1729 wieder verlassen sollte. Fast unleserlich findet sich sein Name unter den Neuaufgenommenen in einem Verzeichnis von der Hand des Rektors Ernesti[5]. Mit den Fortschritten des jungen Thomaners scheint sein Vater in jeder Hinsicht zufrieden gewesen zu sein, sonst hätte er ihn wohl nicht mit der Vormerkung für die Universität zu Weihnachten erfreut. In den Universitätsmatrikeln[6] findet sich in der Abteilung Depositi nondum inscripti die Eintragung: Bach, Wilhelm Friedemann, Vinario-Thuringensis unter dem 22. Dezember 1723.

Die Arbeitshefte Friedemanns aus der Thomasschulzeit verlangen als ein Denkmal aus dem Leben des heranwachsenden Jünglings eine eingehende Schilderung.

Das erste besteht aus einer Lage dünnen Papiers nur mit Streifen als Wasserzeichen in Oktav mit dem Titel: Liber Proverbiorum in usum Wilhelmi Friedemanni Bachii, und nach einem gewaltigen Schnörkel: Anno 1723 De is Novembr. Die zweite Hälfte des Bändchens ist unbeschrieben und nicht aufgeschnitten, während die erste unter Gruppen von A—H lateinische Sprichwörter mit Übersetzung

---

[1] Nach Mitteilung der Herren A. Berendt und Prof. Blume, Verwalters der Herzogl. Bibliothek.
[2] Als Geschenk ihres Finders, Herrn Musikdirektors B. F. Richter in Leipzig, der mir das Recht der Bearbeitung überlassen hat.
[3] Spitta 2, S. 83.
[4] Spitta 2, S. 10 ff.
[5] In der Thomasschule aufbewahrt.
[6] Auf der Universitätskanzlei zu Leipzig.

enthält. Die deutsche Übersetzung geht weniger auf Worttreue als mit gesundem Sprachgefühl auf Schlagkraft aus: Sua veritati est acritudo · Wahrheit reucht in die Nasen wie die Zwiebel, ist unleidlich · Sui nihil cum amaricino · Die Sau hat lieber Koth als Palsam · usw. usw. Die letzte Seite ist mit ein paar Achtel- und Sechzehntelnoten ohne Linien in steifer spitzer Schrift mit geraden Hälsen bemalt. Die Schrift des Büchleins zeigt schon sehr ausgebildet die spätere Hand Friedemanns, nur weicher und gebogener. Gerade aus der Freiheit der Übersetzung sieht man, daß Friedemann in eine Klasse aufgenommen worden war, die wie er schon längere Zeit Latein getrieben hatte. Noch mehr geht das natürlich aus dem zweiten der erhaltenen Hefte hervor, bestehend aus sechs zusammengehefteten Lagen in Quart aus starkem Papier mit Wasserstreifen. Es ist betitelt: Liber Exercitiorum in usum Wilhelmi Friedemanni Bachii, Anno 1725, mit Schnörkel. Daneben steht zum Teil wenigstens von Emanuels Hand: „Exercitium Buch in Nützen von Willhelm Friedeman Bach." Die einzelnen Arbeiten sind datiert und gehen vom 16. Mai 1725 bis X. Cal. Mart. 1726. Ein drittes Quartheft aus demselben Papier geht von III. Cal. Mart. bis 27. Jun. 1726. Ein viertes schlecht erhaltenes Heft von gleichem Papier wie das Liber Proverbiorum reicht vom 30. April 1727 bis zum 26. Mai 1727 oder noch weiter, da die letzten Arbeiten nicht mehr datiert sind. Es ist anfangs im Gegensatz zu den vorausgehenden · saubereren Heften schlecht geschrieben, läßt aber in den vielen Umstellungen und Verbesserungen ein nicht geringes Interesse für stilistische Feinheit in der fremden Sprache, ein gewisses künstlerisches Ringen um Ausdruck merken.

Diese drei zuletzt genannten Hefte enthalten deutsche Texte, Übersetzungen ins Lateinische, oft in Form von Chrien, griechische Arbeiten, das vierte Heft sogar Verse und, nicht uninteressant, am 16. Mai 1727 als Exercitium Θωμασικόν eine deutsche und lateinische Beschreibung der Anwesenheit des Landesvaters nach der Messe. Die in den Heften geübte Praxis ist die, daß einer lateinischen Arbeit eine oder mehrere Imitationes folgen, andere Fassungen in lateinischer oder griechischer Sprache; es wurde verlangt, was ohne Überanstrengung zu leisten war. Friedemann erweist sich als guter Schüler, bisweilen mit nicht gewöhnlichen sprachlichen Interessen, scheint aber, nach manchen Flüchtigkeitsfehlern zu urteilen, den Ruhm, ein Musterkind zu sein, nicht erstrebt zu haben. Ein tadelloser Schüler hätte wohl auch die Langeweile mancher Arbeitsstunde nicht durch so jungenhafte Zeichnungen verkürzt, wie sie Friedemann liebevoll oft mit der grausamen Satire, die dem heranwachsenden Schüler eignet, in das zweite und vierte Heft eingetragen hat. Zwischen die Arbeiten vom 30. April bis 26. Mai 1727 hat er recht steif zarte Blumen, groteske Köpfe mit wulstigen Lippen und Nasen und gewaltigem Haarschopf (26. Mai), oft eine ausgestreckte aufliegende Hand mit Sehnen, auch einen Frauenkopf neben einen Männerkopf mit schneidig gebogener Nase und gedrehtem Schnurrbart sowie einen kleinen Kopf, ähnlich dem Profile seines Vaters „gezeichnet". Diesen hatte er schon einmal mit dem vorgeschobenen Kinn und in der Perücke zu treffen versucht (XVII. Cal. Febr. 1726), gleich neben einem ganz entsetzlichen Scheusal mit der gezirkelten selbstironisierenden Beischrift: Meine Liebe. Irgend jemand muß ihn bei dieser Beschäftigung überrascht haben: die Gemälde haben sich beim eiligen Zuklappen auf der nächsten Seite abgedrückt.

Was für ein lebhaftes Bild geben diese Schulhefte von dem jungen Friedemann! Einmal tritt er uns als der eifrige Schüler entgegen, dann als der echte Bachsprößling, der mit dem diesem Geschlecht eigenen Familiensinn acht Familienglieder auf die letzte Seite des zweiten Heftes aufschreibt (mit Emanuel zusammen), dann als der frische, voll Unsinn steckende Junge mit dem kritischen Blick dieses Lebensalters.

Eine wieviel deutlichere und glaubwürdigere Sprache sprechen diese scheinbar stummen Hefte als die geschwätzige und unwahre Anekdote, die Rochlitz aus dieser Zeit erzählt[1].

„F. Bach war ein vertrauter Freund von Doles, der während der dreißiger Jahre im Hause seines Vaters die Musik studierte. Einst wollte Friedemann diesen auf seiner Stube besuchen, fand ihn dort aber nicht und setzte sich, um ihn zu erwarten, an den Tisch, wohin man eben das Abendessen für Doles auf Kohlen gestellt hatte. In seine Träumereien versunken, nimmt er das Essen herunter, verzehrt es bis auf den letzten Rest und wird dann zu seiner Familie zum Essen gerufen. Ruhig räumt er zusammen, steckt dabei Messer, Gabel und Löffel in die Tasche, setzt sich mit den Seinen wieder zu Tisch und speist ohne weiteres noch einmal. Doles kommt nach Haus, findet das leere Geschirr, vermißt sein Besteck, fragt, wer auf seinem Zimmer gewesen, hört, daß Friedemann dort gewesen war, geht zu ihm und machte ihm Vorhalte darüber, daß er sein Abendessen verzehrt und sein Besteck mitgenommen habe. Dieser, sehr erstaunt, weist die Zumutung seines Freundes ab, und wird, als er sein Besteck von ihm zurückfordert, im höchsten Grade aufgebracht. Er springt auf, und droht Doles, daß er ihn zum Diebe machen wolle. Dieser, dem starken und faustgerechten Gegner nicht gewachsen, flieht; Friedemann will ihm nach, seine Geschwister halten ihn, man hört das Klappern in seiner Rocktasche und zieht das Besteck heraus. Friedemann stutzt. Er ruft den Freund zurück und bittet ihn um Vergebung. Während aber die anderen über seine Verkehrtheit lachen, weiß er nichts zu sagen, als: Wo ich nur all den Appetit herbekommen haben mag!"

Diese absichtlich vollständig wiedergegebene Anekdote trägt mehrere höchst unwahrscheinliche Züge. Verrät schon der Aufbau weniger den aufrichtigen Erzähler als den „geistreichen" Stilisten, der aber durch sichere Namensnennung alle Zweifel verschließen will, so noch mehr der Inhalt die Unmöglichkeit des Geschichtchens. Nur der junge Doles könnte eine Vertrauter W. F. Bachs gewesen sein, da der Mann Doles,

---

[1] Allgem. Leipz. Musikalische Zeitung 1800; 2, S. 830.

der anmutig tändelnde Verächter der Fuge in der Kirchenmusik[1]), von Bach kaum als Freund angesprochen worden wäre, wie auch über Beziehungen zwischen ihnen nichts bekannt ist. In der Tat stellt die Erzählung beide als noch etwas unkultivierte Jünglinge dar. Wie paßt das zu dem Umstand, daß Doles erst seit 1738 den Unterricht Sebastians in Leipzig genoß[2]), als Friedemann schon 28 Jahre alt war und vor schon fünf Jahren das Vaterhaus verlassen hatte? Erweisen sich so gerade die bestimmten Orts-, Namens- und Zeitangaben als Erfindung, was bindet uns dann zu glauben, daß sich die Anekdote mit Friedemann in irgendeiner Form zugetragen hat? Wir müssen die Erzählung als Verwechslung oder Unterschiebung ansehen, zumal sich Rochlitz auch sonst als höchst unzuverlässig erweist. Eine von ihm herrührende Erzählung über ein Ereignis aus Friedemanns stellenloser Zeit wird sich gleichfalls als unmöglich herausstellen. Auch Mennicke[3]) klagt über Rochlitzens Phantastereien. Die meisten Anekdoten Rochlitzens über Bach[4]) entpuppen sich schließlich als späte für den Geschichtschreiber unbrauchbare Legenden, die, wenn ihnen wirklich etwas Wahres zugrunde liegen sollte, allzu viel von ihrer geschichtlichen Wahrheit dem Bestreben des Erzählers opfern, ein fein zugespitztes Witzchen vorzutragen oder im kleinsten Rahmen jedesmal einen Zug des Bildes Bachs klar heraustreten zu lassen, des Bildes, das sich Rochlitz nach den Marpurgischen Legenden (1786) und den Reichardtschen Anekdoten (1796) von Friedemann gemacht hatte. Daß aber Marpurg und noch mehr Reichardt ihre Anekdoten unter dem Eindrucke der Schroffheiten des verbitterten Bachs der 70er und 80er Jahre schrieben und diese Auffassung des Charakters Friedemanns zum Teil auf ihre Darstellung des jüngeren Bach, wohl nicht immer in ganz reiner Absicht, nach des Künstlers Tode (1786 und 1796) übertrugen, werden wir später sehen. Der letzte Schritt auf diesem Wege der Übertragung der Züge des alten Reichardtschen Bach auf den jungen Künstler ist von Ledebur im Tonkünstlerlexikon von Berlin getan worden, der dem Friedemann der Dresdner Jahre Eigenschaften beilegt, die der Meister auch in Berlin nicht besessen hat.

Wenden wir uns von dem unwahren, romantischen Vorstellungen vom Leben des Künstlers entsprungenen Bilde eines krankhaft verträumten, dann wieder aufbrausenden Jünglings ab zu dem frischeren der Wirklichkeit! Wie ist Friedemanns Erziehung zum Musiker nach der Bewältigung der Aufgaben des Klavierbüchleins weiter vor sich gegangen? Forkel, der Verehrer und Wohltäter unseres Künstlers, berichtet[5]), daß Sebastian als reifer Künstler, d. h. bei Forkel „nach Beginn des 35. Lebensjahres", die sechs Sonaten für zwei Klaviere mit

---

¹) Vorrede zu Doles' Kantate „Ich komme vor dein Angesicht" 1790, Naumann und Mozart gewidmet.
²) Spitta 2, S. 724.
³) Mennicke: Hasse und die Brüder Graun.
⁴) Allgem. Leipz. Musikalische Zeitung 1800.
⁵) J. N. Forkel: Über J. S. Bachs Leben, Kunst .. Leipzig 1802, S. 60.

obligatem Pedal für seinen ältesten Sohn als Orgelvorbereitung geschaffen habe[1]). Die rasche Steigerung der Schwierigkeit im Klavierbüchlein setzt eine so geschwinde Entwicklung des Schülers voraus, daß wir als sicher annehmen dürfen, daß sich Friedemann bereits in Köthen die damalige Technik des Klavierspiels fast restlos angeeignet hatte. So ist es denn auch möglich, daß Sebastian bald nach der Übersiedelung nach Leipzig seinen Sohn in die Geheimnisse des Orgelspiels eingeführt hat, neben dessen Studium auch ein geregelter Unterricht in der Komposition eingesetzt haben muß, mit dem Sebastian erst zu beginnen pflegte, wenn er schon Versuche des Schülers gesehen hatte. Diese Versuche müssen um 1726 schon eine ansehnliche künstlerische Höhe erreicht haben, da Friedemann von seinem 16. Lebensjahre an den Unterricht des späteren Berliner Konzertmeisters Joh. Gottlieb Graun in Merseburg, eines Schülers Pisendels und Tartinis, auf der Geige genoß mit der ausgesprochenen Absicht, nach der Natur dieses Instruments setzen zu lernen[2]). Marpurg schreibt zwar, vom 15. Jahre an habe sich Bach Grauns Unterweisung in Merseburg bedient. Nun ist aber Graun erst 1726 Kapelldirektor in Merseburg geworden, und von einem längeren Aufenthalte Grauns in Leipzig 1725 (oder 1726) ist nichts bekannt[3]). Hier geben uns die Schulhefte wiederum Auskunft. Darin gehen die Arbeiten ohne größere Unterbrechung vom 16. Mai 1725 bis zum 27. Juni 1726; wohl aber fehlen die Arbeiten nach dem 27. Juni 1726 bis vor dem 30. April 1727. Sehr wahrscheinlich hat Bach also bei Graun in Merseburg etwa Juli 1726 bis April 1727 geweilt. Diese Unterweisung hat ausgezeichnete Früchte gebracht, wie seine Klavierkonzerte, Violintrii und vor allem seine Sinfonien beweisen. Noch am 1. Dezember 1749 schreibt daher Friedemann in einem Briefe[4]) dankbar von Graun: „den ich als meinen ehemaligen Meister auf der Violine noch jetzo veneriere".

Außer auf Klavier, Orgel und Violine hatte sich Friedemann im Gesang und in der Leitung mancher Proben und Aufführungen des Thomaschores, oft wohl auch als Accompagnist an der Orgel tätig, gründliche Kenntnisse erwerben können, selbst wenn er nicht Präfekt des Chores gewesen sein sollte[5]). Dazu kam die für den künftigen Komponisten so wichtige praktische Kenntnis des Orchesters durch eigne häufige Mitwirkung in den Konzerten im väterlichen Hause, vielleicht im Collegium musicum. Das ganze Glück eines mit Recht auf seine Familie stolzen Vaters spricht aus dem Briefe Sebastians an seinen Jugendfreund Erdmann in Danzig vom 28. Oktober 1730[6]): „Mein

---

[1]) P. 272 der BB enthält Nr. 1—4 von Friedemanns, Nr. 5—6 von Sebastians Hand, wahrscheinlich vor dem Weggang nach Dresden (1733) sauber abgeschrieben.
[2]) Marpurg, Historisch-kritische Beyträge zur Aufnahme der Musik 1, S. 431.
[3]) Mennike: Hasse und die Brüder Graun.
[4]) Bitter a. a. O. 2, S. 370.
[5]) Vgl. Spitta a. a. O. 2, S. 17 ff. über Präfektur.
[6]) Vgl. Spitta a. a. O. 2, S. 83 ff.

ältester Sohn ist ein studiosus Juris, die andern beyde frequentiren noch einer primam und der andere secundam classem, u. die älteste Tochter ist auch noch unverheurathet. Die Kinder anderer Ehe sind noch klein u. der Knabe erstgebohrner 6 Jahr alt. Insgesamt aber sind sie gebohrne Musici u. kann versichern, daß schon ein Concert vocaliter und instrumentaliter mit meiner Familie formiren kan, zumahle da meine itzige Frau gar einen saubern Soprano singet, und auch meine älteste Tochter nicht schlimm einschläget"[1]). Der Depositus war unterdessen 1729 inscriptus geworden. Marpurg berichtet[2]): „Nach öffentlicher Valediction (von der Thomasschule) schritte er zu den höheren Wissenschaften auf der Universität Leipzig." Die Matrikeln[3]) berichten:

1728/29. Rectore D. Johanne Schmidio PP.
Num. 109. Natio M. 5. Mart. 1729. Bach, Wilhelm
Friedemann, Vinar. Thur.

Sebastian wußte wohl, daß er der „Inclination" seiner Söhne zú den studiis als einer notwendigen Ergänzung der einseitig musikalischen Bildung nachgeben mußte. In fast vierjährigem Studium hörte Friedemann folgende Vorlesungen[4]):

Prof. Jöcher und Prof. Ernesti: Philosophie.
D. Rüdiger: Vernunftlehre.
D. Kästner: Institutiones.
D. Joachim: Pandekten und Institutiones.
D. Stiegelitz: Wechselrecht.
Prof. Haussen u. Prof. Richter: Mathematik.

Zum Studium der Mathematik, besonders Algebra, wurde er vielleicht durch Mizler angeregt, der schon damals in Leipzig von einer näheren Verbindung der Tonkunst mit der Mathematik Vorteile erhoffte[5]). Neben dieser wissenschaftlichen Tätigkeit laufen aber kompositorische und klavierpädagogische Bemühungen und mancherlei Ausflüge nach Dresden und Halle her.

Ein Beweis großen Vertrauens war die Sendung Friedemanns an Händel in Halle im Sommer 1729. Wohl nicht die Lust am Wettstreit, sondern die Sehnsucht nach dem Verständnis eines reifen Mannes für das Innerste seiner musikalischen Gedanken anstatt staunender Bewunderung ließen Sebastian die persönliche Bekanntschaft mit Händel suchen. Als Krankheit Bach hinderte, selbst zu dem auf der Durchreise in Halle weilenden Händel zu reisen, schickte er seinen ältesten Sohn mit einer Einladung an den Meister nach Halle, deren Mißerfolg bekannt

---

[1]) Man sieht, welche Stütze die jungen Bache auch dem Thomanerchore sein mußten. Bedenkt man, was das Vorbild unter Schülern tut, so kann man kaum der Ansicht Spittas beistimmen (2, S. 25), daß die Kantatenaufführungen gesanglich nicht vorzüglich gewesen seien.

[2]) A. a. O.

[3]) Universitätskanzlei Leipzig.

[4]) Marpurg a. a. O. 1, 431.

[5]) 1731/34 Schüler S. Bachs im Klavierspiel. 1739: „Die Anfangsgründe des Generalbasses, nach mathematischer Lehrart abgehandelt."

ist [1]). Leider ist keine Nachricht erhalten, ob Friedemann eine Probe seiner Fähigkeiten vor Händel ablegen durfte.

In der ungebundenen Zeit des Universitätsstudiums werden auch die Besuche, die Sebastian mit seinem Sohne der Dresdener Oper abstattete, häufiger geworden sein. Forkel, der es wohl von Friedemann wußte, erzählt [2]), wie Sebastian seinem Sohne eine Reise nach der Hauptstadt mit den Worten: „Friedemann, wollen wir nicht einmal wieder die schönen Dresdner Liederchen hören?" anzukündigen pflegte. Wir wissen, daß Sebastian außer 1717 schon zwischen 1723 und 1725 und 1728 oder 1729 [3]) in Dresden geweilt hat. Dann war er 1731 zur ersten Aufführung der Cleofide (Hasse) am 13. September in der Elbstadt und konzertierte am 14. in der Sophienkirche, Friedemanns späterer Wirkungsstätte [4]). Das werden aber bis 1733 nicht die einzigen Besuche gewesen sein. Jedenfalls ist es für Friedemanns Stilbildung von großer Bedeutung gewesen, daß er schon in den Jahren der Unreife und des Werdens mit der homophoneren Kunst der Dresdener in nähere Berührung gekommen ist.

Um 1730 ist dann Friedemanns moderner Stil fast vollständig ausgebildet. Um diese Zeit, jedenfalls vor 1733 ist, ein Beispiel unglaublich frühreifer Meisterschaft, das A-moll-Klavierkonzert entstanden, in dem sich schon die meisten Eigenschaften des Friedemannschen Stiles: Homophonie mit polyphoner Begleitung, und ein für die damalige Zeit außerordentlich gesteigerter und entwickelter Subjektivismus wiederfinden [5]). Daß in unmittelbarem Anschluß an den letzten Satz dieses Konzertes die altertümliche Bourlesca entstanden ist, ist ein Zeichen ebenso dafür, daß Älteres neben Neuestem in Friedemann lag, wie für den überschwänglich produktiven Geist, der in einem Atem Tragödie und Satyrspiel schuf.

Mit vollem Rechte durfte ihn Sebastian von der Lehre lossprechen zum Gesellen, indem er ihm die Ausbildung von Schülern, die von weit her nach Leipzig gepilgert kamen, anvertraute [6]). So war Nichelmann seit 1730 einer der besten Cembaloschüler Friedemann Bachs [7]).

---

[1]) Vgl. Forkel a. a. O. S. 47. Spitta 2, S. 621. Chrysander: Händel 2, S. 232 ff.

[2]) Forkel a. a. O. S. 48.

[3]) Brief Emanuel Bachs: Nohl: Musikerbriefe, 2. Ausg., 1872, S. XLIX: Faustina Hasse, Quantz u. a. nannten Sebastian nach diesem Konzert den schlechthin größten Orgelvirtuosen.

[4]) Mennicke a. a. O. S. 377.

[5]) Die Besprechung und zeitliche Bestimmung kann erst in dem Abschnitt über die Klavierkonzerte gegeben werden.

[6]) Unter ihnen wohl auch Godofredus Bach, Leucopetyensis, der am 27. April 1727 immatrikuliert wurde. Über die andern Schüler dieser Zeit vgl. eine Zusammenstellung von B. Fr. Richter im Bachjahrbuch 1907 (S. 66 ff.), sowie Spitta, und Chrysanders Jahrbücher (I, 285).

[7]) Marpurg a. a. O. 1, 433. * 1717 † 1762, vgl. Riemann: Musiklexikon 7. Aufl. S. 990.

Daß Nichelmann 1744—56. zweiter Cembalist an Friedrichs des Großen Hofe war, ist ein Beweis für die Güte des genossenen Unterrichts.

Bach wartete nur noch auf eine einigermaßen passende Stellung: Jedes Amt konnte Ehre von ihm erwarten. Daß sich des Künstlers Augen nach Dresden richteten, wo man wohl schon auf ihn aufmerksam geworden war, ist nicht zu verwundern.

2. Erstes Amt. Zeit des freiesten instrumentalen Schaffens.
Dresden. (1733—1746.)

Dresden war in der ersten Hälfte des 18. Jahrhunderts eine der musikreichsten Städte Deutschlands, in den dreißiger Jahren vielleicht die bedeutendste[1]). August dem Starken war am 1. Februar 1733 Friedrich August II. als Herrscher gefolgt. Seine und seiner Gemahlin, der österreichischen Erzherzogin Maria Josepha, einer Schüler Porsiles, Vorliebe für italienische Musik und Poesie hatten die Vorherrschaft der französischen Kunst in Dresden gebrochen, die fortan nur in Abwesenheit des Königs von ihren Verehrern gepflegt werden konnte[2]). Die große musikalische Vergangenheit wurde von der Gegenwart der dreißiger Jahre womöglich noch übertroffen, seitdem Hasse, der damals berühmteste Tonsetzer der Welt, mehr und mehr in den Vordergrund trat. Am 1. Dezember 1733 wurde er endgültig als kurfürstlicher Kapellmeister angestellt, nachdem schon früher seine Schöpfungen zum Teil in seiner Gegenwert von der Hofoper aufgeführt worden waren[3]), In der Elbstadt strömten die bedeutendsten Sänger und Sängerinnen zusammen, aus deren Zahl der Name Faustina Hasse bis in unsere Tage seinen Glanz behalten hat. An der Spitze des Orchesters, in dem unter anderen Neruda, der Flötist P. G. Buffardin, der Lautenist S. L. Weiß, seit 1739 auch der Oboist Besozzi wirkten[4]), stand seit 1728 J. G. Pisendel als Konzertmeister, der, ein Schüler Vivaldis und Montanaris, die Vorzüge des französischen und italienischen Violinspiels zu wunderbarer Einheit verschmolz[5]). Von ihm hieß es, er lasse kein Stück spielen, ohne selbst vorher jede einzelne Orchesterstimme mit genauen dynamischen und technischen Bezeichnungen (Bogenstrich usw.) versehen zu haben, so daß die erste Orchesterprobe schon fast vollkommen das Kunstwerk bot. Hasse rühmte von ihm, er treffe das Tempo oft besser als er selbst[6]). Aus der großen Anzahl der Dresdner

---

[1]) M. Fürstenau: Zur Geschichte der Musik und des Theaters am Hofe der Kurfürsten von Sachsen und Könige von Polen. Dresden 1862. 2. Band.
[2]) Fürstenau 2, S. 201.
[3]) Mennicke a. a. O. S. 377.
[4]) Der Kgl. Poln. und Churf. Hoff- u. Staatskalender auf die Jahre 1729, 30 usw. 1739, 1736 usw. gibt Verzeichnisse der Kapellmitglieder.
[5]) Vgl. Scherings Auswahl deutscher Instrumentalkonzerte in den Denkmälern deutscher Tonkunst B. 29, 30.
[6]) Reichardt, Briefe eines aufmerksamen Reisenden 1771, I, S. 10, und Marpurg: Hist.-kr. Beytr. 2, 477.

Kirchenkomponisten ragten (1733—46) neben Hasse der strenge Kontra-
punktiker Zelenka[1]) und der Kammerorganist G. A. Ristori hervor.
Aber neben dieser amtlichen Musikpflege herrschte eine rege private.
Der russische Gesandte und Gönner Bachs, Graf Hermann Karl von
Kayserlingk, Graf Heinrich von Brühl, der sich seit 1735 seine eigene
Kapelle hielt, die Directeurs des plaisirs von Breitenbauch, von Dießkau
und von König (Sohn Ulrich Königs) sowie später Graf-Algarotti,
Friedrichs des Großen Freund, betätigten sich als eifrige Förderer der
Musik. Erst vom Jahre 1741 ist die mehr bürgerliche Einrichtung
eines Collegium musicum durch den Gouvernementsproklamator Christian
Benckert bekannt[2]). Im ganzen war die Dresdner Kunstpflege, kaum
die protestantische Kirchenmusik der Th. Ch. Reinhold (Kantor bei der
Frauenkirche), Ch. H. Gräbner (Organist daselbst) und des späteren
Homilius (seit 1742 Organist daselbst) u. a. ausgenommen, nicht so
sehr natürliches Erzeugnis der heimischen Kultur als des Willens des
internationalisierten Hofes, wenn man auch den deutschen Einschlag,
der vor allem Pisendels, aber auch Hasses Schöpfungen kennzeichnet,
keineswegs unterschätzen sollte. Mit dieser Einschränkung ist Fürstenau
beizustimmen, wenn er sagt[3]): „Die Hauptstadt Sachsens war viel
weniger eine deutsche Stadt, als eine vorgeschobene Stätte für den
Luxus, die Geselligkeit und die Künste des südlichen Europas."
    Was in der kontrapunktischen Schule Sebastians zu lernen war,
hatte sich Friedemann angeeignet. Die Richtung, die sein Geist schon
in Leipzig eingeschlagen hatte, und die teilweise in einer Abkehr von
der alten Polyphonie bestand, mußte in Dresden, so schien es, Anklang
und Förderung finden. Aus der ehrenden Aufnahme, die dem Vater
von Dresdens Künstlern zuteil ward, aus der persönlichen Bekanntschaft
mit Weiß, Zelenka und dem Ehepaare Hasse, das öfter in Bachs Hause
in Leipzig einkehrte[4]), mit von Kayserlingk und andern Mit-
gliedern der Hofgesellschaft durfte auch der Sohn auf Entgegenkommen schließen. Eine glänzende Laufbahn schien dem jungen
Künstler bevorzustehen, als er sich am 7. Juni 1733 mit Erfolg um die
durch den Tod Pezolds erledigte Organistenstelle bei der Sophienkirche zu Dresden bewarb. Das Schreiben Friedemanns lautet so:[5])

ince!   Magnifice,

Hoch Edelgebohrne, Hoch und Wohl Edle, Hoch und Wohlgelahrte,
    auch Hoch-und Wohlweise Herren Hochgeneigteste Gönner.

Eu. Hoch Edelgeb. Herrligk. sonderbare Güte und Sorgfalt, mit welcher
Dieselben jedermann, so nur Dero Hülfliche Hand verlangen, zu gethan,
Kan voritzo genug seyn mich in meyner Hoffnung zu unterstützen; Maßen

---

[1]) Vgl. W. Müller: J. A. Hasse als Kirchenkomponist. Beiheft der
IMG. 1911.

[2]) Vierteljahrsschrift f. Musikw. 1894, S. 326 in Helds Aufsatz: Das Kreuz-
kantorat zu Dresden.

[3]) A. a. O. 2, S. 205.

[4]) Forkel, a. a. O. S. 47—48.

[5]) Dresden, Ratsarchiv: Akten, die Besetzung des Organistenamtes bei
der Sophienkirche allhier 1733 — betreffend. Sect III, Cap VII, Nr. 67,

überdieß Eu. Magnific. und Hoch Edelgeb. Herrligk. angebohrne Leutseelig-
keit mich fast zwingen solte zu glauben, es werde auch vor dießmahl meine
unterthänige Bitte einiger maßen statt finden. Es wird nemlich Eu. Magnific.
und Hoch Edelgeb. Herrligk. nicht unbewußt seyn, was maßen der. Herr
Pezold, gewesener Organist bey der Sophien-Kirche, dieses Zeitliche gesegnet,
und also dessen vacante station mit einem subjecto wieder zu ersetzen;
Wenn demnach bey Eu. Magnificence und Hoch Edelgeb. Herrligkeit. als
einen competenten mich gehorsamst melden wolte (obgleich Derer kein
Mangel seyn dörffte) als ergehet an Eu. Magnific. und HochEdelgeb. Herrligk. meine unterthänige Bitte, daß Dieselben gnädig geruhen wollen bey
dieser vacance meine Wenigkeit in hohe consideration zu ziehen, und nebst
andern competenten mich zur probe gnädig zu admittiren. Vor diese hohe
Gnade verharre Zeit Lebens in devotesten respekt　　　　　　　.
　　　　　Eu. Magnificence und Hochedelgeb. Herrligk:
　　　　　　　　　　　　　　　　ganz unterthänig-gehorsamster Diener
Leipzig, d. 7. Juny. aõ 1733.　　　　Willhelm Friedeman Bach.

Schon hier sei bemerkt, daß alle in dieser Angelegenheit geschriebenen Briefe und Eingaben weder im Text noch. in der Unterschrift
von Friedemann selbst geschrieben sind. Das mitgeteilte Gesuch und
der folgende Brief an Schröter sind offenbar von Emanuels Hand, auf
dessen Rechnung die kleinen grammatischen Fehler zu setzen sind, die
in Bachs Autographen nicht vorkommen. Die in La Maras Musikerbriefen mitgeteilte Handschriftenprobe ist daher unecht. Sinnlos ist
Bitters Bemerkung: Darin, daß das Abschiedsschreiben von 1746 nicht
eigenhändig ist, zeige sich die beginnende Trägheit Friedemanns: Die
Eingaben vieler Dresdner Künstler sind von Schreibern verfaßt.

Außer Bach meldeten sich: 1. Karl Hartwig, Theol. et Mus. Studiosus; er habe schon immer zum Klavier sich appliziert und vom
Kapellmeister Bach in Leipzig profitiert; auch Dir. Mus. Reinholdt kenne
ihn, da er schon in der Kreuzkirche gespielet. (Bl. 9. pr. 13. Jun.)
2. Christoph Schaffrath; er sei schon 3 Jahre beim sel. Könige Cembalist u. beim Fürsten Sangusko in Polen Komp. und Cemb. gewesen
(Bl. 7. 2. Juni; pr. 3). 3. J. G. Stübner, der gleichzeitig Organist an
St. Annen bleiben will (29. Mai, pr. 30). 4. J. S. Kayser; er sei wie
der sel. Pezold, der Kammer Musicus war, kurf. Musikus (27. Mai 28;
Bl. 4). 5. J. K. Stoy, Informator am Findelhause (Bl. 2. 28. Mai).
6. C. H. Gräbner, der Sohn des Organisten an der Frauenkirche;
er rühmt sich der Qualifikation durch die „geschickte Anführung des
berühmten Organisten in Leipzig Herrn Kapellmeister Bachs (Bl. 1.
28. Mai).

Gleichzeitig mit dem Ratsgesuch richtete Bach an einen „hoch-
geneigtesten Gönner" eine Bitte um Befürwortung seiner Wahl, an
Herrn Schröter.[1]

D XXXIV Bl. 10. pr. d. 12. Jun. 1733; Bitter druckt es ungenau ab a. a. O.
S. 157; es ist nicht autograph, wie Bitter glaubt.
　[1] Akten, Bl. 11, von Bitter ungenau abgedruckt (Anhang), nicht autograph, wie Bitter glaubt. Bitter druckt auf S. 351/2 Bl. 13 u. 14 der Verhand-
lung schlecht ab. Um nur die gröbsten Fehler zu verbessern sind hier

Der Erfolg beider Schreiben ergibt sich aus diesem Vermerk:[1])
„Den 9. Jun. 1733 wurde geschloßen, daß auf nechstkommenden 12. Jun.[2])
Nachmittags umb 3 Uhr, in der Sophien Kirchen auff dasiger Orgel von
Willhelm Friedemann Bachen, Christoph Schaffrathen und Johann Christian
Stoyen eine Probe gespielet, und sodann einer unter ihnen, der am besten
bestünde, zum Organisten in bemeldter Kirchen erwehlet werden sollte,
votum in sonseßu Senatus.

D. PC. Schröter."

Die Probe fand am 22. Juni statt laut Nachricht vom 23. Juni,
die die Beischrift trägt:

„Bey der abgelegten Orgel-Probe ist auf requisition des Raths zugegen -gewesen der Churfürstl. Vice Capellmeister Monsieur Pandaleon
Hebenstreit, und hat selbiger vor andern des jüngeren Bachs Geschicklichkeit gerühmet mit dem Zusatz, daß er unter denen 3 Competenten der beste
sey."

Schon am 23. Juni
„wurde deliberiret, wer von denen auf die Probe gestellten 3 Competenten
zum Organisten in der Sophienkirche zu erwehlen.
Dom. Consul Stetiger, Bach sey nach aller Musicorum Ausspruch
und Judicio der beste und geschickteste, und habe er sich auch gestern bey
der Probe am besten exhibiret, dahero er ihm sein Votum gebe.
Dom. Consul Vogler. | Dr. Jacobi. | Dr. Schleisig. | Dr. Sommer. | Dr.
Klette. | Dr. Jünger. | Strauch. | Behrisch. | Stetiger. | Wagner. | Lippold. |
sign. Dn. Consul Regens Behrisch. Sind allerseits gleicher Meynung und
geben Bachen wegen seiner Geschicklichkeit ihr Votum. Actum in con-
sessu Senatus.

D. PC Schröter."

Das rühmende Urteil aus dem Munde Hebenstreits, des Erfinders
des Pantalons,[3]) dessen Konzerte für dies Instrument und die Violine
jedenfalls Sebastian zur Erfindung der ersten Klavierkonzerte mit
Orchester angeregt hatten,[4]) darf als vollgültiger Beweis für die Meisterschaft des erwählten Organisten auf der Orgel gelten. Am 23. Juni
wird Bach die Instruktion ausgestellt:

„Instruction vor Herrn Wilhelm Friedemann Bach,
Organisten bey der Sophien Kirche.
Demnach nach Herrn Christian Pezold's gewesenen Organisten in der
Sophien-Kirche allhier erfolgten Ableben, unter anderen Competenten sich
Herr Wilhelm Friedemann Bach zu solchen vakanten Dienst angemeldet,
er auch bey gehaltener Probe seine Geschicklichkeit auf der Orgel dergestalt
erwiesen, daß zu solchem Dienste genugsam qualificiret erfunden worden,

---

die Namen richtig gestellt: Behrisch, Oberhofprediger Marperger, Schleisig.
S. 352 unten muß es heißen: „Posthoc hat Collegium Senatus beschlossen . ."
und „noch denselben dazu zu invitiren". Es handelte sich darum, ob Oberhofprediger Marperger zur Probe zu laden sei oder nicht.
   [1]) Bl. 12.
   [2]) Muß 22. heißen.
   [3]) Biographie in den Gelehrten Beyträgen zu den Braunschweig. Anzeigen 1770, S. 441 ff.
   [4]) Riemann: Musiklexikon 7. Aufl.

Und wie denn . ? ? . seinem Suchen statt gegeben; Als wird gedachtem Herrn Bach sothaner Organisten Dienst in der Sophien Kirche dergestalt hiermit conferiret, das er solchen mit allem Fleisse verwalten, den Gottesdienst, so offt er ihn durch Spielen auf der Orgel zu versehen hat, ohne Noth und ohne erhaltene Erlaubniß nicht versäumen oder doch ein solches subjectum, welches auf der Orgel zu spielen geschickt ist, vor sich bestellen, nicht weniger auch sich der gleichen Art, so sich zur Andacht schicket und dem Gehör annehml. ist, zu spielen befleißigen, das Orgel Werk gebührend in acht nehmen, und damit kein unnötiger Bau daran verursachet werde, verhüthen, auch solches alle Sonnabend behörig stimmen, mit dem Cantore und denjenigen Schul Collegen, die in solcher Kirche das Musiciren und Singen verrichten, sich friedlich vernehmen, übrigens aber alles dasjenige, was die Ehre Gottes befördert, wohl in acht nehmen und allenthalben und wie einem gottesfürchtigen geschickten und treuen Organisten geziemet und zukömmet, sich verhalten sollte. Dagegen soll ihm ·dasjenige, was zur Besoldung und anderen Emolumenten geordnet und der vorige Organist genossen, willig gereichet werden. Uhrkundlich ist diese Bestallung und Instruction unter unserer und Gemeinde Stadt Insiegel auch gewöhnl. Unterschrift ausgestellet worden.

So geschehen Dresden den 23. Juny 1733.

L.

Diese Instruction ist Hr. Bachen, wie vohrmals gewöhnlich, von dem Rathe allein unterschrieben, gegeben und eben so zur confirmation beym Ober Consistorio präsentiert worden, welches nachrichtlich anher angemerket worden, den 30. Jun. 1733.

D. Schröter."

Am 11. Juli wurden Bach die Schlüssel übergeben,[1]) am 1. August die Orgel, die er unterdessen geprüft hatte.[2]) Friedemann nahm dabei die Gelegenheit wahr, für die auf ihn gefallene Wahl zu danken und um Gewährung einer Entschädigung für den Gehilfen beim Orgelstimmen zu bitten. Durch das überreichte (nicht eigenhändige) Schreiben klingt bei aller ehrerbietigen Dankbarkeit der angenehme Ton jugendlicher Zutraulichkeit:[3])

„Hoch und Wohledle, Veste, Hoch und Großachtbahre, Hoch und Wohlgelahrte, auch Hoch und Wohlweise, Hochgeehrteste Herren, Ew. Hoch- und Wohl Edle Herrl. dancke ich unter dienstl., daß dieselben bey Ersezung des durch H. Pezolds Absterben vacant gewordenen Organisten Dienstes auf meine geringe Person gütigst zu reflectiren, und mich darzu zu verordnen geruhen wollen, ich werde nicht ermangeln, meine Devoir so zu bezeigen, daß dadurch Gottes Ehre befördert, auch dieselben nicht bereuen werden, mich dieser Function gewürdiget zu haben.

---

[1]) Bl. 17, abgedruckt bei Bitter S. 354.
[2]) Bl. 17c, abgedruckt bei Bitter S. 355. Die autographe Unterschrift Friedemanns unter Bl. 17c zeigt, daß die Bewerbungsschreiben nicht von ihm geschrieben waren. — Bach wohnte in Dresden bei Frau Hofrat Alius oder Allius, deren Mann (Hofrat ohne Session) 1735 starb, auf der Wilsdruffer Gasse (Das jetztlebende Königl. Dresden 1738, S. 5 und 1740, S. 13). Die Hofrätin war nicht ohne Vermögen (Ratsakten XXIII, 345 e).
[3]) 1733 D XXXIV, 28y im Dresdner Ratsarchiv. Die Schreibfehler gehen, wie schon die Unterschrift zeigt, auf des Abschreibers Rechnung.

Ich habe aber bey Vorgenommenen Stimmung der Orgel ersehen, daß die Register, welche solcher beständig zu gebrauchen, alle in der Höhe stehen, mit folglich von mir allein ohnmöglich gestimmet werden können, sondern jedesmahl eine besondere Person ohne den Calcanten darzu gezogen werden muß, darzu von dem verstorbenen H. Pezolden der Orgel Bauer H. Schramm gebrauchet worden. Nachdem aber diesen nicht zu gemuthet werden kann, dergleichen fernerhin ohne einige Ergötzlichkeit zu verrichten; die mit diesem Dienste verbundene Besoldung nicht zulänglich davon etwas abzugeben, hiernächst dem Wercke selbst vortheilhaft sein will, wenn zu der Stimmung ein besonderer Orgel Bauer gezogen wird, welcher das Pfeiffen-Werck, Tracturen und übrige intestina in guten Stande zu erhalten bemühet sein muß, auch oftmahls einer kostbaren Reparatur mit einer Kleinigkeit vorkommen kan; Als habe Ew. Hoch und Hoch Edl: Herrl. solches hierdurch gehorsamst vorzutragen mich gemüßigt funden, mit ganz Dienstlicher Bitte, Sie wollen, weil besagter H. Schramm vor die wöchentl. Bemühung, welche auch bey denen in der Woche einfallenden Festtagen geschiehet, ein sehr weniges und 6 bis 7 R verlangen möchte, diesen Vorschlag sich gütigst gefallen laßen, und besagten Schrammen, oder wem Sie sonst dazu geschickt finden, die Stimmung der Sophien Orgel aufzutragen gelieben. Ich meines Orts werde diese Deferirung meines Suchens bey aller Gelegenheit zu demeriren befließen seyn, in unausgesezter Verehrung verharrende,

Ew. Hoch und Wohl Edlen, Herrl.

Dreßden, d. 1. Aug. 1733.   gehorsamster Diener

Wilhelm Friedmann Bach." [nicht eigenh.]

Die Behörde zeigte wohlwollendes Entgegenkommen, und Schramm erhielt eine jährliche Vergütung von 6 Gulden[1]).

Der erlangte Posten war in mehr als einer Beziehung für einen jungen Künstler erwünscht. War die Orgel der Sophienkirche auch nicht groß (sie hatte 33 klingende Stimmen)[2]), so war sie doch ein Meisterwerk G. Silbermanns, das erst am 15. Nov. 1721 „examiniert und approbiert" worden war[3]). Der Dienst bestand nur im Spielen der Orgel, während die Figuralmusik vom Kreuzkantor (seit 1721 Th. Ch. Reinhold) für jährlich 3 G, 9 g geleitet wurde[4]). Figuralmusik wurde nur an den drei hohen Festen gemacht. Erst seit 1742 erhielt der Kreuzkantor aus dem Vermögen der Kirche 40 R. Für das Singen wurden 16 G an H. M. Jos. Christ. Köhler[5]) und je 15 G „denen 2 letzten Schulkollegen", (7 G 10 g 6 ₰ Zulage wegen des Singens bei den Fest- und Passionspredigten) bezahlt.

Der Gehalt des Organisten war ziemlich gering. Fürstenaus Angabe, Bach habe 79 Thlr 19 g 6 ₰ Gehalt und 80 Thlr Zulage, so-

---

[1]) Akten 1733 D XXXIV, 28 y, Bl. 3.

[2]) Adlung: Musica mechanica organœdi 1768.

[3]) Alte und neue Curiosa Saxon. 1737, S. 49 ff.; Sebastian B. hatte es auch gespielt, 14. Sept. 1731.

[4]) Rechnungsbücher der Sophienkirche 1721 ff.; z. B. 1734, Bel. 15; vgl. auch Vierteljahrsschr. f. M. W. 1894, S. 321 ff. (ungenau).

[5]) Rechnungsbücher 1734/35, Bel. Nr. 13 u. 14.

wie 5 Thlr Tranksteuerbenefiz bekommen[1]), muß durch einen Irrtum entstanden sein. Bitter, der Fürstenaus Angabe ohne Quellennennung nachschreibt, fällt es selbst auf, daß nach seiner Rechnung 1858 der Gehalt um 40 Thlr weniger betragen hätte als 1733[2]) Dagegen geht aus den Rechnungsbüchern (u. a.) hervor, daß Bach wie sein Vorgänger nur 85 G. 10 g 6 ₰ Besoldung[3]) (d. h. 50 G ordinär Besoldung wegen des neuen Gottesdienstes, 3 G wegen der drei hohen Feste, 7 G 10 g 6 ₰ Zulage wegen der übrigen Fest- und Passionspredigten, 25 G Zulage wegen Sublevation Gräbners beym alten Gottesdienste), sowie „3 Fassen Bier oder 5 Taler" Tranksteuerbenefiz und die ungewissen Einkünfte der Leichenpredigt- und andrer Accidentien[4]) erhielt. In Taler umgerechnet hatte Bach 74 Tlr 19 g 6 ₰ Sold und 5 Taler Benefiz[5]).

Für die geringen Einnahmen hatte der Organist nur im Gottesdienste zu orgeln. Gottesdienst fand Montags um 8 Uhr seit 1610 statt, außerdem wurde seit 1611 Sonntags nachmittags von 2—3 Uhr eine Vesperpredigt, ursprünglich ohne eigene Geistliche von den Hofpredigern gehalten. Dieser sogenannte alte Gottesdienst war von Sophia, der Gemahlin Christians I. gestiftet worden, nach der die Kirche den Namen trug. Dazu kam als neuer Gottesdienst mit eigenen Geistlichen die Vormittagspredigt an Sonn- und Festtägen[6]). Bach hatte also genügend Zeit, durch Musikunterricht seine Einkünfte zu vermehren und sein künstlerisches und wissenschaftliches Können zu vertiefen. Die in Leipzig betriebenen mathematischen Studien setzte er in Dresden unter Anleitung des späteren Hofmathematikus und Kommissionsrats Waltz fort[7]). Der Umgang mit bedeutenden Menschen erweiterte seinen Gesichtskreis. Bachs Bekanntschaft mit Hasse wurde schon erwähnt[8]).

---

[1]) Fürstenau a. a. O. 2, 221 ff.

[2]) Bitter 2, S. 161; wahrscheinlich hat Fürstenau die Zulage für den Kreuzkantor mitgezählt.

[3]) Rechnungsbücher 1733 Bel. N. 31 b und die vierteljährlichen autographen Quittungen.

[4]) D XXXIV p Bl. 10.

[5]) Die R und G bedeuten in den Rechnungsbüchern immer Gülden (Reichstaler abgekürzt mit Rthlr.). Der meißnische Gülden = 21 gute Groschen (= 2,302 Mark).

[6]) Iccanders Königl. Dreßden. 3. Edit. Leipzig 1726, S. 99 und H. M. Neubert: Zur Geschichte der Sophienkirche zu Dresden, ... Dresden 1881 (u. a. S. 82 ff.).

[7]) Marpurg: a. a. O. Der Kern Dresdenischer Merckwürdigkeiten vom Jahre 1743 berichtet S. 2, daß der seit einigen Jahren in Dresden befindliche Mathematikus, Herr Waltz, zum Kommissionsrat wie auch Mathematico und Geographo Regio im Dezember 1742 ernannt wurde.

[8]) Mennickes Bemerkung: Friedemann habe in 9467c der BB Arien Hasses aus den Pilgrimen von Mekka abgeschrieben, stimmt nicht; sie sind von andrer Hand.

Hiller berichtet uns[1]), daß F. Bach bei Keyserlingk verkehrte, wo er Pisendel und S. L. Weiß, den Lautenisten und Freund Sebastians, treffen konnte. So schreibt J. Elias Bach am 11. August 1739: „Da eben zu der Zeit etwas extra feines von Music passierte, indem sich mein Vetter von Dreßden (Friedemann), der über 4 Wochen hier (in Leipzig) zugegen gewesen, nebst den beiden berühmten Lautenisten, Herrn Weisen und Herrn Kropffgans etliche mal bey uns haben hören lassen[2])." Friedemanns Meisterschaft in der Behandlung der Flöte geht vielleicht auf den Verkehr mit Pierre Gabriel Buffardin (1716—39 in Dresden) zurück, der die Beziehungen, die er zur Familie Bach als Lehrer Joh. Jak. Bachs, Sebastians Bruder, in Konstantinopel angeknüpft hatte, an dem Neffen seines ehemaligen Schülers weiter gepflegt haben wird. Vielleicht sind für Buffardin die drei verlorenen Sonaten für Flöte und Baß komponiert, die Breitkopf 1761 anzeigt; wären es auch die ersten vier von den Flötenduetten, so würden sie ihrem Anreger nicht weniger Ehre machen als ihrem Schöpfer.

Neben all diesen Anregungen genoß Friedemann noch seines Vaters Beistand, der des öfteren Dresden besuchte, so Ende November 1741, Mitte Mai 1738[3]) und am 1. Dezember 1736[4]), wo Sebastian zum ersten Male als neuernannter Hofkomponist auf der am 22. November dem Rate übergebenen neuen Silbermannschen Orgel in der Frauenkirche konzertierte. Fürstenau behauptete fälschlich[5]), Friedemann habe die Orgelprobe und Übergabe vorgenommen (er liest mehrere Daten der Cur. Sax. irrtümlich zusammen). Es wäre eine Zurücksetzung des älteren Th. Ch. Reinholdt (Kantor) und C. H. Gräbners (Organist) gewesen, wenn man neben Pisendel und J. H. Gräbner (Hoforgelmacher) einen jüngeren Künstler herangezogen hätte[6]). Wohl aber feierte Friedemann das Ereignis mit einigen Versen: „Kann was natürlicher als Vox Humana klingen? Und besser als Cornet mit Anmuth scharf durchdringen? Die Gravität, die nur in dem Fagotto liegt, Macht, daß Hr. Silbermann Natur und Kunst besiegt[7])".

Daß der bedeutende Sohn des neuernannten Hofkomponisten auch zu den Hofkonzerten bisweilen zugezogen wurde, die in den Gemächern der Kurfürstin stattfanden, wundert nicht, zumal bei seiner Bekanntschaft

---

[1]) Hiller: Lebensbeschreibungen berühmter Musikgelehrten und Tonkünstler, 1784, und Reichardts Autobiographie in der Berliner Mus.-Zeitung 1805, S. 281.

[2]) Zeitschrift „Die Musik", 1. Januarheft 1913, S. 15 (Pottgießer).

[3]) ZsIMG III, S. 358 u. Musik 1913, Jan. S. 17.

[4]) Curiosa Saxonica 1737 u. Kern Dresdenischer Merckwürdigkeiten 1736, S. 90.

[5]) A. a. O. 2, S. 223.

[6]) Ratsakten D XXXIV, 28a, Bl. 5.

[7]) Cur. Sax. 1737, S. 54. Reinholds „Einige zur Musik gehörige poetische Gedanken bei Gelegenheit der schönen neuen in der Frauenkirche in Dresden verfertigten Orgel. Dresden 1736." scheint nicht erhalten zu sein.

mit Graf Keyserlingk und dem Directeur des plaisirs von Dießkau[1]). Bach
erinnert noch 1767[2]) Maria Antonia an eine Szene, wo sein Schüler
Goldberg vor ihr spielen durfte, und die Fürstin sich als Sängerin
hören ließ. Leider hat sich im Staatsarchiv zu Dresden keine nähere
Nachricht finden lassen, obwohl Friedemann durch die Verlegung des
evangelischen Hofgottesdienstes in die Sophienkirche in noch häufigere
Berührung mit dem Hofe gekommen sein muß. Angestellte dieser
Kirche in ein mit geldlichen Opfern verbundenes amtliches Verhältnis
zum Hofe zu stellen, scheint der Hof absichtlich vermieden zu haben[3]).

Am 16. Juni 1737 (Trinitatis) fand die erste ordentliche Predigt
des Oberhofpredigers Marperger in der Sophienkirche statt. Die neue
Einrichtung brachte dem Organisten zwar keinen klingenden Lohn,
wohl aber doppelte Mühe: Sonntags nahm nun der Gottesdienst vom
Ev. Hofministerium $^1/_2$9, die Sophienkirchpredigt $^1/_2$12 ihren Anfang.
Dazu kamen andere kirchliche Feiern[4]). Von Walpurgis 1740 an erhielt der Orgelstimmer auf sein Suchen den doppelten Lohn, weil sich
mit dem Gottesdienst auch das Stimmen mindestens verdoppelt habe[5]).
Dazu kamen die mannigfachen Belästigungen durch den inneren Umbau
der Kirche (1737—39 und länger), die den Organisten besonders stören
mußten[6]). Der Umstand, daß sich die wohl eine Zeit lang an die neue
Einrichtung geknüpften Hoffnungen nicht erfüllten, daß sich besonders
in den 40er Jahren herausstellte, daß für eine Erhöhung des Organisten-
gehalts keine Aussicht war[7]), mag neben andern einer der Gründe gewesen sein, warum sich Friedemann nach einer Veränderung umsah.
Seinen in Dresden offenbarten kompositorischen und ausübenden Fähigkeiten entsprach weder die finanzielle noch die künstlerische Anerkennung.
Als Lehrer konnte Bach auf seinen Schüler Goldberg hinweisen,
der unter seiner Anleitung einer der erstaunlichsten Klavierspieler und
ein vortrefflicher Komponist geworden ist[8]). Einen Schüler Sebastians,
der für ihn die Goldbergvariationen schrieb, kann man ihn nicht eigentlich nennen: Keyserlingk, der Gönner Goldbergs, der ihm auch Friedemann zum Lehrer gegeben hatte, nahm ihn lediglich seit 1741 öfter
mit nach Leipzig[9]), wo Sebastian ihm nur noch letzte Winke zu geben

---

[1]) Noch in Halle bittet er ihn zu Gevatter.
[2]) Widmungsschreiben des E-moll-Konzerts an diese. Kgl. Bibliothek,
Dresden. Vgl. S. 43.
[3]) Vgl. Neubert a. a. O.
[4]) Kern Dreßdenischer Merckwürdigk. des 1737. Jahres, S. 43 ff. 1738,
S. 90, 95 usw.
[5]) Ratsakten 1733. D XXXIV, 28y Bl. 4/5.
[6]) Dr. Rob. Bruck: Die Sophienkirche in Dresden, Ihre Geschichte und
Ihre Kunstschätze. Dresden 1912, S. 17 u. 23.
[7]) 1747 Akten B III 69 Bl. 72 ff. und früher schon Klagen des Rates
wegen der ausgebliebenen Emolumente, die man doch der Kirche wieder zu-
fließen lassen solle. Vgl. auch die Abschnitte bei Neubert a. a. O.
[8]) Vgl. Widmungsschreiben des E-moll-Konzerts. Kgl. Bibliothek, Dresden.
Abgedruckt S. 43.
[9]) Spitta a. a. O. 2, 726.

brauchte. Marpurg berichtet 1750[1]), „daß er alle Tage von der seltenen
Fähigkeit im Treffen eines unermüdeten Goldberg mit Erstaunen reden
höre". Auch Reichardt erzählt Wunder[2]). Seine Behauptung, daß die
linke Hand in seinen Kompositionen mit Schwierigkeiten überhäuft
sei, wird, wie so mancher Bericht Reichardts, in den Kompositionen
in der BB und der Bibliothek der Hochschule für Musik in Berlin nicht
bestätigt. Sie zeigen ihn mit wenigen Ausnahmen als Komponisten
im strengsten Stile; nur eine Sonate hat sogar zwei Themen. Die Triosonaten, Konzerte und Polonaisen sind herbe, treffliche Musik, die von
dem modernen Geiste, der Goldbergs Lehrer beseelte, nichts ahnen läßt.
Seine Kantaten enthalten tüchtige Fugen alten strengen Geistes. Diese
Altertümlichkeit nennt Reichardt mit Unrecht kalt und trocken.

Als Komponist hatte Bach eine rege und so früchtereiche Tätigkeit entfaltet, daß J. E. Bach Friedemanns Auftreten als „etwas extra
feines" erwähnen muß (s. o. S. 18), und wenn wir Rochlitz glauben
dürfen, die Brüder in ihm das Genie ihres Vaters verjüngt sahen[3]).
Werke, wie die Klavierkonzerte D-dur und F-dur, wie die Mehrzahl
der Sinfonien und Klaviersonaten, mehrere Trios, das Duett für zwei
Klaviere, vielleicht auch einige Polonaisen waren vor 1746 entstanden.
Sie sind aus voller Kraft, überquellendem Lebensgefühl geboren. Das
wäre freilich ein äußerlicher Optimismus, der an den Tiefen des
Schmerzes vorbeiginge. Im heitersten Satze erklingen schwermütig
ernste Töne, und wenige Werke schöpfen so voll das echte Leid aus,
wie die Mollmittelsätze der Dresdner Kompositionen Friedemanns.
Trotzdem ist die Freude die herrschende Grundstimmung. Schon
äußerlich bezeichnend geht kein Hauptsatz der Sonaten, Sinfonien und
Konzerte der Dresdner Zeit aus Moll.

Bachs bei aller Neigung zur Imitation homophones Grundempfinden
war in Dresden besonders gestärkt worden. Aber trotz den italienischen
Einflüssen in Form, gewissen Äußerlichkeiten (kontrapunktischen Manieren)
und Inhalt der nur zweimal angewandten Fuge, Einflüssen, die nur
noch in den ersten Hallischen Gesangsfugen nachklingen, trotz der
Aufnahme gewisser melodischer Eigentümlichkeiten, wie des lombar-
dischen Geschmacks, trotz der an italienischem Geiste gestärkten Heiterkeit und Leichtigkeit der freien Kompositionen (vgl. die Schlußsätze
des A-moll- und D-dur-Konzerts!) war der Künstler so eigne Wege
gegangen, daß man in der „vorgeschobenen Stätte für den Luxus, die
Geselligkeit und die Künste des südlichen Europas" die bei allen südlichen Anregungen deutsche Musik Friedemanns, daß man in der Stadt
des bel canto und der schönen Linie die subjektiveren Ergüsse einer
dionysisch gestimmten Natur nicht verstehen konnte. Der Mißerfolg
seiner im Frühjahr 1745 erschienenen D-dur-Sonate, der ersten Veröffentlichung des Komponisten, spricht davon.

---

[1]) Kritischer Musikus an der Spree, I, Berlin 1750, S. 29.
[2]) Autobiographie in d. Berliner Mus.-Zeitung 1805, S. 351.
[3]) Leipziger Allg. Mus.-Zeitung 2, 829; angeblich Emanuels Ansicht.

So ist es begreiflich, wenn Bach am 16. April 1746 sein Abschiedsgesuch einreicht. Nicht zügelloser Lebenswandel, wie Ledebur[1] erfindet, sondern die Aussicht auf günstigere äußere und innere Bedingungen veranlaßten den Meister, die Stätte seiner glücklichsten kompositorischen Tätigkeit zu verlassen:

> „Denen Hoch und Wohl Edlen Vesten, Hoch- und Großachtbaren, Rechts- Hoch- und Wohlgelahrten auch Hoch und Wohl Weisen Herren, Herren Bürgermeistern und Rathe der Königl. u. Pohln. und Kurfürstl. Sächsischen Residenz-Stadt und Vestung Dreßden
> Meinen Hochgeehrtesten Herren und Patronis.
>
> Hoch und Wohl Edle, Veste, Hoch und Groß Achtbare, Hoch und Rechts Wohlgelahrte, auch Hoch und Wohl Weise Hochgeehrteste Herren und Patroni,
>
> Ich bin verbunden, Deroselben gehorsamst zu melden, daß meine Verbesserung außerhalb Dreßden gefunden, und den anderweit verlangten Dienst zu Pfingsten anzutreten mich anheischig gemachet. Nachdem nun Ew. Hoch u. Wohl Edel. meinen Zeitherigen Dienst vor meinen Abtritt wieder zu ersezen sich resolviren möchten; So unterstehe mich zugleich, ein anderes Subjectum in Vorschlag zu bringen. Es ist ein Studiosus aus Leipzig, Hr. Altnicol, welcher bey meinem Vater das Clavier und zugleich die Composition gelernt. Wenn nun Dieselben auf ihn gütigst zu reflectiren und eine Probe spielen zu lassen belieben wolten; So zweifle ich nicht, er werde seine Geschicklichkeit auf der Orgel dergestalt zeigen, daß Deroselben meine Recommendation nicht gänzlich mißfallen werde. Hiernechst habe zu Ew. Hoch und Wohl Edl. auch Hoch und Wohlgeb. Herrn das zuversichtl. Vertrauen, Sie werden mir so lange, als den iezigen Dienst versehe, und biß zu Ende dieses Quartals die davon abhangende Emolumenta und Besoldung zu reichen, Hochgütigst geruhen, gestalt ich denn, wenn auch ein paar Sonntage nach meinem Abzuge versäumen müßte, eine solche Persohn zu bestellen schuldig bin, welche die Orgel immittelst versehen kan. Indessen dancke ich gehorsamst vor die mir Zeithero erzeigte Propension und Wohlgewogenheit, wünsche, der Allerhöchste wolle Dero Regiment mit allen Seegen begnadigen, auch Ihre Hochgeehrteste Personen und Wehrtesten Famillien mit langen Leben beglücken, ich aber empfehle mich zu fernern Wohlwollen, und verharre in schuldigster Devotion
>
> Ew. Hoch und Wohl Edl. auch
Hoch und Wohlw. Herrn
>
> Dresden,
> am 16. April 1746.
> gehorsamster
> [autograph.] { Wilhelm Friedemann Bach,
> Organist zu St. Sophie[2].

Die Zahlung des Gehalts für das laufende Quartal wurde Bach gewährt. Sein Nachfolger wurde aber nicht Altnikol, sondern Gössel[3].

---

[1] Ledebur: Tonkünstlerlexikon Berlins von den ältesten Zeiten bis auf die Gegenwart. 1860/61.

[2] Dresdner Ratsakten betr. die Besetzung . . . Bl. 19; nur Unterschrift autograph, wie bei den meisten Eingaben der Dresdner Organisten.

[3] Akten betr. die Besetzung des Organistenpostens . . . Dresden und Rechnungsbücher.

3. Die Amtsjahre, Zeit der vokalen Schöpfungen.

Halle. (1746—1764.)

Als Bach am 16. April sein Entlassungsgesuch in Dresden ein-
reichte, hatte er offenbar soeben die Hallische Bestallungsurkunde unterschrieben, die das gleiche Datum trägt. Die schon von Bitter[1]) und
Chrysander[2]) abgedruckte Schrift ist gegenwärtig in Halle nicht zu
finden. Beide Abdrucke weichen voneinander ab. Wir geben die
Urkunde, deren nochmalige Wiedergabe nicht zu umgehen ist, auf
Grund der Chrysanderschen Fassung mit wenigen Verbesserungen nach
den Abschriften der BB[3]):

„Wir Endes Unterschriebene Kirch-Vorsteher und Achtmanne zu Un-
serer Lieben Frauen allhier von Unß und Unsere Nachkommen im Kirchen
Collegio uhrkunden hierdurch und bekennen, daß wir dem Wohl Ehren
Vesten und Wohlgelahrten Herrn Wilhelm Friedemann Bachen, wohlbestallten
Organisten bey der St. Catharinen[4]) Kirche in Dreßden, Krafft dieses zum
Organisten dergestalt bestellet und angenommen haben, daß Er unß und
Unserer Kirche treu und dienstgewärtig sey, eines tugendhafften und exem-
plarischen Lebens sich befleißigen, zuvörderst bey der ungeänderten Augs-
purgischen Confession der Formula Concordiae und anderen symbolischen
Glaubens Bekänntnissen bis an sein Ende beständig verharre, nebst an-
dächtigen Gehör göttlichen Wortes sich zu dieser Kirchen Altar fleißig halte,
und dadurch sein Glaubens Bekänntniß und Christenthum der gantzen Gemeine bezeuge. Hiernechst soviel seine ordentliche Amts-Verrichtung con-
cerniret, lieget ihm ob:

1) alle hohe und andere einfallende Feyer oder Fest Tage und deren
Vigilien auch aller Sonntage und Sonnabends nachmittage, ingleichen bey
denen ordentlichen Catechismus: Predigten und bey öffentlichen Copulationen,
die große Orgel, zur Beförderung des Gottes Dienstes nach seinem besten
Fleiß und Vermögen zu schlagen, jedoch der gestalt daß zuweilen auch die
kleine Orgel, und das Regal, zumahl an hohen Festen bey der Choral und
Figural Musique gespielet werde.

Wie er denn 2.) ordinarie bey hohen und anderen Festen, ingleichen
über den 3. Sonntag nebst dem Cantore und Chor-Schülern auch Stadt-
Musicis und anderen Instrumentisten eine bewegliche und wohlklingend
gesezte andächtige Musique zu exhibiren, extraordinarie aber die zwey letz-
tere hohen Feyertage nebst dem Cantore und Schülern, auch zuweilen mit
einigen Violinen und andern Instrumenten kurze Figural Stücke zu musiciren
und alles dergestallt zu dirigiren hat, daß dadurch die eingepfarrete Gemeinde zur Andacht und Liebe zum Gehör göttliches Wortes desto mehr
ermuntert und angefrischet werde.

Vornehmlich aber hat Er 3.) nöthig die zur Musique erwehlten Textus
und Cantiones dem Herrn Ober Pastori Unserer Kirche Tit. Consistorial
Rath und Inspectori, Johann George Franken zu dessen Approbation in
Zeiten zu communiciren, gestalt er deßwegen an den Herrn Consistorial-
Rath hiermit gewiesen wird.

---

[1]) A. a. O. S. 358.
[2]) Jahrbücher 2, S. 241 ff.
[3]) Ms. th. fol. 63.
[4]) Ein Irrtum!

Ferner wird er 4.) sich befleißigen, sowohl die ordentliche, als auch von denen Herrn Ministerialibus vorgeschriebene Choral Gesänge vor und nach denen Sonn und Fest Tages Predigten, auch unter der Communion, item zur Vesper und Vigilien Zeit langsam ohne sonderbahres coloriren mit vier und fünff Stimmen und den Principal andächtig einzuschlagen und mit jedem Versicul die andern Stimmen jedesmahl abzuwechseln, auch zur quintaden und Schnarr Werke, das Gedacke, wie auch die Syncopationes und Bindungen dergestalt zu adhibiren, daß die eingepfarrete Gemeinde die Orgel zum Fundamente einer guten harmonie und gleichstimmigen Thones setzen, darinnen andächtig singen und den Allerhöchsten danken und loben möge.

Wobei Ihme 5.) zugleich das große und kleine Orgel-Werck nebst dem Regal und andere zur Kirche gehörige in einem Ihme auszustellenden Inventario specificirte Instrumenta hierdurch anvertrauet und anbefohlen werden, daß Er fleißige Obacht habe damit die erstern an Bälgen, Stimmen und Registern auch allen anderen Zubehörungen in guten Stande auch rein gestimmet und ohne Dissonanz erhalten und da etwas wandelbar oder mangelhaft würde, solches alsobald dem Vorsteher oder wenn es von Wichtigkeit dem Kirchen Collegio zur reparatur und Verhütung größern Schadens angezeiget werde. Das aus unserm Kirchen Aerario angeschaffte Regal aber und übrige musikalische Instrumente sollen allein zum Gottes: Dienst in unserer Kirche gebrauchet, keineswegs aber in andern Kirchen vielweniger zu Gastereyen ohne unsere Einwilligung verliehen, auch da etwas davon verlohren oder durch Verwahrlosung zerbrochen würde, der Schade von Ihme ersetzet werden.

Vor solche seine Bemühungen sollen Ihme aus den Kirchen: Einkünfften Einhundert und Vierzig Thaler Besoldung, ingleichen Vier und Zwantzig Thaler zur Wohnung und Siebzehn Thaler 12 gr. zu Holtz alljährlich gezahlet, auch vor die Composition der Catechismus Musique jedesmahl 1 Thlr. und von jeglicher Brautmesse 1 Thlr gegeben werden. Wogegen er verspricht, Zeit währender dieser Bestallung keine Neben Bestallung anzunehmen, sondern die Dienste allein an dieser Kirche fleißig zu versehen, jedoch bleibt ihme so viel ohne deren Versäumung geschehen kann frey, durch information oder sonsten accidentia zu suchen.

Zu dessen Uhrkund haben wir diese Bestallung in duplo unter dem größern Kirchen Secret ausfertigen lassen, eigenhändig nebst dem Herrn Organisten beyde exemplaria unterschrieben, eines davon Ihme ausgestellet, und das andere ist bey der Kirchen zur Nachricht behalten worden.

So geschehen Halle den 16. April 1746.
(L. S.)

Schäfer.
Becker.
Möschel.
Queinz.
Dr. Francke.
J. Stappenius.
Hoffmann.
Loeper.
Krause.
O. Hippius.

Wilhelm Friedemann Bach.

Bachs Gehalt[1] betrug also fast 181 Taler 12 Groschen, wozu je 1 Taler der zahlreichen Brautmessen (entsprechend der Dresdner Einnahme aus den Leichenpredigtaccidentien), 1 Taler jedesmal für Komposition einer Katechismusmusik, selten von Friedemann genutzt, und 1 Taler aus dem Rudolphischen Legat[2] sowie nach altem Brauche ein Anteil von den Klingesackgeldern[3] kamen. Die beträchtliche sichere Mehreinnahme von wenigstens 100 Talern gegenüber Dresden und noch mehr die berühmte, 1713 erneuerte Orgel der Liebfrauen-, Marien- oder Marktkirche, in der ein S. Scheidt, Zachau und zuletzt Kirchhoff gewirkt hatten, und deren Organistenposten einst Sebastian Bach erstrebt hatte[4]), überhaupt der bedeutendere Wirkungskreis als Komponist für die Kirche und für das Collegium musicum[5]), das alles zog ihn nach Halle, wo die Zurückberufung Christian von Wolffs (Dez. 1740) die alleinige Herrschaft eines schon engherzig gewordenen Pietismus gebrochen und trotz Wolffs bis zu seinem 1754 erfolgten Tode nur noch geringen Lehrerfolgen der Universität neue Anziehungskraft verliehen hatte. Nicht nur die persönliche Bedeutung, sondern die Stellung als Organist der Hauptkirche machte Bach zum ersten Musiker in Halle, das damals einen amtlichen Universitätsmusikdirektor noch nicht kannte. Den Titel Director Musices, der für einen solchen beherrschenden Musiker üblich war, führte daher auch Friedemann.

Die in der Bestallungsurkunde enthaltenen Nachrichten über die Aufgaben des Organisten ergänzen sich aus dem, was andre Urkunden, was Dreyhaupt[6]) und die Wöchentlichen Hallischen Anzeigen über die Kirchenmusik berichten.

Instrumentalmusik war zu Weihnachten, Ostern und Pfingsten den 1. Tag in Unserer Lieben Frauen, den 2. in S. Ulrichs, den 3. in der S. Moritzkirche, an den Mittelfesten Advent, Neujahr, Michaelis usw. vormittags und nachmittags in U. L. F. allein; an den 3 hohen Festen ward die vormittags in der Hauptkirche gehaltene Musik nachmittags in der Schulkirche, die zugleich Universitäts- und Garnisonkirche war, wiederholt[7]). Außerdem war große Musik alle Sonntage wechselsweise in allen drei Kirchen; jedoch wenn ein Mittelfest auf einen Sonntag fiel, mußte die Kirche, an der die Reihe war, der Marienkirche weichen

---

[1]) Für die Übersiedelung berechnete Bach 22 Thlr 12 gr (Transport u. Verpackung von Möbeln u. Instrumenten usw.), erhielt aber nur 16 Rthlr. (Kirchenrechnungsbuch 1746, Seite 28 u. K 5).

[2]) Kirchenrechnungsbuch im Archiv der Marienkirche zu Halle 1750/51, S. 53. Vgl. Zehler, Bachjahrbuch 1910, S. 108, 107.

[3]) BB, Ms th. fol. 63.

[4]) Chrysander, Jahrbücher 2, S. 241 ff.

[5]) Das Coll. Mus. war schon alt; schon 1723 u. 1724/27 hatte der spätere Hoforganist in Quedlinburg, C. G. Ziegler, der Bruder des Hallischen Ziegler, dafür Kantaten, Oratorien, Trios, Konzerte komponiert, vgl. Gerber: Lexikon.

[6]) Dreyhaupt: Ausführliche Beschreibung des Saalkreises 1 u. 2. 1749/50. Halle; I, S. 992, 993 ff.

[7]) Dreyheupt S. 204.

und bekam erst den folgenden Sonntag die Musik. „In der Marter-
woche wird reihum in den Kirchen die Passion abgesungen und deshalb der Gottesdienst eine Stunde früher begonnen." Die Marienkirche
hatte am Montag die Passion.

Als Gesangbuch hatte man 1711 das vom Könige privilegierte
des Stadtministeriums eingeführt, das seitdem oft neu aufgelegt und
vermehrt worden war[1]).

Die Katechismuspredigten fanden vier Wochen lang nach Invo-
cavit und nach Crucis viermal in der Woche statt. Sie wurden mit
einer Musik eröffnet und mit einer anderen beschlossen. Zu beiden
Gelegenheiten sind von Friedemanns Hand Kompositionen vorhanden:
eine Originalarbeit und eine Bearbeitung oder Zusammenstellung aus
Werken Sebastians[2]).

Außer den sonntäglichen Frühmetten fanden solche an den Werk-
tagen früh um 5 statt. Nur zu den alle vier Jahre etwa stattfindenden
Bibel- oder Mettenfesten hielt man große Kirchenmusik[3]). Ohne Figuralmusik fanden auch die Wochenpredigten, die Montags, Donnerstags
und Sonnabends früh um 7 Uhr, Sonnabends nach ¼1 und Montags,
Dienstags, Donnerstags und Freitags um 2 gehalten wurden, sowie das
Katechismusexamen mittags um 1 Uhr statt.

Dem Organisten war ein Kantor beigeordnet, der jederzeit ein
Schulkollege sein mußte; der Kantor der Marienkirche war der Oberkantor[4]); zu Bachs Zeiten war es bis 1749 Mittag, der wegen unge-
bührlichen Betragens abgesetzt wurde, seit dem 28. Juni 1749 aber Johann
Christian Berger, Collega X[4]). Der Oberkantor hatte das Singen mit
den Schülern bei Leichen allein zu verrichten, wofür er auch die Accidentia allein genoß. Dafür hatte er die Schuljugend alle Tage eine
Stunde umsonst in der Musik zu unterrichten. Diese Bestimmung
scheint nicht allenthalben befolgt worden zu sein; denn ein Reskript
des Königs vom 12. Oktober 1746 fordert, daß in allen Schulen
und im Gymnasium das Singen mehr zu pflegen und wöchentlich
mindestens dreimal Singstunden abzuhalten seien[5]).

Zur Bestellung der Kirchenmusik wurden für alle drei Pfarrkirchen
gemeinsam unter den Chorschülern vier Konzertisten gehalten, „die
dafür wöchentlich aus des Rats Kämmerei ein Gewisses empfingen"[6]).
Außerdem waren zwei Chori Symphoniaci vorhanden, „das Schulchor"
und „das Stadtchor". Die Rechnungsbücher der Marienkirche, die

---

[1]) Vor 1711 enthielt das Gesangbuch viele lateinische Lieder!
[2]) Siehe den Abschnitt über die Kantaten.
[3]) 8. Jan. 1749 (Mittwoch), 12. Sept. 1753 (Mittwoch), 19. Apr. 1758,
17. Nov. 1762. 1762 führte Kantor Berger mit dem Choro symph. Gymnasii
Figural- und Instrumentalmusik auf. Auch 1753 wird Musik erwähnt. Wöch.
Anz. 1749, 53, 58, 62.
[4]) Dreyhaupt 2, S. 201/2 u. I, 1026.
[5]) Dreyhaupt 1, 585.
[6]) Dreyhaupt 2, 201 ff.

immer nur vom Choro symphoniaco sprechen, und die mitgeteilte Zeitungsbemerkung, daß Kantor Berger mit dem Choro Symphoniaco Gymnasii in der Hauptkirche musiziert habe, beweisen, daß „das Stadtchor" für die Ulrichs- und Moritzkirche, „das Schulchor" für die Marien- und Schulkirche verwendet wurden[1]). Sie hatten nicht nur die Kirchenmusik zu bestellen, sondern auch unter Anführung eines Präfekten geistliche Arien oder Lieder chormäßig täglich vor den Bürgerhäusern abzusingen, wofür sie Chorgeld, Benefizien und freie Wohnung auf der Schule erhielten. Einmal[2]) ist von 80 Kurrentknaben die Rede.

Zum Abblasen, das außer der Fasten- und Adventszeit täglich mit Zinken und Posaunen vom Rathaus früh um 10 Uhr und Sonntags nachmittags um 1 Uhr mit Trompeten und Pauken auf dem Umgange des grünen Turms geschah[3]), zu Hochzeiten und zur Bestellung der großen Kirchenmusik waren sechs Stadtmusikanten angestellt, auch Stadtpfeifer genannt, weil sie „früher nur mit blasenden Instrumenten umgegangen"; außerdem wurde eine Hautboistenkompagnie[4]) gehalten, die 1711 an Stelle einer Bande Kunstgeiger trat. Die Hautboisten wurden die „Hyntzsche" genannt, weil Vater und Sohn Hyntzsch die Kompagnie als Hofschalmeibläser gegründet hatten und nun mehrfach (1681 von Kurfürst Friedrich Wilhelm, später von König Friedrich und Friedrich Wilhelm) privilegiert worden waren. Die Hyntzsche und Mitglieder des Collegii musici sowie tüchtige Schüler des Gymnasiums, das ein Legat zur Unterhaltung seiner Musikinstrumente besaß[5]), waren die anderen Instrumentisten, die Bach laut Bestallungsurkunde neben den Stadtmusicis verwenden solle. Aus diesen Mitteln konnte Bach ein für damalige Zeit ganz tüchtiges Orchester zusammenstellen; entsprechend den vier Konzertisten, den Solosängern, werden die Stadtmusici die instrumentalen Solisten, die Begleiter der Solosänger gewesen sein, denen sich eine Reihe anderer Musici als Ripienisten beigesellte, wenn der Chor der etwa 40 vokalen Ripienisten sang[6]) und beim Vor- und Zwischenspiel der Arien. Aus dem Verzeichnis „derjenigen musikalischen Instrumenten, welche auf dem Chor der Hauptkirche zu U. L. Frauen" aufbewahrt und Bach am 28. Juli 1746 übergeben wurden[7]), kann man sich von der Größe des Orchesters keinen Begriff machen, da nicht einmal ein brauchbarer Violon und nur eine Bratsche vor-

---

[1]) Zehler irrt, wenn er von einer Verschmelzung beider Chöre spricht.
[2]) Dreyhaupt 2, 202.
[3]) Dreyhaupt 2, 340.
[4]) Zehler irrt, wenn er sagt, daß sie zu Bachs Zeiten nicht mehr vorhanden gewesen seien; sie sind es zum Teil, deren Namen in den Rechnungsbüchern neben den Stadtmusikanten auftreten.
[5]) Dreyhaupt 2, 203.
[6]) Wenn Stadt- und Schulchor gleich stark waren; sie waren wohl geteilt, um das Einstudieren der in den verschiedenen Kirchen verschiedenen Musiken zu ermöglichen; denn an sich war an jedem Festtage nur in einer Kirche Musik.
[7]) Bitter 2, 362 abgedruckt.

handen war: die meisten Solisten brachten ihre eigenen Instrumente mit. Immerhin ist interessant, daß 1. Ein paar Paucken nebst Klöppeln, 2) Drey neue Trompeten, welche ao. 1743 anstatt der gestohlenen angeschafft worden. 3) Eine alte Trompete, u. noch eine ältere. 4) Ein Regal. 5) Ein alter unbrauchbarer Violon. 6) Drey Zinken. 7) Drey Posaunen. 8) Sechs Violinen. 9) Zwey Violen, darunter eine unbrauchbar. 10) Zwey Flöten. 11) Ein Schalmeien-Baß vorhanden waren. Erst am 15. April 1751 wurde auf Bachs Rat ein neuer Contre Violon gekauft[1]). Die Bearbeitung des Sebastianschen Chores „Man singet mit Freuden" zu Gaudete omnes populi[2]) durch Friedemann in Halle sowie die durch das erhaltene Textbuch für den Nachmittag des 3. Oktober 1756 bezeugte Aufführung der ganzen Kantate Nr. 149 („Man singet . . .") beweisen, daß ein Orchester, das neben dem Streicherchor 2 Pauken, 3 Oboen, Fagott, 3 Trompeten enthielt, zur Verfügung stand. Die eigenhändigen Doppelstimmen der 1. und 2. Violine in „Verhängnis dein Wüten" deuten auf vier- bis fünffache Besetzung der führenden Violinen, auf zwei- bis dreifache der Bratschen. Aus allem aber geht hervor, daß in Halle ebenso wie in Braunschweig (1770 bis 1774) nur die Orgel, nicht das Cembalo zum Accompagnement in der Kirche benutzt wurde. Damit stimmen des Friedemannschülers Petri Angaben überein[3])[4]).

In diesen Wirkungskreis führte sich Bach am 1. Pfingstfeiertage 1746 als Nachfolger Kirchhofs mit der Aufführung seiner Kantate „Wer mich liebet" ein. Ihr folgten im Laufe der Jahre eine Reihe teils höchst wertvoller, teils mißlungener Kantaten und anderer Vokalmusiken, über die wir in einem besonderen Abschnitte berichten. Außer seinen eigenen Werken führte Bach die seines Vaters auf. „Nimm von uns Herr"[5]), „Herz und Mund und That und Leben"[5]), „Vergnügte Ruh"[5]), Es ist das Heyl uns kommen her"[6]) und die schon erwähnte Reformationskantate führte Bach nachweislich in Halle auf. Einige Textbücher deuten aber darauf hin, daß auch Sebastianische Kantaten, deren Musik verloren ist, musiziert wurden[7]). Welche hohe musikalische Kultur und welchen Fortschritt brachte damit Friedemann gegenüber seinem Vorgänger, der die gar nicht gering zu schätzenden Keiser,

---

[1]) BB, Ms. th. fol. 63, Bericht vom 12. Juli 1760 u. 5. Juli 1764.

[2]) Part. von Kopistenhand in BB; doch rührt die Textunterlage, die Vorzeichnung der meisten Trompetenviolinschlüssel, der Paukenbaßschlüssel und der Orgelbaßschlüssel, die Vorschrift Organo, die kanonische Themaführung der Trompeten mit dem Orgelbaß und das lange Baß-d von Friedemanns Hand her, wenn beides und die Weglassung der Oboen nicht, wie die Hds. wahrscheinlich macht, überhaupt Friedemanns Erfindung ist. St. od. P. der Kantate müssen in Friedemanns Besitz gewesen sein.

[3]) Über Continuo usw. s. Abschnitt über die Kantaten.

[4]) Anleitung zur praktischen Musik, Leipzig 1782.

[5]) Abschrift Friedemanns bei Herrn Prof. Rudorff, Großlichterfelde.

[6]) Sopranstimme von Friedemanns Hand im Bachmuseum zu Eisenach.

[7]) Vgl. Abschnitt über Kantaten.

Zachau, Rolle, Vogler, Görner, Telemann, Kaufmann, Stölzel, Fasch, Förster und eigne Kantaten gepflegt hatte[1]). Dem Manne, der die viel schwierigere Einstudierung der Kantaten Sebastians nicht scheute, hätte man manche kleine Versäumnis nachsehen sollen!

Wenn die Zänkereien zwischen dem Künstler und der Behörde Anfang der 50er und Anfang der 60er Jahre auch schließlich zum Bruche und dadurch mittelbar zum schließlichen Ruin Bachs führten, so haben sie doch nur zum Teil zu Bachs Verbitterung beigetragen: Die Ablehnung, die seine Kunst der Komposition erfuhr, trieb ihn, sich ganz auf die Orgel zurückzuziehen und seine Schöpfungen nur in der Fantasie auszuarbeiten; daher die geringe Zahl der Instrumentalwerke, die nach etwa 1750 entstanden sind. Wir werden bei der Berufung nach Darmstadt darauf zurückkommen.

Eine ganz falsche Vorstellung hat man sich, wiederum unter dem Eindruck des Lebensendes Friedemanns, von dessen gesellschaftlicher Stellung in Halle gebildet. Nichts ist falscher, als sich diesen Künstler als ungenießbaren, mürrischen, weltscheuen Mann zu denken, der Zutritt in vornehme gesellige Kreise weder gesucht noch gefunden habe. Wie in Dresden und später in Braunschweig suchten auch in Halle bedeutende Männer seinen Umgang. Aus einer Mitteilung Latrobes (in Dorpat) an Griepenkerl[2]) erfahren wir, daß Bach der persönliche Freund des hervorragenden Buchdruckers J. J. Gebauer, des wagemutigen Verlegers sämtlicher Werke Luthers auf eigene Faust, einer großen Weltgeschichte, von Drucken in verschiedensten Sprachen u. a. u. a. gewesen ist, von dem die „vornehmsten Lebensumstände . . . des sel. Herrn J. J. Gebauer"[3]) rühmten, daß sein Haus, Garten und Weinberg das Ansehen einer kleinen Akademie bekamen, da Gelehrte und sonst hervorragend gebildete Menschen diesen Mann von feinstem Geschmacke häufig und gern aufsuchten. Seinen Tod (1772) beklagten Gelehrte (Prof. Häberlin in Helmstädt), Kaufleute und Künstler in schwülstigen Trauergedichten. Der 1710 geborene, also mit Bach gleichaltrige Mann, der in den Lebensumständen als ebenso feurig wie leicht zu einer verklärten Schwermut geneigt geschildert wird, muß Bachs ähnliche Natur besonders angezogen haben, wie Gebauer, der Friedemann bis zuletzt treu blieb, sich andererseits eine reiche Sammlung Friedemannscher Klavierwerke angelegt hatte[4]). Durch Gebauer wird Bach in per-

Gebauer

---

[1]) Wöch. Hall. Anz. 1746, S. 195 Kirchhofs Nachlaß, an Instrumentalwerken: Händel, Graun, Schaffiroth, Telemann, Förster, Kirchhof u. a. vgl. SIMG XII, 589.

[2]) BB, P 228. Latrobe wußte es von Observator Schnorre (Dorpat) „dem längst verstorbenen", der mit dem Sohne Gebauers in Halle verkehrt und dort Bachs Werke abgeschrieben hatte. Über Schnorres Leben in Halle ließ sich nichts ermitteln, verschiedene ähnlichen Namens haben dort studiert.

[3]) Halle 1772, mit den Gebauerschen Schriften, S. 19, S. 25, über Gebauer vgl. auch Dreyhaupt a. a. O. 2, S. 57.

[4]) Gebauer besaß auch z. B. dieselben Kompositionen, die P. 228 der BB. überliefert. Vgl. auch Abschnitt 1764—70.

sönliche Berührung mit Lehrern der Universität, besonders mit J. S. Baumgarten, dem Verfasser der Hallischen Bibliothek und anderer bekannter Bücherbeschreibungen und Besitzer einer interessanten musikalischen Bibliothek[1]), gekommen sein. Durch Bande des Bluts war er mit Michael Bach aus Ruhla, Oktavus am Gymnasium und Ulrichskirchenkantor verknüpft, dessen Sohne Johann Christian (1743—1814), dem Hallischen Klavierbach, er wertvolle Handschriften schenkte[2]). Freundschaft verband ihn mit dem Orgelbauer G. H. Cuntius, der Friedemann „Gevatter Dir. Bach" nennt und ihn 1749 mit der Regelung eines Geschäftes betraut[3]).

Menschenscheu und vergeßlich, wie Chrysander das Wort „Vergessenheit der schuldigen Subordination" umdeutet, war Friedemann damals nicht, wohl aber nicht allzu genau in gewissen Pflichten seiner vorgesetzten Behörde gegenüber. Der erste Streit brach 1750 aus. Bach hatte die Kirchenpauken entgegen der Bestimmung der Bestallungsurkunde ins Collegium musicum verliehen und wurde deshalb am 3. August 1750 mit Kassation bedroht[4]). Bald darauf, am 30. Dezember, erhielt er in pleno Collegii einen ernsten Tadel wegen Urlaubsüberschreitung[5]) bei dem Begräbnisse seines Vaters. Am 28. Juli 1750 war Sebastian gestorben. Friedemann reiste sofort nach Leipzig, wo er seinen Bruder Emanuel als Erbschaftsbevollmächtigter vertrat. Schon vor der Nachlaßordnung nahm er die Handschriften Sebastians an sich und reiste nach der Vollstreckung mit seinem Halbbruder Christian nach Potsdam zu Emanuel, der den 15jährigen erzog. Forkel berichtet, daß Friedemann von seinem Bruder den größeren Teil der Kantaten zugesprochen bekam; der Brief Friedemanns an Prof. Eschenburg vom Jahre 1778, der über ihren Verbleib aufklärt, bestätigt es[6]). Diese zweite Berliner Reise — über die erste werden wir später nachholend berichten — scheint allerdings sehr ausgedehnt gewesen zu sein: Vom Anfang August bis zum Ende Dezember etwa. Da aber Bach für Vertretung gesorgt hatte, kam er am 30. Dezember mit der Rüge in pleno Collegii davon.

Die Reichardtschen, Rochlitzschen und Marpurgischen Anekdoten erweisen sich angesichts dieser Rügen des Protokollbuchs und aus anderen Gründen zum größeren Teil als Erfindungen. Von Rochlitzens Hallischen Anekdoten[7]) gehen zwei auf Reichardt zurück, die übrigen, wie die, Bach habe über dem Erdenken einer Doppelfuge während des

---

[1]) Bibliothecae Baumgartenianae. Halle 1765, Pars. I, S. 794 ff.

[2]) Spitta, J. S. Bach 1, S. 13 und ABG 45, S. LVIII.

[3]) Commissoria des Orgelbauers, 22. Nov., und Briefe Friedemanns vom 20. Febr. u. 1. Dez. 1749 bei Bitter a. a. O. 2, S. 370/71.

[4]) Protokollbuch im Archiv der Marienkirche.

[5]) Protokollbuch vom 30. Dez. 1750 und BB Ms theor. fol. 63, Bericht vom 22. Nov. 1761. Vgl. S. 36—37.

[6]) Abgedruckt in Nohls Musikerbriefen aus 4 Jahrh., 2. Aufl. 1872. Die BGA berechnet: Friedemann $^3/_5$, Emanuel $^2/_5$. (B. 5, S. XV—XVI.) vgl. S. 54.

[7]) Leipz. Allg. Mus.-Zeitung 1800.

Gottesdienstes das sinnloseste Zeug gespielt in dem Glauben, die Fuge vorzutragen, hinterher darauf aufmerksam gemacht, sie in der leeren Kirche wunderbar nachgeholt, — diese und ähnliche Erzählungen sind zu kindisch, als daß sie eine ernsthafte Erwähnung verdienten.

Bachen, der schon wegen des Verleihens der Kirchenpauken, oder weil ihm ein Student das Paukenfell zerschlug[1]), heftig getadelt, ja mit Kassation bedroht wurde, wäre von dieser kleinlich genauen Behörde das Schicksal des Kantor Mittag widerfahren, der wegen üblen Verhaltens abgesetzt wurde[2]), wenn er sich ernsterer Vergehen wie einer Herausforderung der Vorgesetzten schuldig gemacht hätte. Reichardts Anekdoten[3]), Bach habe sich unter die Kirchenbesucher gesetzt und die Frage, wer denn die Orgel spielen solle, mit den Worten beantwortet: Er sei auch recht neugierig, und die: Bach habe dem Pfarrer zugerufen, er verstehe den Teufel was von einer Fuge, das Vorspiel werde er enden, wenn es nötig sei, müssen nach alledem als erfunden oder mindestens als starke Verdrehungen der Wahrheit angesehen werden. Wäre der Künstler in Halle dem Trunke und anderen Lastern ergeben gewesen, wie Reichardt[3]) und nach ihm Chrysander und Ledebur fabelten, so hätte ein so sittenstrenger und frommer Mann, wie Gebauer, ihn nicht bis zuletzt seiner Freundschaft gewürdigt, so hätte sich 1762 nicht der Darmstädter Hof monatelang um ihn bemüht, indem er darauf ausging, Bach oder ein anderes „habiles Subjekt, und dessen Conduite ebenfalls gut seye" als Kapellmeister zu gewinnen[4]).

Wie Reichardts Anekdoten, auf dessen geringe Glaubwürdigkeit wir nochmals zurückkommen, beruhen nur teilweise auf Wahrheit die Friedemann betreffenden Mitteilungen in Marpurgs „Legenden einiger Musikheiligen", 1786, die ja schon im Titel auf die nur bedingte Glaubwürdigkeit hinweisen. Wir sind vielleicht nur zu geneigt, angesichts der Fälschungen, die Friedemann an einem Werke seines Vaters und an zwei eigenen vorgenommen hat, die Anekdote für wahr zu halten, die erzählt, Bach habe 1749 eine Passion seines Vaters für eine Musik benutzt, die er für 100 Rthlr. für einige Studenten zu Ehren des neuen Prorektors[5]) zu fertigen hatte. Trotzdem stellt sich bei genauer Betrachtung die Unmöglichkeit dieses Vorwurfs heraus. Der Erzähler der Anekdote ist nicht Marpurg, der 1749 nicht in Halle studierte. Der Verfasser der Geschichte berichtet nun, ein Kantor aus der Nähe Leipzigs habe den Betrug entdeckt und Bach die daraufhin den Lohn verweigernden Studenten auf Zahlung der Summe verklagt. Ist

[1]) BB Ms. th. fol. 63. Bericht vom 12. Juli 1760.
[2]) Dreyhaupt 2, S. 201. Kirchenrechnungsbuch 1750/51, S. 30, 1749, S. 26. vgl. Zehler, S. 116.
[3]) Reichardt: Mus.-Almanach 1796.
[4]) S. S. 38 ff.
[5]) 1748/49 war Prof. Dr. theol. S. J. Baumgarten, 1749/50 Prof. Dr. phil. J. J. Lange jun. Prorektor. W. Schrader: Gesch. der Friedrichsuniversität zu Halle. 2. Teil, Berlin 1894, S. 551.

es nicht verwunderlich, daß der Erzähler, der gerade vor der Entscheidung des Prozesses die Universität Halle verlassen mußte, von keinem seiner Studiengenossen in den 37 Jahren bis zum Drucke der Anekdote von dem interessanten Ergebnis benachrichtet worden wäre? Daß niemand anders, der klatschsüchtige spitze Marpurg voran, den Ausgang ergänzen konnte? Oder interessierte den Verfasser damals die Sache nicht? Dann dürfen wir nach 37 Jahren keine sichere Darstellung mehr erwarten, als er, vielleicht gebeten, vage Erinnerungen ausgrub! Wir dürfen durchaus nicht schließen: Weil Friedemann das D-moll-Orgelkonzert seines Vaters für sein eigenes und seine Kantate „Dienet dem Herrn!" und ein Kyrie für Werke Sebastians ausgegeben hat, kann ihm sehr leicht auch dieser Betrug mit Recht vorgeworfen werden. Wir werden später nachweisen, daß diese Fälschungen erst in der Berliner Zeit etwa, jedenfalls von dem brotlosen Künstler in Zeiten drückender Not vorgenommen keine Erzeugnisse eines sträflichen Leichtsinns oder der Bequemlichkeit und Ruhmsucht sind. Diese traurigen Vorgänge seines späteren Lebens dürfen wir nicht zum Vergleiche heranziehen. Ist es glaublich, daß eine Behörde, die unerlaubte Paukenverleihung mit Kassation bedroht, die einen Kantor wegen üblen Verhaltens absetzt, ist es glaublich, daß eine so strenge Behörde einen groben Betrug nicht mindestens gerügt hätte? Oder will einer sagen, die Kirchenvorsteher hätten ihrem Unwillen ein Jahr später (3. Aug. u. 30. Dez. 1750) bei einer geringfügigen Gelegenheit Ausdruck gegeben, da das Vergehen Friedemanns außerdienstlich gewesen sei und daher kein Recht zum Einschreiten gegeben habe? Die damalige sittenstrenge Zeit kennt, wie noch die heutige, in solchen Fragen den Unterschied dienstlich—außerdienstlich nicht. Wäre Bach gesellschaftlich nicht unmöglich geworden in Halle? Hätte man ihn im Januar 1758 mit der Komposition der Festmusik zur Universitätsgeburtstagsfeier Friedrichs des Großen beauftragt? Hätte man das in Darmstadt eine gute Conduite nennen können? Wir müssen nach alle dem und auf Grund des Schweigens der Protokollbücher und der Art der Überlieferung in der Erzählung eine Legende sehen, die sich infolge einer vielleicht bekannt gewordenen Unterschiebung Bachs aus der unglücklichen amtlosen Zeit seines Lebens (1764—84) gebildet hat. Entweder hängt die ganze Angelegenheit ursprünglich nicht mit Friedemann zusammen, oder Bach konnte nachweisen, daß fast alles von seiner Komposition sei, oder das Ereignis fällt in die Jahre nach 1764[1]).

Es muß betont werden, daß alle diese übertriebenen Urteile erst nach Bachs und meist auch der mit Namen genannten Gewährsmänner Tode allmählich auftauchen: Marpurg 1786, Reichardt 1796. Marpurg kann sich in den drei eingangs erwähnten Werken nicht genug tun in Lobsprüchen, zweimal sogar in unmittelbarer Anrede an Bach,

---

[1]) Prozeßakten sind nicht mehr vorhanden. — Spittas ohnehin sehr ungewisse Datierung der Matthäuspassion nach einer Zeitangabe dieser Legende wird jetzt noch unsicherer.

er ist stolz, daß der erste Teil der Abhandlung von der Fuge Friedemanns Beifall gefunden hat, er drängt mit schmeichelhaften Äußerungen
auf die Herausgabe der Abhandlung vom Harmonischen Dreyklang.

Auf Reichardt, der 1796 im Mus.-Almanach die heftigsten Angriffe
auf Bachs sittlichen Lebenswandel führte und nebenbei seine freien
Fantasien auf die Dauer langweilig fand, fällt ein recht sonderbares
Licht, wenn wir in einem Briefe C. P. E. Bachs vom 9. 8. 1777 [1])
lesen, daß Emanuel seine Freude nicht verbergen kann, daß der glatte,
ränkesüchtige Herr Reichardt kürzlich wieder einen Angriff mit einer
„niedrigen Abbitte" im Korrespondenten gut machen mußte; Emanuel
wünscht, daß ihm zur Strafe für eine schlechte Kritik „bald eins gegeben" würde.

Eine der weniger phantastischen Anekdoten Marpurgs, deren Wahrheit durch die Richtigkeit einer Zeitangabe bestätigt wird, gibt einen
neuen Zug zum Bilde Friedemanns. Bei dem Besuche in Potsdam 1750
habe sich der mit dem französischen Grafen von Türpin reisende Vio-
linist Giardini in Marpurgs Hause bereitwillig auf der Geige hören
lassen, während Bach nicht zu bewegen war, auf dem Klaviere zu
spielen. Erst nach Giardinis und Marpurgs Weggang habe er stundenlang allein fantasiert. Friedemann habe sich jedenfalls durch das
Superiöre der Spielart Giardinis bedrückt gefühlt, oder den fremden
Tonkünstler nicht für würdig des Genusses gehalten. Reichardt [2]) erzählt ähnliche Vorgänge aus der Berliner Zeit: Bach habe selbst seinen
Wohltätern nicht vorgespielt; dann wieder plötzlich kurz vor dem
Essen oder Auseinandergehen und ohne Aufhören. Zelter erzählt dagegen in seinen Briefen an Goethe [3]), daß der angeblich launische
Künstler noch in Berlin den jungen Leuten auf ihre Bitten unermüdlich
seine Kunst gezeigt habe. Auch Rust (1758—62 in Halle) [4]), Petri [5])
(1762—63 in Halle) und Forkel [6]) rühmen seine Gefälligkeit. Aus
diesen scheinbar widersprechenden Aussagen enthüllt sich das echte
Bild des modernen subjektiven Künstlers, der frei und selbstbewußt nicht
mehr handwerksmäßig auf Bestellung arbeiten kann, der nur dem Drange
seines Innern nachgibt, wenn er musiziert, der von seiner Umgebung
abhängig unbefangen verstehen Wollenden sich offenbaren kann, vor

---

[1]) Im Besitze der Firma Breitkopf & Härtel; ungedruckt.
[2]) Mus.-Alm. 1796.
[3]) Zelter: Briefwechsel mit Goethe. B. 5.
[4]) Reichardt 1796, S. 61, danach erhielt Rust unentgeltlich Musikunterricht von Friedemann, wofür er dessen Briefwechsel führte. ABG 15,
XVIII, daß ihm Bach das Autograph der franz. Suiten Sebastians schenkte.
[5]) J. S. Petri: Anleitung zur praktischen Musik, Leipzig 1782, S. 101 „Der
Hallische Bach (Friedemann), der nachmals nach Braunschweig ging, und
dessen Freundschaft und Unterweisung ich selbst zu Halle Ao. 1762 u. 63
genoß . . ."
[6]) Vorrede Griepenkerls zur Ausgabe der Polonaisen Bachs, Peters,
Leipzig 1819. Forkel habe nur mit glückstrahlendem Antlitz von Friedemanns
Aufenthalt bei ihm sprechen können.

kühl und selbstgefällig auftretenden Männern wie Marpurg und Reichardt aber verstummt, um doch wieder fortgerissen zu werden, sobald ihn die musikalische Stimmung des Augenblicks überwältigt.

Im Jahre 1750 gerade mochte Bach weniger denn je zu virtuosem Wettstreit aufgelegt sein, wo er soeben den bis ans Ende verehrten[1] Vater verloren hatte. Seinen ältesten Sohn hatte ja Sebastian mit besonderer Liebe umgeben: Ihm hatte er das Klavierbüchlein angelegt, ihn auf seine Dresdener Ausflüge mitgenommen, ihn zu Händel gesandt, seine Schulhefte hatte er sorgsam aufgehoben, seine F-dur-Sonate für zwei Klaviere in Stimmen abgeschrieben. Noch im Mai 1747 wieder hatte er seine Begleitung zu Friedrich dem Großen nicht missen wollen auf seiner letzten Reise, deren Potsdamer Erlebnisse vor allem Friedemann noch in den siebziger Jahren Forkel gegenüber mit den lebhaftesten Worten zu schildern pflegte[2].

So war der Künstler durch Sebastians Tod seines treuesten Freundes beraubt, vielleicht des einzigen, der seinen Wert und sein Wollen erkannt hatte. Nun suchte der Vereinsamte einen neuen Halt und glaubte durch eine Heirat Ruhe vor den Stürmen des Lebens zu finden. „Copulirt am 25. Februar 1751 durch Diaconus Litzmann: Herr Wilhelm Friedemann Bach, Director Musices und Organist bey dieser Kirche, und Jgfr. Dorothea Elisabeth, Herrn Johann Gotthilf Georgi, Königl. Einnehmers bey der Accisecasse allhier, eheleibl. älteste Tochter", heißt die amtliche Eintragung[3]. Die Braut stammte aus einem nicht unvermögenden gut bürgerlichen Hause[4]. Spätere in den Hall. Anzeigen angekündigte Verkäufe sprechen davon[5]. Diese Ehe scheint in den ersten Jahren einen beruhigenden und zugleich anregenden Einfluß auf den Künstler ausgeübt zu haben, wenn wir die Sprache der in diese Zeit zu legenden Kantaten nicht mißverstehen.

Drei Kinder sind dem Bündnis entsprossen, von denen aber nur die jüngste Tochter Friederica Sophia ein höheres Alter erreichte[6]. Die Beziehungen zu ihren hochgestellten Paten hatte Friedemann wohl

---

[1] Forkel, J. S. B. . . . S. 4.
[2] Forkel, J. S. B. S. 9–10, vgl. Spitta 1, S. 710 ff.
[3] Kopulationsregister 1735–53, S. 556 [Chrysander a. a. O. S. 248].
[4] Kohlmann, Monatsblätter des Thür.-Sächs. Vereins . . . Bd. 1. 1890, S. 150—54.
[5] 1766, S. 526; 1770, S. 530; 1771, S. 451; 1763, S. 433.
[6] a) Wilhelm Adolf, getauft am 13. Jan. 1752. Paten: Ihro Exzellenz der Oberhofmarschall Herr Graf Johann Georg von Einsiedel in Dresden. die Frau Geheimräthin von Dieskau, Ihre Exzellenz Herr Franz Wilhelm von Happe, Wirklicher Geheimer Etats- u. Kriegsgerichtsrath in Berlin (wurden bei der Taufe vertreten). † am Jammern den 20. Nov. 1752.
   b) Gotthilf Wilhelm, geb. den 30. Juli 1754. Paten: Herr Christian Friedrich Georgi, Oberbornmeister und Renthey-Controlleur. Frau Catharina Elisabeth Becker, Licentiatswitwe. Joh. Gotthilf Georgi, Königl. Acciseeinnehmer. † am Stickfluß den 16. Jan. 1756.

durch Konzertreisen geknüpft, wurde ihm doch 1761 vorgeworfen, daß er öfters unerlaubt verreiset sei[1]). Happes Patenschaft scheint auf keinem äußerlichen Verhältnis zu beruhen, hatte doch der Künstler ihm schon 1748 seine Es-dur-Sonate mit ganz besonderen Dankesworten gewidmet; mit Graf von Einsiedel und Frau von Dieskau, der Besitzerin von Kleinzschocher, als Paten setzte er alte Dresdner und Leipziger Beziehungen fort[2]).

Die Familiengründung war vielleicht die Ursache, warum Friedemann 1753 einer Veränderung seiner Stellung nicht abgeneigt war.

In Zittau war der Organist der großen G. Silbermannschen Orgel in der Hauptkirche zu St. Johannis, G. Krause 1753 gestorben[3]). Schon waren einige Bewerbungsgesuche eingelaufen, als man am 5. November „beschließt, Herrn Bentzens relation zu erwarten, wo die beiden Bache sich gegenwärtig aufhielten", „und ob es sich mit ihren gegenwärtigen Umständen schicken wolle, daß man auf den einen oder den andern hierorts reflektieren könne". Man lud dann Emanuel und Friedemann ein. Am 19. November teilt Syndikus Wentzel einen Brief von Herrn W. F. Bach in Halle mit, „worinnen dieser wegen eines guten Freundes, von diesem Dienste, u. ob solches würcklich vacant, Nachrichten verlanget". Am 17. Dezember „communiciert Wentzel einen Brief von Herrn Wilhelm Friedemann Bach aus Halle, in dem er sich zu erkennen gibt, daß er letzthin proprio nomine sich wegen des Organistendienstes erkundiget, auch derjenige sei, der schon ehemals eine Probe hier gemacht habe." Offenbar hatten Friedemann, von dem man weiter keine Probe mehr verlangen, den man aber mit in die Urwahl nehmen wollte, die Zittauer Verhältnisse so gefallen, daß er ernstlich an eine Übersiedelung dachte[4]). Auch Emanuel bemühte sich sehr lebhaft um den Posten. Außerdem bewarben sich J. L. Krebs, Schloßorganist aus Zeitz, Joh. Trier, der ehemalige Thomaner, J. K. Altnicol in Naumburg, Sebastians Schwiegersohn, J. F. Fleischer (Zittau, Petri und Pauli), Ch. G. Tietze (Radeberg),

---

c) Friederica Sophia, geb. 7., getauft am 15. Februar 1757. Paten: Ihro Hochfürstl. Durchlaucht Frau Bernhardine Christiane, Fürstin von Schwarzburg u. Rudolstadt. Ihro Hochf. Durchlaucht Herr Carl Georg Leberecht, Fürst von Anhalt-Cöthen, Ihre Hochf. Durchlaucht Prinzessin Marie Magdalena Benedictine von Anhalt-Cöthen (wurden alle bei der Taufe vertreten).
Vgl. Taufregister der Marienkirche u. Zehler a. a. O. S. 113.
[1]) B B Ms. th. fol. 63. Bericht vom 22. Nov. 1761.
[2]) A B G 29, S. 175, Seb. Kantate „Mer hahn en neue Oberkeet!"
[3]) Zittau Ratsarchiv: Acta betreffend den Dienst eines Directoris Chori Musici u. Organistens bey der Haupt-Kirche zu St. Johannis u. dessen von Zeit zu Zeit erfolgte Besetzung. Ergangen vor Em. En. Hochw. Rathe der Stadt Zittau 1735 ff. und Anhang zu Gerbers Lexikon (Orgel zu Zittau).
[4]) Die Originalbriefe der Bache sind vielleicht mit der alten Instruktion am 23. Juli 1757 verbrannt; damals wurde auch die Silbermannsche Orgel vernichtet.

Eckardt, J. G. Petri aus Guben. Nicht weiter betrieben worden war die Meldung Homilius' aus Dresden. Wahrscheinlich oder sicher hatte Bach die schon früher komponierte Kantate auf den 1. Advent: „Lasset uns ablegen", als Probemusik mitgenommen, wie wir bei der Besprechung dieses Werkes sehen werden. Aus den Akten, die auch auf Emanuels Stellung in Potsdam ein eigenartiges Licht werfen [1]), geht hervor, daß man es von vornherein auf den jugendlichen Trier abgesehen hatte, und daß die beiden Bache nur als Prunkstücke im Wettbewerb auftreten sollten. Das Bestreben, sichere Umschau zu halten, ohne sich binden zu müssen, und die genialen Kraftnaturen oft eigne Lust am Mystifizieren (Goethe in Dichtung und Wahrheit!) mögen Friedemann zu der Erdichtung des Freundes und zu seiner Probe unter falschem Namen veranlaßt haben.

Bis zum Jahre 1762 erfahren wir nichts mehr von Bemühungen Bachs, von Halle fortzukommen oder von Anträgen, die ihm gemacht worden wären; doch könnten wohl unter den 1761 gerügten unerlaubten Reisen auch Probekonzertfahrten gewesen sein. Darauf deutet das Autograph der Kantate „Dienet dem Herrn" hin, das zum Teil anderes Papier benutzt als alle übrigen Werke Bachs; auch der Umstand, daß die Kopie datiert ist (1755), deutet in Friedemanns Werken auf besondere Verhältnissen hin. Die unruhigen Zeiten des siebenjährigen Krieges boten wenig Gelegenheit zu einer vorteilhaften Veränderung. Dafür brachte er dem Organisten die Aufgabe, in immer neuen Musiken die zahlreichen Dank- und Siegesfeste zu feiern. Zwei solcher Festmusiken Bachs haben sich ganz, von andern nur die Textbücher erhalten, von anderen wissen wir nur aus den Wöch. Hallischen Anzeigen. Bei der Besprechung der Kantate zur Geburtstagsfeier Friedrichs auf der Universität am 25. Januar 1758 und der Kantate auf den Hubertusburger Frieden werden wir darauf zurückkommen. Jedenfalls hatten sich durch die mannigfaltigen Kriegslasten, von denen die Hallischen Anzeigen berichten, weder Bachs noch der Kirche Vermögensverhältnisse gebessert. Infolgedessen kam es 1760 wieder zu einem kleinen Zusammenstoß. Eine Pauke war zerschlagen worden, und die Kirche weigerte sich, die Reparatur zu bezahlen, weil der Organist für das Klingesackgeld, das er auf der Orgel und den Rundaten für sich sammle, nach der Gewohnheit die Instrumentenausbesserung selbst bezahlen müsse. 1741 und 1751 hatte man es zwar noch anders gehalten, aber jetzt wollte man sparen. Man machte Bach einen Vorwurf daraus, daß er „einen Studenten . . . und nicht den Kirchenmusikanten . . . die Pauken hatte schlagen lassen", „welches den H. Organisten verwiesen, und Er endlich diese Zahlung zu übernehmen acceptiret," heißt es in dem Bericht Brömmes vom 12. Juli 1760[2]).

---

[1]) Man wehrte ihn geradezu ab: Man habe ihm doch keine Hoffnung gemacht, daß er die Zittauer Stelle bekomme usw.

[2]) BB, Ms. th. fol. 63.

Das war aber nur das Vorspiel zu ärgeren Streitigkeiten im Oktober bis November 1761. Am 20. Oktober 1761 bat Friedemann darum, wie die andern Kirchenbedienten von den Kriegskontributionen befreit zu werden und das ihm schon bei Antritt seines Amtes vom Präsident Schäfer im Namen des Kirchenkollegiums gegebene Versprechen einer Gehaltszulage endlich einzulösen, damit er den sehr schlechten Zeiten und der täglich zunehmenden Teuerung begegnen könne.

„Hoch Wohl Geborne, Hochedel Geborne, | Hochgelahrte Herrn, | Insonders Hochzuverehrende Herrn | Vornehme Gönner.

Ew. Hoch Wohl- und Hochedel-Geb. habe ich hierdurch melden wollen, daß ich im vorigen sowohl als auch diesem Jahre bey den ausgeschriebenen Contributionen als Bürger betrachtet wurde, und die mir in dieser Absicht zuerkannten Gelder bey Strafe militairischer Execution würklich erlegen muste. Da ich mich nun gegen dergleigen verdrießliche Vorfälle nicht in Sicherheit stellen kann, wofern Ew. Hoch Wohl- und Hochedelgeb. nicht desfalls die gehörige Verfügung machen (zumahl ich in Ansehung meiner Frau einmahl zugehörigen Immobilium immer leyden muß und dieserwegen als Bürger angesehen werde), so ergehet an Ew. Hoch Wohl- und Hochedelgeb. hiermit meine gehorsamste Bitte, es so einzurichten, daß ich in's künftige bey den Contributionen als Kirchen-Bedienter angesehen werde, und als solcher nicht mehr zu conferiren brauche.

Ich nehme mir zu gleicher Zeit die Freyheit, Ew. Hoch Wohl- und Hochedelgeb. um Zulage meines Gehalts gehorsamst zu ersuchen.

Schon bey Antritt meines Amts gab mir der verstorbene Herr Präsident Schäfer im Namen eines Wohllöblichen Kirchen-Collegii die Versicherung, wenn sich irgend die Kirchen-Umstände verbesserten, darauf bedacht zu seyn. Diese mir seit 15 Jahren gegebene Versicherung sammt den itzigen sehr schlechten Zeiten und der täglich zunehmenden Theurung bewegen mich jetzt, Ew. Hoch Wohl und Hochedel-Geb. deshalb gehorsamst anzugehen.

In Erwartung einer günstigen Antwort habe ich die Ehre zu seyn Hoch Wohl Geborne Hochedel Geborne | Hochgelahrte Herrn, | Insonders Hochzuverehrende Herrn | Vornehme Gönner.

Halle, den 20. Octbr. 1761.   Dero gehorsamster Diener
                                                Wilhelm Friedemann Bach."

Denen Hoch Wohl- und Hochedelgebornen Herrn, Hochansehnlichen Acht-Männern eines Wohllöblichen Kirchen-Collegii der Kirche zu U. L. Frauen [1]).

Aber das Kirchenkollegium gedachte jetzt aller der kleinen Versäumnisse Bachs und ließ ihm durch Hippius folgende Resolution aufsetzen [2]):

„Resolution für Herrn Organisten Bach.

Es ist bey dem Kirchen-Collegio zu Unserer Lieben Frauen verlesen worden, was deren Organist Hr. Wilhelm Friedemann Bach wegen remedur

---

[1]) Abgedruckt von Bitter 2, S. 363. BB, Ms. th. fol. 63.
[2]) Abgedruckt von Bitter 2, S. 365. Kleine Ungenauigkeiten dieses Abdrucks und die Wichtigkeit des Schriftstücks verlangen, es hier noch einmal wiederzugeben nach Ms. th. fol. 63 u. Chrysander a. a. O.

seines Beytrages zur feindlichen Krieges-Brandt-Steuer-Contribution, auch
verlangter Zulage seines Gehalts bey jetziger Theuerung vorgestellet und·
gebethen, worauf demselben hiermit zur Resolution ertheilet wird, daß wegen
den Beytrags zur feindlichen Krieges-Contribution, von Königl. immediat-
Commission nach dem Principio der allgemeinen Mitleydenheit, und von
Jeden Einwohnenden, verlangten Schutz die repartitions-Anlage gemacht
worden, und also derselbe von selbst sich zu bescheiden habe; wie Er auch
ohne Absicht des ihm anvertrauten Organisten-Dienstes, da er durch er-
forderlichen Contributionen-Beytrag, gleichen Schutz wie andere Einwohnende
genießet, er auch weit geringer als der schlechteste Handwerker angeleget
worden, seinen Beytrag, ohne sich an Unser Kirchen-Collegium zu wenden,
vorhin und künfftig bey der general-repartition zu thun schuldig sein. An-
langend die gesuchte Zulage seiner Besoldung betreffend, so finden wir bey
dessen öfters ungebührlich bezeigeten Betragens, und seiner Vergessenheit
der schuldigen Subordination, gegen das Kirchen-Collegium und des Herrn
Consistorial-Raths Rambachs Hochwürden, da er, der Ihme einstmahlen
schon in pleno Collegii gegebenen Weisung ohngeachtet, ohne erhaltene
permission öfters verreiset, und die Ihme vom Herrn Consistorial-Rath
Rambach gegebene Weisung, zu seiner Besserung sich nicht nutzen lassen,
gar keine Ursache, aus welchem Beweggrunde bey seiner ihm von Anfang
erhöhten Besoldung, Ihme annoch eine Zulage bewilliget werden sollte; da
zumahlen die Vermögens-Umstände Unserer Kirche sich seit seines ange-
tretenen Dienstes nicht verbessert, und sein ungebührliches Betragen eine
Vergeltung für ihn zu suchen, keine Gelegenheit gegeben. Es wird daher
auch dieses Punktes halber ihm zur resolution ertheilt: wie sein Suchen
keine statt finde, und zugleich derselbe erinnert, sich besser wie zeithero,
der seinem Officio obliegenden Subordination gegen das Kirchen-Collegium
und den Herrn Consisto al-Rath Rambach zu befleißigen, damit wir nicht
genöthigt werden, andere Verfügungen zu treffen. Wornach derselbe sich
zu achten.

Halle den 22. Novbr. 1761.

  Vorsteher und Achtmanne des Kirchen-Collegii zu U. L Frauen
                 hieselbst.

vidi Loeper. vidi Stiebritz. vidi Gade. vidi Büchner. vidi Franke.
 „ Krause.   „ Brömme. „ Hoffmann. „ ? ?. "

  Das Kirchenkollegium griff weit zurück, wenn es die Weisung in
pleno Collegii von 1750 wieder herbeizog. Von neuen Vergehen
hatte man den Paukenfrevel und die trotz Rambachs Mahnung wieder-
holten Reisen vorzuwerfen. Da von Klagen über Vernachlässigung der
Orgel und der Kirchenmusik dabei nie die Rede ist, also Bach offenbar stets für tüchtige Vertretung gesorgt hatte, wie sie ihm in seinen
Schülern Petri und Rust, die gerade in diesen Jahren in Halle weilten,
leicht zur Verfügung stand, muß man den Ton der Resolution für
überscharf halten, sehr im Gegensatz zu der würdigen Bitte des
Künstlers; der Hinweis auf die gleichen Zänkereien, die Sebastian
erdulden mußte, liegt nicht fern.

  Daß durch diesen Zwist mit der Behörde Bachs Ansehen geschwächt
worden wäre, ist ausgeschlossen. Sonst hätte er wohl ein glänzendes
Anerbieten mit Freuden ergriffen, das ihm im folgenden Jahre gemacht
wurde.

ludwig rmsiavL

Am 10. Mai 1760 war Graupner in Darmstadt gestorben. Man bemühte sich nun, einen möglichst vollgiltigen Ersatz für den bedeutenden, der modernen Kunst zugeneigten Komponisten zu finden. Am 6. Juli 1762 erhielt Bach den Antrag, die erledigte Kapellmeisterstelle einzunehmen. W. Nagel hat zum ersten Male Genaueres über die Verhandlungen mitgeteilt, sieht aber sonderbarerweise den Sachverhalt nicht ganz richtig.[1]) Man bot in einem höflichen Schreiben Friedemann, dessen „Ruhm, welchen der Herr Musick-Director bei dem publico durch die Musicalische Wissenschaft und dero besondere Geschicklichkeit darinnen", hervorgehoben wird, 900 Gulden an Geld, 16 Malter Korn, 8 Malter Gersten, 6 Malter Spelzen, 4 Malter Waitzen, 3 Ohm Wein und 8 Klafter Holz als Gehalt für die Kapellmeisterschaft mit dem davon abhangenden Range an. Friedemann sagte auch sofort „zum wahren Vergnügen" des Hofmarschallamtes und mit dem Beifall des Landgrafen zu.[2]) Für die Umzugskosten wurden ihm am 28. August 100 Gulden versprochen und die Übersiedelung stark betrieben. Bachen war es jedoch um die ausdrückliche Vocation mit der landgräflichen Unterschrift zu tun, die aber in Darmstadt für überflüssig angesehen würde: Bach sollte erst das Annahme- und Bestallungsdekret nach Halle zu senden verlangen, wo er es unmittelbar vor der Abreise unterschreiben könne, oder nach Belieben erst in Darmstadt empfangen.[3]) Wieder muß Bach um die „noch weiters verlangte" Vocation gebeten haben. Aber nunmehr fiel das Zögern dem Hofe auf; jetzt erst bestimmte man, daß der Künstler erst in Darmstadt Dekret und Bestallungsbrief erhalten solle, da auch Bachs Korrespondent, Advokat Lichtenberg, über Bachs Entschluß keine gewisse Nachricht geben könne.[4]) Daß deshalb, weil ungünstige Kunde über Friedemann nach Darmstadt gedrungen sei, der Hof mit dem Dekret zurückhielt, wie Nagel meint, ist unbegründet. Im Gegenteil fürchtet der Hof, daß man den Darmstädter Wirkungskreis übel geschildert haben könne. Nur wegen Bachs unverständlich ausweichender Antworten hielt man jetzt zurück. Man wollte erst den Künstler sicher haben, ehe er die landesherrlich unterschriebene Vokation bekommen sollte, da man offenbar merkte, daß es Bach mehr auf den Titel als auf die Stelle abgesehen hatte. Wären schlimme Gerüchte nach Darmstadt gedrungen, so hätte man nicht in einem Ultimatum, in dem es u. a. heißt: Man wolle ihm die alte gute Stellung in Halle natürlich nicht rauben, am 1. Dezember 1762 nochmals Bachen, der seine Ankunft erst unbestimmt für nach den Wintermonaten ankündigte, die Entscheidung anheim gestellt.

---

[1]) Er druckt in den Sammelbänden der IMG im 1. Band, 1899/1900 S. 290 ff. d. Anträge ab, die im Großherzogl. Staatsarchive zu Darmstadt aufbewahrt werden. Von Bachs Antworten ist nichts erhalten.

[2]) Antwort nicht erhalten.

[3]) Schreiben vom 28. August.

[4]) Schreiben vom 17. November; beides von Nagel vermengt in der Darstellung.

Da Serenissimus vor Angriff der Sache befohlen habe, daß man sich sowohl „nach diesem vorgeschlagenen Bach, als auch sonst nach einem recht habilen Subjekt, und dessen Conduite ebenfalls gut seye, erkundigen solle", hätte man zweifellos die Verhandlungen abgebrochen, wenn bei den Erkundigungen, die bei dem verwunderlichen Zögern zweifellos über Bachs Stellung in Halle erneut eingezogen wurden, von ernstlicher Vernachlässigung seines Amtes oder zügellosem Leben die Rede gewesen wäre.

Der Abschluß der Angelegenheit ist unklar. Jedenfalls führt der Künstler den Titel eines Darmstädtischen Kapellmeisters 1767 im Widmungsschreiben seines E-moll-Konzertes an die sächsische Kurfürstin; auch im Cramerschen Magazin wird er bei seinem Tode damit benannt.

Halten wir zu dieser Berufung, was Reichardts Mus.-Almanach[1]) von einer Vokation nach Rudolstadt zu berichten weiß! Der spätere Musikdirektor Rust, der übrigens die Geschichte nicht selbst erzählt und bei Erscheinen des Almanachs schon gestorben war,[2]) hatte während seiner Studienzeit in Halle Friedemanns Musikunterricht genossen und dafür dessen Briefwechsel geführt. Eines Tages habe er von Bach das schon über ein Jahr alte Rudolstädter Berufungsschreiben zur Beantwortung erhalten mit der Erklärung Friedemanns, er habe von Tag zu Tag vergessen, ihm das Schriftstück zu übergeben. So sei er um die ehrenvolle Stelle gekommen.

Hier liegen offenbar eine Menge Irrtümer vor. In Rudolstadt ist weder in Akten, noch in Registern ein Wort von Friedemann zu finden.[3]) Wie sollte es auch! Ist doch der Kapellmeisterposten in Rudolstadt von 1753—1770 ununterbrochen von Scheinpflug verwaltet worden.[4]) Nur 1758—62 hat aber Fr. W. Rust in Halle als Student des Rechts den Unterricht Bachs im Orgelspiel, Klavier und Komposition genossen.[5]) Wie man aber in Rudolstadt überhaupt nie an Bach gedacht hat, so war erst recht 1758—62 kein Posten für ihn dort frei. Also muß unbedingt der Name des Ortes verwechselt worden sein. Da aus den Jahren 1758—62 nur noch die Darmstädter Berufung bekannt ist, so dürfen wir fast als sicher annehmen, daß Reichardt Darmstadt mit dem ähnlich klingenden Rudolstadt in der Erinnerung verwechselt hat; denn Rudolstadt bleibt ausgeschlossen. Daraus, daß Bach mit Beantwortung des angeblich Rudolstädter in Wahrheit Darmstädter Schreibens so wenig Eile hatte, geht aber hervor, daß ihm sonderbarerweise nichts an dieser offensichtlich glänzenden Veränderung lag.

---

[1]) 1796, S. 61.

[2]) 28. 3. 1796.

[3]) Nach Mitteilung des Stadtarchivs, des Fürstlichen Ministeriums und des Fürstlichen Geheimen Archivs. Auch die Geschichte der Fürstlichen Hofkapelle von B. Müller, die im Fürstl. Hofmarschallamte als Hds. vorhanden ist, erwähnt Bachs nicht.

[4]) Fetis Lexikon.

[5]) W. Hosäus: F. W. Rust und das Dessauer Musikleben 1766—96, Dessau 1882, S. 20 ff.

Fast möchte man aber in dem Rust gezeigten Schreiben die von Bach
so heftig begehrte landgräflich unterschriebene Vokation vermuten.
Wir wissen jedoch auch, daß Bach vor seinem Briefsteller keineswegs
alle Karten aufgedeckt hatte: Bach hatte ja gar nicht vergessen zu antworten, sondern schon mit Lichtenberger korrespondiert; er übergab
nun (entweder dies erste noch nicht endgültige oder das abschließende)
Bestallungsdekret Rust erst, als er schon entschlossen war, zu verzichten.
Wenn der Künstler damals noch andere Aussichten oder wenigstens
Absichten hatte, um deretwillen er zögerte, so gingen sie nicht auf
Rudolstadt, das weder eine freie Stelle zu vergeben hatte noch in
musikalischer Hinsicht einen Vergleich mit Darmstadt aushalten konnte.[1])
     Da Darmstadt größeres künstlerisches Ansehen und eine ungleich
glänzendere Besoldung als Halle versprach, kann die Ablehnung nur
daraus erklärt werden, daß sich Bach durch das Mißverständnis, das
sein weltliches Schaffen betraf, verbittert mehr und mehr auf die Orgel
zurückgezogen hatte, das einzige Instrument, auf dem die Zeitgenossen
völlig seiner Fantasie Gehör schenkten und deren strengere, wenn auch
mit neuem Geiste erfüllte Kunst er nun mit einer gewissen Opposition
seiner Zeit und sich selbst gegenüber gerade in Halle zu betonen
begann, zumal da auch das Publikum ihn nur als gelehrten Kontra-
punktiker gelten lassen wollte. Kennzeichnend ist es, daß Marpurg
1754 in den Beiträgen nur Friedemanns Sonaten nennt, während er
1760 (Krit. Briefe S. 241) das Wort vom Gefallen an Fugen mit drei
Subjekten fallen läßt. Wenn Bach 1778 zum ersten Male acht Fugen
veröffentlichen will und in andern Werken der Berliner Zeit der gebundene Stil häufiger auftritt, so ist das eine Fortsetzung der in Halle
einsetzenden Hinneigung zur strengen Schreibart, die gleichwohl ab
und zu von modernster abgelöst wird (Fantasien 1770 usw.). Das auffallend Moderne, das den Werken Bachs ursprünglich anhaftete, konnte
ein Volk, das von den Sinfonien der Mannheimer mit Recht hingerissen
wurde, nicht mehr als neu empfinden. Es sah in dem, was wir heute
als Weiser in die Zukunft ansprechen, nur Überreste einer alten an-
gestaunten aber nicht mehr gefühlten Kunst. Die Verbitterung, die
so Bach an der Orgel festhielt, mit der er durch die altbachische Tra-
dition und seine geniale Begabung verknüpft war, hielt ihn nun bei
seiner Stellung in Halle.
     Es war aber doch eine Täuschung, wenn Bach glaubte, mit dem
neuen Titel seinem Amt in Halle größeres Gewicht zu geben. Im
Grunde war Bach schon durch die Zeitentwicklung heimatlos geworden,
ehe er 1764 seinen Posten als Organist verließ. Man muß sich wohl
vergegenwärtigen, daß seit dem letzten Streite mit den Achtmannen
anderthalb Jahr verflossen war, daß der Künstler bei der Feier des
Hubertusburger Friedens, den er mit seiner Musik verherrlicht hatte,
erst kürzlich in den Vordergrund getreten sein mußte, daß er eine

---

[1]) Auch im Verzeichnis der besten Kapellen Deutscher Höfe in Forkels
Almanach von 1782 fehlt es.

günstige Stelle ausgeschlagen hatte, daß also der eigentliche Grund
des am 12. Mai 1764 eingereichten kurzen höflichen Entlassungsgesuchs
verborgen ist![1])

"An   Wohllöbliches Kirchen-Collegium zu U. L. Frauen | gehorsamst
Pro Memoria.
Hoch Wohl- Wohl- und Hoch Edel Geborne
Hoch- und Wohlgelahrte
Zum Wohllöbl. Kirchen-Collegio zu U. L. Frauen
Wohlverordnete Herren Vorsteher und | Achtmänner |
Insonders Hochgeehrteste Herren.
Ew. Hoch Wohl-, Wohl- und Hoch Edel Gebohren habe ich hiermit
tempestive zu notificiren meiner Schuldigkeit gemäß erachtet was maßen
ich gesonnen mein hiesiges Organisten-Amt zu resigniren. Alle mir er-
wiesene Liebe und Wohlgewogenheit werde ich Zeit Lebens mit schuldigsten
Dank zu erkennen geflissen seyn und verharre
Ew. Hoch Wohl- Wohl- und Hoch Edel Gebohren
gehorsamster Diener,
Halle den 12. May 1764.   Wilhelm Friedemann Bach."

Augenblicklich stellte er den Dienst ein. Die Behörde rächte sich,
indem sie das Gehalt nicht, wie erbeten, bis Trinitatis auszahlte[2]). Bei
der auf den 5. Juli angesagten Inventarisierung der Instrumente erschien
nun seinerseits der ehemalige Organist nicht und es gab Schwierigkeiten,
ehe Bach den Schlüssel schicken ließ. Es fehlten ein Fiedelbogen,
eine Flöte, eine Zinke, eine Posaune und einige Saiten, während sich
die Trompeten (Nr. 3) um eine vermehrt hatten, Grund genug für
Bitter, den Stab über dem Meister zu brechen[3]).

Ob der schließliche Anlaß die Ablehnung einer Beschwerde, die
Bach bei der Regierung über die Achtmanne führte, und des Antrags,
den Gottesdienst eine Stunde später zu beginnen[4]), oder ob die Aus-
sicht auf eine günstige Veränderung die Ursache zur Einreichung des
Abschiedes war — ein Brief Arnolds an Brömme spricht davon, daß
Bach nach Fulde gehen werde[5]) —, niemand weiß es.

Der Schritt führte in Ruhelosigkeit und Elend, woraus der Künstler
bis zu seinem Tode keinen Ausweg mehr fand.

Von 1746 bis 1764 hat Friedemann außer den Kirchenkompo-
sitionen die große D-dur-Sinfonie, das Fragment des Es-dur-Konzertes,
einige Kantatensinfonien und einige kleinere Werke komponiert, die
wohl schon früher entstandene Es-dur-Sonate 1748 und 1763[6]) ge-

---

[1]) Bitter stellt beliebig die Anekdoten zur Erklärung zusammen!
[2]) BB Ms. th. fol. 63 und Bitter S. 221 u. 222; Protokoll vom 5. Juli 1764.
[3]) A. a. O. S. 222.
[4]) Marpurg: Legenden S. 26—27; archivalische Nachrichten weder in
Halle noch in Berlin.
[5]) BB Ms. th. fol. 63, Brief dat. Berlin, den 29. Mai 1764.
[6]) Aus dem Avertissement in den Wöchentl. Hall. Anz. 1763, 28. Nov.
geht hervor, daß Bach damals in einem Quartiere der Clausbadstube ge-

druckt herausgegeben und die zwölf Polonäsen vergeblich zum Drucke angekündigt. Ebensowenig wie diese später zu besprechenden Schöpfungen ist die Abhandlung vom harmonischen Dreyklang je erschienen. Marpurg bezeichnet sie bereits 1754 als fertig[1]): „Sein Manuscript von dem harmonischen Dreyklang, welches unstreitig der Welt neue Entdeckungen über diese wichtigen Materien mittheilen wird, ist fertig, und wartet auf einen annehmlichen Verleger, woran wir glauben, daß es dem berühmten und gelehrten Herrn Autor nicht fehlen wird." und: „ . . . wird man mit nächstem ein Werk vom harm. Dreyklange erhalten. Die tiefen Einsichten lassen nichts als ein vortreffliches erhoffen". Diese Abhandlung kündigte Bach 1758 in der Leipziger Zeitung zum Drucke so an[2]): „Es wird künftige Oster-Messe eine Abhandlung vom Harmonischen Dreyklang mit einigen Tabellen im Kupfer versehen von Hrn. Bach zu Halle herauskommen, und darauf Pränumeration à 18 Gr. von dato an bis Fastnachten angenommen, da nach der Zeit gedachte Abhandlung 1 Thlr. kommen wird. Es wird am Stiche, guten Lettern und feinem Papiere nichts gesparet werden. Die Herren Liebhaber werden also ersuchet, ihre Pränumerationsgelder, wie gewöhnlich, franco an Hrn. Bach, Dir. Mus. und Organist zu Halle, zu gehöriger Zeit einzusenden." (25. Januar 1758.)

Das Buch ist nicht erschienen; denn 1760 mahnt Marpurg wieder[3]) und verordnet Bachen zur Strafe, daß er sein „vortrefliches Werk von dem harmonischen Dreyklange so lange dem Publico vorenthalte", „etliche Schock Menuetten und Polonaisen für die Singuhren" zu komponieren. Die nach alledem sicher vollendete Handschrift hat sich bisher nicht gefunden. Der Umstand, daß Forkel, der begeisterte Verehrer Friedemanns, in seiner „Allgemeinen Lit. der Musik" 1792 kein Wort von ihr berichtet, ebensowenig wie an anderer Stelle von seinen Sinfonien, macht es wahrscheinlich, daß sie Bach schon in den 70er Jahren nicht mehr selbst besaß, sie vielleicht gar in Geldnot unter Verzicht auf das Urheberrecht verkauft hatte. Oder ist sie bei Eschenburgs Auktion nach 1774 mit vielen anderen Handschriften in unbekannte Hände gekommen?

Von den bedeutenderen Schülern, die Bach in dieser Zeit gebildet hat, sei der Hallische „Klavierbach" Joh. Christian genannt, der am Pädagogium Lehrer war und dem wir die Rettung mehrerer Kompositionen verdanken, seien der Verfasser der trefflichen „Anleitung zur praktischen Musik" (1767 und 1782) J. S. Petri aus Sorau (1762—63 in Halle), sowie F. W. Rust (1758—62) genannt, über die schon im Verlaufe Mitteilungen gegeben wurden. Über Friedemann zu Rust bis auf unsre

---

wohnt hat. Die Vermutungen, die Zehler über Bachs erste Wohnung in Halle anstellt, sind falsch, da sie voraussetzen, daß Bach keinen Verkehr in Halle hatte, was wir widerlegt haben.

[1]) Beiträge 1, S. 430 ff. u. S. 70/71.
[2]) Leipziger Zeitung 1758, S. 60.
[3]) Kritische Briefe über die Tonkunst 1, S. 241, 31. Brief.

Zeit[1]) läuft der Hauptstrom der Überlieferungen einer stilgerechten Aufführung der Schöpfungen Sebastians. Für Friedemanns Lehrerschaft an Rust ist es gewiß von Bedeutung, daß man in Rusts Sonaten Vorläufer der Beethovenschen Klavierschöpfungen sehen kann[2]); bezeichnend genug, daß Friedemanns Sonaten nur mittelbar erst in späterer Zeit gewirkt haben, daß man ihn aber, wie Bitter tun will, aus der Geschichte der Musik nicht ohne weiteres ausstreichen kann. Bei der Besprechung der Sinfonien, Konzerte und Sonaten wird das deutlich werden.

4. Die amtlose Zeit. 1764—1784.

1. Halle 1764—70.

Aus der dienstlosen Hallischen Zeit Bachs ist nur wenig bekannt. Die Zahl der damals entstandenen Instrumentalwerke ist gering. Bitter will wegen ihrer Vollendung die Klavierkonzerte in diese Zeit verlegen. Eine genaue Untersuchung der Handschriften wird aber lehren, daß höchstens das E-moll-Konzert in diesen Jahren komponiert worden ist, während alle übrigen Konzerte viel früher geschaffen wurden. Das E-moll-Konzert widmete Bach wenigstens am 29. Juli 1767 der Kurfürstin Maria Antonia von Sachsen[3]). Wahrscheinlich überreichte er es, als die Kurfürstin die Leipziger Michaelismesse besuchte oder auf ihrer Weiterreise durch Halle[4]), eine glaublichere Erklärung als die Fürstenaus[5]), Bach sei zur Überreichung nach Dresden gekommen[6]).

> Allerdurchlauchtigste Churfürstin,
> Gnädigste Frau!
> Ew. Königl. Hoheit lege ich hiermit ein Concert von meiner eigenen Ausarbeitung zu dero Füßen in tiefster Unterthänigkeit nieder. Ich habe mich wegen dieser Dreistigkeit bey mir selbst vorgefordert, und außer der Schuldigkeit meinem Vaterlande und dessen hohen Beherrschern von der Anwendung meines Talents vorzüglich Rechenschaft zu geben, noch andere Beweggründe gefunden, die mich angetrieben haben, diese kühne Anerbietung an Ew. Königl. Hoheit zu wagen. Dahin gehört für allen andern die Ueberzeugung, die ich von Ew. Königl. Hoheit erhabenen Einsichten in die Tonkunst ehemahls in Dresden zu erhalten das schätzbare Glück genoß, als ein gewisser, damahls bey dem am Churfürstl. Sächsch. Hofe stehenden

---

[1]) Über den Enkel F. W. Rusts, den Redaktor der ABG, hinweg.
[2]) Vgl. E. Prieger: Fr. W. Rust, ein Vorgänger Beethovens 1894.
[3]) Widmungschreiben in der Dresdner Kgl. Bibl.
[4]) Leipziger Zeitung 1767.
[5]) Fürstenau a. a. O. S. 221 ff.
[6]) Da gerade die Einzelrechnungen von Mai bis August 1767 der Kurfürstin in dem Rechnungsbande des Staatsarchivs zu Dresden fehlen, kann man nicht ersehen, ob Friedemann belohnt worden ist; zur Mich. Messe (Oktober) „dem Kapellmeister Hiller (J. A.) in Leipzig für Sich u. die Musique, welche bey Hof Musicirt haben 12 ♯ . . ." u. September: „dem . . . Haustädler für Abschreibung einiger Musikalien 3 Rthlr. 9 Gr."

Russischen Gesandten Herrn Grafen von Kayserling befindlicher iunger Mensch, Nahmens Goldberg, die hohe Gnade hatte, eine Probe von seiner in der Music unter meiner Anführung erlangten Fertigkeit abzulegen.

Ich führe die besondern Umstände dieses für mich so glücklichen Vorfalls sonderlich deswegen an, weil sie mir zugleich die seltene Gelegenheit verschaften, die practischen Fähigkeiten Ew. Königl. Hoheit in der Singkunst aus einem nähern Gesichtspunkte zu bewundern, und weil sie mich gegenwärtig noch in der süßen Hoffnung stärken, daß Höchst dieselben mit einem gnädigen Blick auf diesen kleinen Versuch herabsehen werden, den ich einer so Großen Gönnerin der Tonkunst als ein Verehrer der Music, und als ein Zeichen meiner schuldigsten Ehrfurcht darbringe.

In Erwartung dieser unverdienten hohen Gnade, und inbrünstiger Anwünschung aller göttlichen Segnungen über dero theureste hohe Person und übrige Königl. Familie werde ich lebenslang in tiefster Unterthänigkeit verharren

Ew. Königl. Hoheit

Halle [in Sachsen] [eigenh.]
     den 29. Juli   ganz unterthänigster Diener
       1767.   Wilhelm Friedemann Bach.

Ew. Churstl. Durchl : Dero Herr Sohn werden nach der großen Fähigkeit in der Music das sehr practicable Concert sehr gut vortragen können.	eigenhändig	von Ew. Hochfürst. Durchl : dem Landgrafen zu Hessen-Darmstadt ohnlängst berufener Capell Meister.

Ist schon diese Widmung ein Zeichen für die schwierigen Umstände, in denen der Künstler lebte, so noch mehr die Neubewerbung um die durch Rühlemanns, des Nachfolgers Roths, Tode erledigte Organistenstelle an der Hauptkirche zu U. L. Frauen. Die (von Bitter[1]) abgedruckte) Eingabe ist weder von Bach unterschrieben noch von ihm verfaßt, nach dem Stile zu urteilen. Begreiflicherweise war die Bewerbung erfolglos.

Nicht allzulange blieb Friedemann noch in Halle. Schon im August 1770 scheint an eine Übersiedelung nach Braunschweig gedacht worden zu sein; denn am 13. August wird das Frau Dorothea Elisabeth Bachin gehörige Grundstück, auf 630 Rthlr. geschätzt, zur Versteigerung angekündigt[2]). Bis zuletzt muß dem Künstler Gebauer beigestanden haben. Die mit/fatto Octobr. 1770 datierte E-moll-Fantasie scheint geradezu ein Abschiedsgeschenk Bachs gewesen zu sein: sie befand sich mit denen aus A-moll, C-dur und E-moll 2) gleichfalls in Gebauers Sammlung.

4. Braunschweig 1771—1774.

Vielleicht haben der Professor am Carolinum Zachariä — Freund des eben nach dem nahen Wolfenbüttel übersiedelten Lessing und

---

[1]) S. 223/24; bietet nichts, was ihren Abdruck forderte.
[2]) Wöch. Hall. Anz. 1770, S. 530.

inniger Verehrer des Sebastianschen Chorals[1]) —, der schon 1755 in den „Tageszeiten" „Bach und seine melodischen Söhne" feierte, und der musikliebende Eschenburg, der Professor an der gleichen Universität und spätere bekannte Shakespeareübersetzer, der Freund C. P. E. Bachs und Friedemanns[2]), den immer noch stellenlosen Künstler eingeladen, ein spätes Glück in der Stadt des kunstsinnigen Herzogs Carl L. zu versuchen. Da schon im Sommer 1770 Bachs Gattin den Grundstücksverkauf angezeigt hatte, ist es wahrscheinlich, daß nicht erst der Tod J. D. Ch. Graffs, des Organisten der neuen Stadtkirche in Wolfenbüttel am 10. April 1771[3]) Friedemann nach Braunschweig zog. Um dessen Stelle bewarb er sich beim Herzog[4]), nahm aber das Gesuch halb und halb wieder zurück, als sich durch den Tod Beyers, des Organisten St. Ägidii und St. Catharinen, am 7. Mai 1771 eine günstigere Gelegenheit bot, in einem einträglichen Amte Ruhe und Sicherheit für das herannahende Alter zu finden[5]). Am 17. Mai 1771 wandte er sich mit diesem Schreiben an den Herzog Carl l.:

Durchlauchtigster Herzog Gnädigster Herzog und Herr

Es ist durch den Tod des Organisten Breier an der St. Catharinen Kirche, auch hier in Braunschweig eine Stelle vacant geworden. Ew. Durchl: habe ich nun zwar unterthänigst gebeten die Wolfenbüttelsche vacance in höchsten Gnaden mir zu ertheilen, da aber solche nicht so einträglich als die Braunschweigische seyn möchte, so bitte Ew. Durchl: ich unterthänigst Höchstdieselben wollen die Stelle des Organisten Breier in höchsten Gnaden mir wieder zu ertheilen geruhen, der ich in tiefster Submission beharre.

Ew. Durchl.

Braunschweig
d. 17t. May 1771.

unterthänigster Knecht
Wilhelm Friedemann Bach.

Dem Durchlauchtigsten Fürsten und Herrn | Herrn CARL, | Regierendem Herzoge zu Braunschweig und Lüneburg | Meinem gnädigsten Fürsten und Herrn | unterthänigst"[6]).

Der Herzog wies das Gesuch am 23. Mai an die Ober- und Provisores der Katharinenkirche „zum pflichtgemäßen Gebrauch".

Drei Braunschweiger: Hobein, der dann die Wolfenbüttler Stelle bekam, C. F. V. Lemme, Sohn des Organisten G. W. Lemme, sowie Müller aus Northeim (wohl der Domorganistenstellvertreter, in dessen

---

[1]) Zachariä, Poetische Schriften. Wien 1765, III, 19. An andern Stellen preist er die Orgel, das deutsche Lied, die Geige und vor allem das Klavier, das seinen persönlichen Stimmungen Ausdruck gibt.
[2]) Vgl. Nohl: Musikerbriefe . . .
[3]) Wolfenbüttel: Kirchenbuch.
[4]) Laut Bewerbungsschreiben um die Braunschweiger Organistenstelle. Das Haupt- und Staatsarchiv zu Wolfenbüttel nennt Bachs Namen unter den Eingängen. Leider fehlen die Akten von 1769—73.
[5]) Stadtarchiv Braunschweig: Akten betreffend die Besetzung des Organistenpostens an der Katharinenkirche zu Br. 1771.
[6]) Nur Unterschrift ist autograph.

Hause Friedemann in Braunschweig wohnte[1]), wurden auch zur Probe zugelassen, zu der G. Meineke, Organicus st. Uldarici, „auf Verlangen hoher Obrigkeit" eine Ordnung „das Examen eines Stadt-Organici betreffend" entworfen hatte[2]). Ein knapper Auszug gibt einen Einblick darein, was man damals von einem guten Organisten verlangte. Leichte Spuren des Niedergangs sind nicht zu übersehen.

1. Lection: „Der Choral muß ... ohne große Verzierung ... gespielet werden, ... aber auch ... ex tempore transponieret werden können".

2. Lection: „Der Choral wird praeludiret, .. so .., daß ein jeder die Melodie .. verstehen kann, ein peritus in arte wird solches fugenmäßig verrichten, wiewohl auch andere Arten statt finden, .. nur muß auf Deutlichkeit gesehen werden."

3. Lection: „Nicht nur andrer Leute Noten und Gedanken soll man hören lassen, sondern auch seine eigenen, jedoch dem Kirchenstil gemäß".

4. Lection: „Die aufzuführende Musik wird mit der Orgel accompagniret, und zwar so, ... daß das eine das andere nicht übertönet. Der General Baß muß aber vorher .. vor die Orgel .. transponiret seyn, weil es wenigen möglich ist, ex tempore zu transponieren ... Warum soll der Organic: allein thun, was man keinem andern Musikus zumutet?..."

5. Lection: „Ein Thema oder Fuge ... muß dem Examinando billig vorher communiciret werden, wenn es gehörig behandelt werden soll. Zu genauerer Prüfung muß der Examinandus den Comitern dem Duci selbst beyfügen ..."[4])

Lection 6 enthält die Prüfung der Kenntnis der Orgelteile und ihrer Instandhaltung.

Nach diesen Grundsätzen fand am 14. Juni[3]) die Probe statt, über die der Kapellmeister Schwanberger, der berühmteste Musiker und Opernkomponist des damaligen Braunschweig, sein Urteil zu fällen hatte. Es konnte nicht schmeichelhafter für Bach sein als so:

„P. P.

Nach dem mir geschehenen Auftrage, habe ich verwichenen Freytag in der Catharinen Kirche alhier dem Probespielen der Herrn Candidaten beygewohnt, die sich um die erledigte Organistenbedienung an gedachter Kirche bewerben. Von denen einheimischen Herrn, blos als Orgelspielern, ohne Vergleichung anderer Geschicklichkeiten auf dem Claviren, zu urtheilen: so muß ich mit der mir gebührenden Unpartheylichkeit gestehn, daß die H. Hobein, Lemme, Sievers gar wohl fähig wären, diesem Dienste vorzustehen. Zwar hat keiner außer H. Bach, den aufgegebenen Choral transponiert, wie die Vorschrift erforderte; übrigens aber könnte man mit ihren andern Fähigkeiten ganz wohl zufrieden seyn:

Von dem H. Bach mein Urtheil zu fällen, würde ich fast für überflüssig halten, da der Ruhm und die Talente dieses Mannes in ganz Deutsch-

---

[1]) Nachricht im (Friedemannschen) Autograph des Wohltemp. Klaviers von Seb. in der BB.

[2]) Bei den erwähnten Akten.

[3]) Nach der Angabe Schwanbergers berechnet.

[4]) Von Bach der Anfang eines solches Kontrollzettels bei den Akten erhalten.

land allen Kennern der Musik bekannt sind. Er hat auch gänzl. gezeigt, wie vollkommen mächtig er der Orgel sey. Er hat den Choral gehörig transponirt, die Fuge gedoppelt, und mit der größten Fertigkeit und Gründlichkeit ausgeführt, und in allen Stücken sich seines erworbenen Ruhms würdig erwiesen. Vornehmlich hat er bey dem Vortrage des Chorals gezeigt, daß er nach Ort und Gelegenheit sich nach der Gemeine bequemen könne[1]). Daß also H. Bach nach meinem geringen Urtheile unter die wenigen Männer gehört, die durch ihre Talente in ihrer Kunst nicht nur ihrem Amte, sondern auch dem Orte ihres Aufenthalts Ehre machen können. Die Geschicklichkeit des H. Müllers aus Nordheim verdient viel Lob, und muß ich ihm das Zeugniß beylegen, daß er mit Ruhm jeden Organistendienst bekleiden würde.

Braunschweig, d. 18. Jun. 1771.

Schwanberger."

Die berechtigte Hoffnung Bachs schlug fehl. Carl Friedrich Wilhelm Lemme wurde gewählt „sowoll wegen seiner guten Aufführung und Geschicklichkeit im Clavier und Orgel spielen, als auch der erlangten guten Känntniß im Orgelbau". Lemme schrieb zwar ein mangelhaftes Deutsch, wagte auch den Choral nicht zu transponieren, doch hatte er drei Mitglieder des regierenden Hauses zu Paten, war erst am 20. September 1746 geboren und sparte den Provisoribus die Kosten für einen Orgelbauer; er hatte also Vorzüge. Was sollte man mit dem sechzigjährigen Manne anfangen, der schon dadurch unliebsam auffiel, daß er seit sieben Jahren ohne Amt und Würden war? Auf dessen Bedeutung man doch unangenehme Rücksichten hätten nehmen müssen!

Die Bewerbung um den Braunschweiger Posten hatte Bach auch um den Wolfenbüttler gebracht. Es blieb ihm nichts übrig, als wiederum durch Privatunterricht und Konzerte, abhängig von der Laune vornehmer Gönner, den Kampf um das Leben zu führen.

„Die Musik wird an wenig Orten mit glücklicherem Erfolge kultiviert als in Braunschweig, und dazu haben der Gefallen des regierenden Herzogs an den Opern und der feine Geschmack des Herrn Erbprinzen im Schlosse ein Großes beigetragen" schreibt Burney[2]). Das von Eschenburg, dem „Litterärprofessor", veranstaltete Konzert[3]), die Aufführungen der mus. Akademie, die 20 bzw. 24 Winterkonzerte im von Rhetzischen Hause[4]), die 12 Konzerte im Coll. Carolinum, in denen an größeren Singwerken 1771/73 Händel (Alexanderfest), Hasse (Sant' Elena al Calvario), Pergolesi (Stabat Mater), Telemann, Graun u. a. aufgeführt wurden, boten Aussicht auf Beschäftigung als Virtuos und Komponist, die Studentenschaft Verdienst durch Unterricht. So blieb

---

[1]) Besonders hervorgehoben, weil Braunschweig nicht das Hallische Stadtgesangbuch benutzte.

[2]) Tagebuch einer musikalischen Reise 1772—73, deutsch von Ebeling. Übrigens verwechselt darin Burney den Bückeburger mit Friedemann III, S. 258/9, erst seine Musikgeschichte stellt es richtig (IV, S. 594 ff.).

[3]) Reichardt, Briefe eines aufmerksamen Reisenden. 1776, II, S. 47.

[4]) Braunschweigische Anzeigen 1771, S. 1063, S. 119; 1772, S. 79, 198, 336; 1773, S. 1008 u. a.

Bach zunächst in Braunschweig. Mit Eschenburg und dem Maler Matthieu und dessen Familie trat er in persönlichen Verkehr[1]). Die Musikliebe der tüchtigen Klavierspielerin Frau Prof. Ebert, des Kammerherrn Kuntzsch und Postrats Gräf, der Legationsrätin Voigt wird ihn auch in diese Kreise geführt haben, hatte doch Ebert neben dem Braunschweiger Violinisten Pesch und Matern (Violoncell) auch Bachs Gönner Schwanberger gefeiert, der schon durch die Freundschaft seines Vaters mit Sebastian Beziehungen zur Familie Bach hatte.

Von einem Treiben Bachs in Braunschweig wie dem von Rochlitz[2]) geschilderten, Bach habe sich mit sogenannten Prager Studenten herumgetrieben, kann keine Rede sein. Die Anekdote, Friedemann sei bei einem Besuche eines Ritterguts nahe Braunschweig mit seinen Wandergenossen von seinem zufällig im Nebenzimmer anwesenden Bruder Emanuel am Fantasieren erkannt worden, rührende Szene usw., erweist sich als unmöglich, da Emanuel nach 1770 Hamburg auf weitere Entfernungen nicht mehr verlassen hat.

Begreiflicherweise konnte alle ehrende Aufnahme, die Bach in den kunstsinnigen Kreisen fand, nicht den Wunsch eines sorgenloseren Lebens befriedigen. Noch einmal mochte die Hoffnung in dem Vielenttäuschten aufflohen, als er in dem jugendlichen Forkel seinen begeistertsten Anhänger fand. Der Anfang dieser Beziehungen ist nicht bekannt. Wahrscheinlich wurzeln sie in Forkels Verehrung für Sebastian; durch Friedemanns biographische Mitteilungen über seinen Vater wird Forkel noch mehr veranlaßt worden sein, in ein persönliches Verhältnis zu dem berühmten Sohne zu kommen, wodurch er dessen Fantasien und Kompositionen kennen lernte. Daß Forkel dabei kritiklos Friedemann über Sebastian gestellt habe, wie Trummer gläubig berichtet[3]), erweist sich als Märchen, wenn man dagegen das allerdings begeistert preisende Urteil über Friedemanns Fantasie auf Orgel und Klavier schließen hört: „W. F. war auch hierin nur ein Kind gegen seinen Vater, und er erklärte sich mit aller Aufrichtigkeit selbst dafür"[4]). Über den Tod hinaus kämpfte Forkel für das Verständnis unseres Meisters[5]). Ein herzlicheres Verhältnis zu Forkel gewann Friedemann freilich nicht. Von Berlin aus bittet er um Metwürste, mit denen die Göttinger die Bache (Emanuel auch) versorgten, schickt im März 1776 ein Avertissement zur Bekanntmachung, fordert Noten zurück, läßt Bekannte grüßen (Pfeiffer, Weichen, Hofrat Heine, Schönfeld, Frid.), — einen wärmeren Ton hören wir nicht[6]). 1773 folgte Bach der Einladung des damals vierundzwanzigjährigen Universitätsorganisten nach Göttingen. Griepen-

---

[1]) Brief an Eschenburg 1778, s. Nohl a. a. O. u. S. 54.
[2]) Rochlitz in der Allgem. Mus.-Zeitung a. a. O.
[3]) K. Trummer: Die Musik von vormals und jetzt, von diesseits und jenseits. Frankfurt a. M. 1856, S. 106.
[4]) Forkel, J. S. B. S. 4.
[5]) Forkels Mus.-Almanach 1782, S. 119 ff.; 1784, S. 55 u. 201 ff. Mus. krit. Bibliothek 1778, I, S. 317. J. S. Bach 1803, S. 18 u. 4.
[6]) Briefe bei Bitter 2, 374—75.

kerl[1]) irrt wohl, wenn er behauptet, als Universitätsmusikdirektor habe Forkel Friedemanns Besuch genossen; das wäre nach 1778, als Bach schon sehr kränkelte[2]). Dem widerspricht Ebelings, des Burney-übersetzers, bestimmte Angabe[3]), die viel glaublicher ist. Griepenkerl verwechselte eben Universitätsorganist mit Universitätsmusikdirektor. In Göttingen konzertierte der Künstler, von einzelnen Verehrern bewundert, in der Universitätskirche[4]). Doch konnte er sich natürlich auf die Dauer hier noch weniger halten als in Braunschweig, obwohl Forkel alles für seinen Lehrmeister tat, — vor allem Klavier- und Orgelspiel Bachs studierte Forkel[5]) —, sogar für die Kleidung des Verarmten gesorgt haben soll[4]). Noch 1773 kehrte er deshalb nach Braunschweig zurück[6]), wo er am 22. August wieder konzertierte: „Auf Verlangen einiger Liebhaber der Musik wird sich Herr Bach am morgenden Sonntage Nachmittags um 5 Uhr, abermahls auf der Orgel der hiesigen Burgkirche hören lassen"[7]). Bald darauf trat er auch zu Wolfenbüttel am 17. Trin. nach dem Nachmittagsgottesdienste in der neuen Stadtkirche als Orgelspieler auf[7]). Es ehrt Hobein[8]), daß er seinen ehemaligen Wettbewerber um die Braunschweiger und Wolfenbütteler Stelle in seine Kirche lud.

Nicht viel später trieb ein besonderer Umstand, den wir nicht kennen, den Künstler zu einer plötzlichen Abreise nach Berlin. War es die Aussicht auf eine besondere Glückswendung, die er unruhvoll nicht versäumen möchte? Jedenfalls nimmt er sich nicht einmal Zeit, seine reichen Musikalienschätze, darunter die Autographensammlung der Werke Sebastians, die er in seiner Armut nicht mitnehmen kann, selbst versteigern zu lassen: Er übergibt sie dem Prof. Eschenburg mit der Bitte, sie unter Zuziehung eines Musikers lege auctionis für ihn zu veräußern[9]). Ob die Versteigerung geschehen ist, wissen wir nicht, jedenfalls bittet Bach erst 1778 um den Erlös.

3. Berlin. 1774—84.

In Berlin taucht Bach im April auf. Am 26. kündigt er auf den Nachmittag des 29. um 4 Uhr einen Orgelvortrag in der Marienkirche

---

[1]) Vorrede zur Ausgabe der Polonaisen Bachs. Peters, Leipzig 1819.

[2]) Plümicke: Entwurf einer Theatergesch. von Berlin. Berlin u. Stettin 1781, S. 295.

[3]) Burney a. a. O. Anm. des Übersetzers.

[4]) Allgem. Mus.-Zeitung 1875.

[5]) Griepenkerl a. a. O.

[6]) Bitters Darstellung, die mißlungene Bewerbung in B., von der er übrigens nichts genaues weiß, habe Bach so geärgert, daß er spornstreichs nach G. gegangen sei und von da nach Berlin, ist also falsch.

[7]) Braunschweigische Anzeigen 1773, S. 872 u. 76. Stück (29. IX. 1773).

[8]) Hobein, J. Fr., gab 1778 ff. Lieder mit Melodien fürs Klavier heraus (2 Teile); auch Sonaten fürs Klavier, nach Belieben mit Flöte und Baß. (Br. Anz. 1778, S. 919; 1779, S. 720.)

[9]) Brief vom 4. Juli 1778 an Eschenburg, s. S. 54.

an. Der Eintritt sollte, selbst für Berliner Verhältnisse sehr hoch, einen Taler kosten. War der Kartenverkauf zu gering? Erst am 30. April teilt er mit, daß er sich „aus gewissen Ursachen" erst Mittwoch den 4. Mai ¹/₂4 Uhr in der Garnisonkirche hören lassen werde[1]. Fast scheint es, als ob auch dies Konzert nicht stattfinden konnte; denn ein Bericht in den Berlinischen Nachrichten weiß nur von einem Vormittagskonzert in der Nicolaikirche und von einem Nachmittagskonzert in der Marienkirche am 15. Mai zu berichten. „Dienstag den 17. Mai 1774. Vergangnen Sonntag hat sich Herr Wilhelm Friedemann Bach, einer der größten Orgelspieler Deutschlands, Vormittags in der St. Nicolai, und Nachmittags in der St. Marienkirche, öffentlich und mit auszeichnendem Beyfall der Kenner und des Publikums hören lassen. Alles was die Empfindung berauscht, Neuheit der Gedanken, frappante Ausweichungen, dissonirende Sätze, die endlich in einer Graunischen Harmonie starben — Force, Delicatesse, kurz dieses alles vereinigte sich unter den Fingern dieses Meisters: Freuden und Schmerzen in die Seelen seiner feinern Versammlung überzutragen. — Wär' es möglich gewesen, den würdigen Sohn eines Sebastians zu verkennen?" In geradezu verzückten Tönen preist aber das Gedicht „Die Orgel. An Herrn W. F. Bach." sein Spiel. Es steht am 14. Juni 1774 in der Zeitung und ist später in Cramers Magazin abgedruckt worden[2]. Bereits hier wird Prinzessin Amalia als Verehrerin unseres Meisters genannt.

Bis zu seinem Tode war nun Berlin Friedemanns und seiner Familie ständiger Aufenthaltsort, den er bis 1778 kaum noch so häufig verlassen hat, wie es nach dem Briefe des Künstlers an Eschenburg scheinen möchte. Ob sich die Reisen nach Leipzig und Dresden erstreckt haben, wie Rochlitz[3] und wörtlich nach ihm Sternberg[3] wissen wollen, ist sehr zweifelhaft. Jedenfalls hatte er in Berlin ständig Wohnung: 1774 in des Chirurgi Stehers Hause, dem Jägerhofe gegenüber[4], 1775 in der Neustadt auf der letzten Straße in Frau Wagnerin Hause, 1776 bis Michaelis 1778 bei der Laufbrücke bei Komissäre Dunckel 2 Treppen, (am Schiffbauerdamm?)[5], von da an in einer zum Gebiete der Luisenstadtkirche gehörigen Wohnung.

Marpurg[6] und Zelter[7] berichten übereinstimmend, daß die vornehmsten Häuser in Berlin geweiteifert hätten, Friedemann als Musik-

---

[1] Berlinische Nachrichten von Staats u. gelehrten Sachen. 1774. S. 243 u. 253 u. 287. Ledeburs Nachricht ist also falsch (Tonkünstlerlex. von Berlin).

[2] neugedruckt bei Bitter 2, S. 227. Berlin. Nachrichten 1774, S. 351.

[3] Rochlitz a. a. O.; Sternberg: Anekdoten berühmter Tonkünstler. Schnepfenthal 1810, S. 113.

[4] laut Konzertanzeige s. o.!

[5] Brief Bachs an Forkel 5. Feb. 1775. Bitter 2, 374 und Brief an Eschenburg 4. Juli 1778.

[6] Legenden S. 36.

[7] Briefwechsel mit Goethe B. 5 u. Aufzeichnungen bei der P von Bachs „Ertönet ihr seligen" in der Singakademie.

lehrer zu gewinnen. Wir wollen gewiß nicht seine Schuld leugnen, wenn er durch seine Schroffheit sich selbst um einen anständigen Unterhalt brachte. „Ich informiere nicht," sagte er einem vornehmen Herrn, der ihn um Unterweisung seines Sohnes bat [7]). „Componieren· und Lektion geben mag er nicht, und sein Herr Bruder in Hamburg mag auch nichts von ihm wissen, weil nichts bei ihm angewendet ist, wenn er ihm auch noch soviel schicken wollte, welches er schon öfters gethan hat, ohne Dank dafür zu haben", sagt Kirnberger nicht ganz richtig und gereizt durch eine ihm selbst geschehene Unbill Friedemanns, von der wir noch hören werden. Darf man denn aber verurteilen, wenn ein Mann, der sich mit Recht zum Höchsten befähigt glauben durfte, der vorzügliche Meisterwerke als Komponist geschaffen hatte und der, noch größer als Orgelspieler, in der Zeit nicht seines gleichen hatte, wenn ein in Aufgaben der Technik und in der musikalischen Phantasie noch unablässig hervorbringender Geist es ablehnte, sich mit Anfängern oder mittelmäßigen Schülern zu einer für die Kunst vergeblichen aber mühseligen Anleitung herabzulassen in einem Alter, wo andere vom Schicksal Begünstigte die Früchte ihrer Gaben genießen dürfen? Wer darf den Stolz, die Schroffheit gemein schelten, die, eine Folge ständiger Enttäuschungen und in seinem Eigensten Nichtverstandenseins fast notwendig um ein zartes und weiches Gemüt emporwachsen, um mit ihrer Gewaltsamkeit und Härte in der eigenen Seele den ungeheuren Schmerz der Verzweiflung zu ersticken? Wir dürfen ja nicht übersehen, daß man Friedemann in Berlin wiederum als den Sohn Sebastians pries, den würdigen Erhalter alter Kunst. In der mitgeteilten Kritik, in dem erwähnten Gedicht, in Kirnbergers und der Prinzessin Amalia Unterstützung wird es offenbar; auch darin, daß der Künstler sich nur von einer Veröffentlichung von acht Fugen Erfolg verspricht. „Der würdige Sohn Sebastians", für einen andern ein Lob, für den eigenartigen Komponisten, als den wir Friedemann kennen lernen werden, höchst unbefriedigend. Daß hierin zum Teil das tragische Geschick Bachs begründet liegt, bestätigt das Verhältnis des Künstlers zu seiner einzigen bekannten und bedeutenden Berliner Schülerin. Sara Levi geb. Itzig allein genoß den Vorzug in ihrer Jugend, bis zuletzt von Friedemann vor allem im Klavierspiel unterrichtet zu werden. Ihrem Enkel Felix Mendelssohn-Bartholdi hat sie einen Gedanken Friedemanns vererbt, der in einem Liede Mendelssohns wiederkehrt. Wenn wir die auf der BB und in dem Kgl. Akadem. Institut für Kirchenmusik in Berlin aufbewahrten Musikalien Sara Itzigs mustern, finden wir nur wenig oder nichts von Werken alten Stiles von Fr. Bach, wohl aber sein E-moll- und F-dur-Klavierkonzert, die D-moll- und E-moll-Fantasie u. a., lauter modernste Schöpfungen Friedemanns. Hier war er auf offenbares Verständnis gestoßen, hier weigerte er nicht seine Kunst. Zelter, der in der Jugend stundenlang Friedemanns Fantasien

---

[7]) Briefwechsel mit Goethe B. 5 u. Aufzeichnungen bei der P von Bachs „Ertönet ihr seligen" in der Singakademie.

zugehört hatte, muß von dem wahren Wesen des unglücklichen Schicksals. mit auch sonst bewiesenem Spürsinne etwas gefühlt haben, wenn er verurteilend freilich und wenig liebenswürdig infolge der Abneigung, die er im Alter gegen des Künstlers Werke faßte, an Goethe schreibt, Bach habe den Tic douloureux gehabt, Original zu sein. Wir müssen sagen, daß er sich mit Recht dafür halten durfte und daß sein Unglück zum Teil darin lag, daß er zu früh in dem vielleicht vergeblichen Kampfe, seine Art durchzusetzen, erschlaffte.

In den ersten Berliner Jahren genoß der Künstler einen kümmerlichen Unterhalt durch Konzerte, wenigen Unterricht, Flötensoli und Klavierstücke, die er für Gönner komponierte oder wenigstens aus älteren Werken schuf. Aber nach wenigen Jahren verlor er wieder einen Teil seiner Gönner mehr durch fremde als eigne Schuld.

Auch Anna Amalia (1723/87), die Schwester Friedrichs des Großen und Schülerin Kirnbergers, hatte als unbedingte Anhängerin der alten Kunst Friedemann in die musikalischen Kreise gezogen, die seit dem Sinken der musikalischen Neigungen des Königs den Mittelpunkt der Pflege der Tonkunst am Hofe bildeten. In Bachs Orgel- und Vokalwerken, auch in einigen Klavierkompositionen schien ja die alte Polyphonie noch in voller Blüte zu stehen. Wir haben keinen Grund, an Kirnbergers Aussage zu zweifeln, daß er selbst es gewesen sei, der aus Dankbarkeit gegen Sebastian Amalia zur Unterstützung des Künstlers bewogen habe. Auf sein Betreiben seien von der Prinzessin Bachen „zum ersten Mal ein silbernes Kaffee- und Milchkännchen nebst Zuckerdose, hernach ein paar Mal 30 Rthlr." gereicht worden[1]). In der Amalienbibliothek[2]) finden sich mehrere Abschriften von Werken Friedemanns zum Teil von Kirnbergers Hand. Bach widmete der Prinzessin „mit dem feurigsten Gefühl der Dankbarkeit" die acht kleinen meisterhaften Klavierfugen, die er jedenfalls in Berlin gesetzt hat[3]). Er kündigte sie an, aber „obgleich sie wirklich nicht schwer sind, ... hatte doch das Publikum einmal die Meinung, daß sie notwendig schwer sein müßten, und er mußte sie abermals behalten". Nur ein Abdruck wurde Amalia überreicht im Jahre 1778[2]). Aber noch im selben Jahre verlor der Künstler die Gunst der Prinzessin.

Zu seinem Verderben war Bach Intriganten in die Hände gefallen, die den von Sorge Gequälten verleiteten, daß er den als seinen Feind verleumdeten Kirnberger aus seiner Stellung als Kapellmeister bei der Prinzessin zu stürzen unternahm: „Herr Bach, der meine gute Gesinnung nicht erkannte, ließ sich's einreden, zur Prinzessin zu gehen, und mich auf die höchst unbilligste Weise zu verläumden, und dadurch glaubte er, würde er mich außer Brot und Dienst bringen, und er würde meinen Platz bekommen"[1]). Gereizt und sichre Hinterzüge verschmähend wendet sich Bach unmittelbar an Amalia: „Nachdem er seine Galle

---

[1]) Brief v. K. an Forkel 1779. Bitter 2, 322.
[2]) Joachimsthalsches Gymnasium in Berlin.
[3]) Forkel: Mus.-Alm. 1784, S. 201 ff.

ausgeschüttet hatte, so sagte ihm die K. Hohheit, seine Offenherzig-
keit gefiele ihr, er nahm es für baar Geld auf, hatte sich aber sehr
geirrt, daß seine Prinzessin solche Züge gegen seinen gewesenen
Wohltäter ausschüttete, er wurde nachdem allemal abgewiesen und ihm
mit Verweis gesagt, daß er als der schlechteste Mensch gegen mich
gehandelt hätte, und alles/was Ihre K. H. ihm gutes getan hätten, durch
meine Veranlassung und mir zu Gefallen geschehen wäre"[1]).

Die Folge war, daß Kirnberger und seine Anhänger ihre Unterstützung einstellten. Das war zwischen dem 24. Februar 1778 (Widmung der Fugen) und 1779 (Kirnbergers Brief).

Solche Zeiten der bittersten Not müssen es gewesen sein, als Bach
völlig willensschwach sich zu unehrlichen Handlungen herabließ und
auf drei Werken einen falschen Autornamen angab. Die Sebastiansche
Orgelbearbeitung des Vivaldischen D-moll-Konzertes für Streichinstru-
mente gab er durch die fälschende Aufschrift: *di W. F. Bach. manu
mei patris descriptum* für sein eignes Werk aus. Ich brauche den
Beweis, daß Sebastian und nicht Friedemann der Bearbeiter war, nicht
zu liefern, da unterdessen Max Schneider im Bachjahrbuch 1911 den
Sachverhalt klargelegt hat. Nur füge ich hinzu, daß Zelter schon 1805
das Richtige geahnt hat[3]). Die Schrift weist die Fälschung in späte
Zeit[2]). Daß nicht Eitelkeit der Anlaß gewesen ist, geht daraus hervor,
daß Friedemann zwei Werke seiner eignen Komposition nachträglich
mit dem Namen seines Vaters versehen hat: ein Kyrie[4]) und einen Chor-
satz „Dienet dem Herrn", Es-dur[5]). Auf beiden Autographen hat er zu
einer Zeit, als ihm Handschriften Sebastians nicht mehr zur Verfügung
standen, W. F. ausradiert und durch J. S. ersetzt mit später Hand. Ist bei
dem Kyrie Friedemanns Autorschaft nicht ganz sicher, so ist sie unum-
stößlich bei „Dienet dem Herrn"[6]). Nur die Hoffnung auf größeren
Erlös, wenn seine und des Vaters Handschrift vereint aufträten oder
wenn man ein Werk Sebastians zu kaufen glaubte, kann Bach in Not,
da er seine eignen Werke aber und abermals behalten mußte, so tief
erniedrigt haben. Dagegen wird man wohl mit Recht die Richtigkeit
der Aussage Reichardts[7]) bezweifeln, Bach habe sich dem sinnlosesten

---

[1]) Bachs 2. Autograph der D-dur-Son. 5) (BB, P 329) scheint ein Beweis
einer solchen Abweisung; die eigenhändige Widmung an die Prinzessin ist
später ausradiert, um die Hds. anderweit zu verwenden.

[3]) Briefe an Goethe a. a. O., es ist die erste Erwähnung des Konzerts in
der Literatur!

[3]) Nicht ohne Ironie sieht man in der Singakademie eine Rückeinrichtung
der Fuge für Orchester. Die Abschriften des Konzerts außer der von Schneider
erwähnten, stammen erst aus der Wende des Jahrhunderts. (Akad. Institut f.
Kirchenmusik z. B.) Vor 1805 wird es nicht erwähnt in der Literatur.

[4]) Im Besitz von Herrn Prof. Rudorff.

[5]) Singakademie.

[6]) Vgl. Besprechung unter den Kantaten. Die Unechtheit vieler anderer
unter Bachs Namen gehenden Kompositionen darf man dagegen nicht Friedemann zur Last legen.

[7]) A. a. O.

Trunke ergeben. Der betreffende Aufsatz ist so von Haß auch gegen Friedemanns anerkannte Künstlerkraft erfüllt, daß man nicht mehr an seine Unparteilichkeit glauben kann, zumal da Zelter in seinen ziemlich ausführlichen Nachrichten (gedruckten und ungedruckten) nichts davon weiß. Dieser vereinzelte Vorwurf wurde erst 1860 von Ledebur wieder aufgegriffen.

Auch der oft erhobene Vorwurf, daß Friedemann als ungetreuer Hüter das kostbare Erbteil der väterlichen Handschriften verschleudert habe, ist unberechtigt. Schon in Halle hatte Bach einzelne Autographen seines Vaters aus der Hand gegeben, nicht um Geld, sondern als Geschenke an treue Schüler, die ihren Wert würdigen konnten: Rust erhielt das Autograph der französischen Suiten, J. C. Bach, der Hallische, das Klavierbüchlein vor W. F. B. u. a.; später in Braunschweig bekam Bachs Wohnunggeber, der Organist Müller, das Autograph des Wohltemperierten Klaviers und der 15 Inventionen und Sinfonien [1]). In Braunschweig wurden die Verkäufe häufiger, vor allem an Forkel (chromatische Fantasie u. a.) [2]), aber auch an andre, so daß Emanuel bereits am 26. August 1774 Forkeln bei Übersendung von je sechs Stücken seines Vaters und seines älteren Bruders klagt: „Es ist ärgerlich, daß die Sachen vom seel. Vater so herumflattern, ich bin zu alt und zu sehr beschäftigt, um sie zusammen zu treiben" [3]). Die Hauptmasse aber gab Bach offenbar erst 1774 an Eschenburg ab, Reste gingen in die Sammlung der Grafen von Voß-Buch. Der Brief an Eschenburg, der offenbar durch die Not veranlaßt wurde, in die ihn 1778 die Ungunst Amalias brachte, ist zu wichtig, als daß er nicht hier stehen dürfte:

Hochedelgebohrener Hochzuehrender Herr Professor!

Zu Dero getroffene Mariage, wie ich vernehme, gratulire von Hertzen und wünsche Beyderseits alles Wohl.

Ich bin meistentheils abwesend gewesen, und habe verschiedene Veränderungen auf Reisen gehabt, sonst hätte mein vor fast 4 Jahren abgelassenes Schreiben continuiret, und wuste also, wie ich gehört von Dero vorhabenden Reisen, keinen sicheren Auffenthalt von Ew. Hoch Edelgeb., wenn nicht Überbringer dieses Hr. von Münchhausen mir sichere Nachricht von Ew. Hoch Edelgeb. überbracht hätte. A propòs Haben Ew. Hoch Edelgeb. Dero Musicalia verauctionirt? Meine Abreise aus Braunschweig war so eilfertig, daß ich keinen Catalogue von meinen hinterlassenen Musikalien und Büchern machen konte, auf die Kunst der Fuge von meinem Vater und Qvantzens Anweisung auf der Flöte kan mich noch besinnen, die andern Kirchen Musiquen und Jahrgänge wie auch Bücher haben Ew. Hochedelgeb. en honethomme aufgehoben und mir versprochen mit Zuziehung eines verständigen Musici sie lege auctionis in Geld zu versetzen. Ich bin nebst meiner gehorsahmen Empfehlung an Dero werthe Angehörige, Ma-

---

[1]) ABG 3, Nachtrag; 15, XVIII.
[2]) Forkel: J. S. B. S. 54.
[3]) Brief an Forkel. Bitter 1, S. 337.

dame und Mademoiselle Braun, an das Matthieusesche Hauß und andre
hinterlassene gute Freunde mit aller Hochachtung
    Berlin, den 4. Juli 1778.   Ew. Hochedelgeb. ergebenster Diener
                                      W. F. Bach.
    Ich wohne bis Michaelis bey der Laufbrücke in Commissair Dunckels
· Hauße[1])."

Es ist also unwahr, daß Friedemann die Werke leichtsinnig verschleudert habe, eine Meinung, die sich immer weiter fortgeschleppt hat,
trotzdem schon lange offenbar ist, daß der Brief, in dem Forkel zwölf
angeblich Sebastianische Kantaten für 2 Rthlr. angeboten werden, von
Emanuel geschrieben ist und, daß die Kantaten von Joh. Ludw. Bach
sind[2]). Daß vielmehr Bach seine Schätze solange als möglich zu
halten suchte, und nur die berechtigte Sorge für sein und seiner Familie Leben ihn zum Verkaufe trieb, zeigt folgender Brief Forkels[3]):

„Göttingen, 4. Ap. 1803.
      ...... Die Sebast.(ianschen) Kirchenstücke betreffend. Ich
habe den ganzen Jahrgang von Wilh. Friedem. B. im Hause gehabt, und
zwar gerade denjenigen, der so vortrefflich über Choralmelodien gearbeitet
ist. Friedem. Bach war damals in großer Noth, und forderte von mir für
den eigentümlichen Besitz des Jahrgangs 20 Louisd'or, für die bloße Durchsicht aber 2 Louisd'or. Ich war damals nicht reich genug, um auf einmal
20 Louisd'or anzulegen, die 2 St. aber konnte ich tragen. ..... Der ganze
Jahrgang, für welchen ich 20 Ld'or bezahlen sollte, wurde hernach aus Noth
für 12 Thaler verkauft. Ich weiß aber jetzt nicht, wohin er gekommen ist."

    Kaum kann man es Friedemann zur Last legen, wenn nun ein
Teil der Werke Sebastians verloren gegangen ist, die Männern übergeben
worden waren, die den Wert schätzen konnten.
    Der allmähliche Verlust des Nachlasses des verehrten Vaters muß
einen entmutigenden Eindruck auf den Künstler gemacht haben. Bei
dem allgemeinen Niedergang ist es erstaunlich, welche Pläne Bach immer
noch hegte. Daß das Feuer der Kunst in ihm durch nichts ausgelöscht
worden war, sagen uns ja seine Kompositionen aus den siebziger
Jahren, selbst aus den achtzigern und die begeisterten Berichte von
seinem Orgelspiel. In Erstaunen setzen muß uns aber diese Mitteilung
C. M. Plümickes[4]): „Für den durch sein großes musikalisches Genie
berühmten Herrn (Wilhelm Friedemann) Bach unternahm er (Plümicke)
... in den Jahren 1778 und 1779 die Verfertigung einer ernsthaften
Oper (nach Marmontel): Lausus und Lydie, worin er besonders die

---

    [1]) Aus Eschenburgs Nachlaß an Fräulein von Griesheim in Braunschweig,
von da an Nohl, der das Schreiben in den Musikerbriefen (2. Ausgabe 1873)
S. XLII abdruckt.
    [2]) J. Th. Mosewius: J. S. Bach in seinen Kirchenkantaten ... 1845 und
ABG.
    [3]) ABG 35, XXIX, Anm. (Dörffel), es ist der Jahrgang, der „Es ist das
Heyl" und „Wo Gott der Herr" u. a. enthält.
    [4]) C. M. Plümicke: Entwurf einer Theatergeschichte v. Berlin. Berlin u.
Stettin 1781, S. 338.

Chöre der Alten (insofern solches möglich ist) wieder auf die Bühne zu bringen versuchte — doch ist selbige, weil die Komposition kränklicher Umstände des Komponisten wegen unbeendigt verblieben, bis jetzt noch ungedruckt." Von der Art und Weise dieser Absichten können wir uns keine Vorstellung machen, da sich allen Nachforschungen zum Trotz keine Note und kein Text der Oper finden ließen. Daß Friedemann schlichte, mehr liedmäßige Gesangsmusik in den letzten Berliner Jahren geschrieben hat, lehrt die Cantilena nuptiarum consolatoria[1]).

Außer diesen Schöpfungen hat Bach in Berlin vielleicht die acht Fugen, einen Teil der Flötenduette, die Bratschenduette und die Sonaten C-dur[2]) D-dur[2]) u. a. geschrieben. In das Todesjahr fallen zwei C-moll-Fantasien für den Baron Ulr. G. v. Behr auf Schleck, der bis zuletzt den Künstler durch Bestellungen unterstützt hat. Sie zeigen in gleicher Weise die Glut der Fantasie wie das Nachlassen der Gestaltungskraft[2]); von der früheren Freudigkeit spürt man nichts mehr.

Friedemanns äußere Erscheinung ist in mehreren Bildern festgehalten worden. Emanuel besaß ein Gemälde in trocknen Farben von Eichlers Hand[3]), Major Wagner in Stendal eine Foliozeichnung nach einem Gemälde von Fiorillo[4]). Ein Ölbild ist auf etwas geheimnisvolle Weise in das Hallische Museum gelangt. Es stellt den Künstler in natürlichem weißen wallenden Haar mit leidenschaftlichem Blick, in stürmischer Haltung dar. Es weicht sehr von den andern Darstellungen ab. Den gereiften Mann zeigt das (verschwundene) Gemälde von Matieus, das Forkel besaß[5]). Nach ihm hat Schwenterley 1790 einen Kupfer punktiert (BB). Das bartlose Gesicht mit der durch die Perücke betonten breiten Bachstirn ist leicht nach rechts gewandt in der von Malern beliebten „lauschenden" Haltung. Bei näherer Betrachtung gibt die faltige Mundpartie dem klugen Gesicht, aus dem die Augen groß und weich herausblicken, einen leichten Leidenszug. Eine weiße krause Binde unter dem geöffneten Rock umschließt den Hals und deckt den Westenausschnitt. Am 10. April 1774 fragt Emanuel bei Forkel nach dem Maler des Bildes[5]). Es ist in Braunschweig entstanden[4]). Den Ausdruck des Matieuschen Bildes hat auch die Rötelzeichnung (Seitenansicht) die P. Gülle 1782 schuf. (BB). Nach ihr

---

[1]) Autograph.: Singakademie, späteste Hand. Bachs, vgl. Besprechung!

[2]) Trotz der Unterstützung des Herrn Baron Eberhard Behr auf Schleck i. Kurland, der Frau Baronin Behr in Partenkirchen und den Nachforschungen in Windau ist es nicht gelungen in Kurland Spuren Bachscher Kompositionen und Briefe aufzutreiben. Wenn irgendwo, so können aber in kurländischen, livländischen, polnischen und russischen Bibliotheken Werke Bachs zum Vorschein kommen.

[3]) Verzeichnis des musikalischen Nachlasses C. P. E. Bachs. Hamburg 1790, S. 95.

[4]) Gerbers Lexikon 1792, S. 61 u. 1790 Anhang S. 5. u. a., Schwenterleys Vervielfältigung ist wiedergegeben in Batkas Musikgeschichte.

[5]) Brief Em. Bachs an Forkel, Bitter 2, S. 296 und Gerber a. a. O. S. 61.

fertigte E. C. F. Knorre am 30. Nov. 1784 eine Bleistiftzeichnung an[1]). Dies Bild oder das nächste wird dasjenige sein, das dem Berliner Musikus Patzig gehört hat und als sehr ähnlich gerühmt wurde[2]). Desselben Gülle Bleistiftzeichnung, die Bach von vorn auffaßt, aus dem Jahre 1783 (BB) stellt Friedemann noch müder dar. Die Augen blicken groß und ernst, die Haltung ist etwas gekrümmt, die eines in Sorgen gealterten Mannes. Diese Zeichnung spricht vielleicht deutlicher als die übrigen Bilder und ist diesem Buche vorgedruckt.

Seit dem Anfang der achtziger Jahre kränkelte Bach. Er kam fast gar nicht mehr ins Publikum, das ihn, wenige Treue wie Behr und Sara Levi-Itzig ausgenommen, ganz und gar vergessen zu haben schien[3]). Unauffällig ging er aus der Welt. Nur eine Zeitung meldete im Juni 1784[4])“:

„Am ersten dieses Monats ist allhier Herr Wilhelm Friedemann Bach, ein Sohn des unsterblichen Sebastians, im 74. Jahre seines Alters an einer völligen Entkräftung gestorben. Deutschland hat an ihm seinen ersten Orgelspieler, und die musikalische Welt überhaupt einen Mann verloren, dessen Verlust unersetzlich ist. Jeder Verehrer wahrer Harmonie und der echten Größe der Tonkunst wird seinen Verlust tief empfinden.“

---

[1]) Musikbibliothek Peters, Leipzig.
[2]) Gerber, Lexikon 1813, S. 735.
[3]) Plümicke a. a. O. Forkel: Mus. Alm. (Berlin den 26. Juli 1783 ...) 1784 S. 201 ff.
[4]) Cramers Magazin der Musik 2. Jahrg. 1784. Im Totenbuche der Luisenstadt-Kirche zu Berlin steht dieser ungenaue Eintrag: „Am 1. Juli 1784 ist der 73 Jahre alte, in Leipzig gebürtige Musikus Wilhelm Friedemann Bach an der Brustkrankheit gestorben und hinterließ eine Witwe Dorothea Elisabeth Georgin und eine 26 Jahre alte Tochter Friederica Sophia.“

II. Die Werke
Wilhelm Friedemann Bachs.

1. Allgemeines.

W. F. Bachs Kompositionen scheiden sich in instrumentale und vokale für Kammer und Kirche. In der Oper ist der Künstler über einen nicht erhaltenen Versuch, über den schon berichtet wurde, nicht hinausgekommen. Da die erhaltenen Gesangswerke fast ohne Ausnahme der Zeit nach 1746 angehören, beginnen wir mit der Betrachtung des instrumentalen Schaffens unseres Meisters.

Die Darstellung der Entwicklung und Wandlung, die sich in dem Schaffen eines Geistes vollzogen hat, setzt ebenso wie die Frage nach den Verdiensten, die sich ein Meister um den Fortschritt seiner Kunst erworben hat, neben der selbstverständlichen aber bei Friedemann besonders zu betonenden Frage nach der Echtheit die genaueste Kenntnis der Entstehungszeit der einzelnen Werke voraus. Leider wird gerade dieser Punkt in manchen Forschungen über Meister der Übergangszeit vom alten zum neuen Stile sehr vernachlässigt"[1].

Friedemann Bach hat keines seiner nur handschriftlich überlieferten Instrumentalwerke und nur zwei seiner vokalen Kompositionen selbst datiert. Wir kennen außerdem durch Friedemann nur die Drucklegung, darum noch nicht die Entstehungszeit dreier Klavierwerke. Was uns ein Kopist an drei neuen Daten, ein Brief, ein Textdruck und ein Zeitungsbericht an je einem geben — Gerbers Ankündigungsmitteilungen von Drucken und Breitkopfs Handschriftenkataloge können nur vergleichsweise herangezogen werden — genügt natürlich nicht, um ohne Irrtum lediglich nach stilistischen Merkmalen die übrigen Werke zeitlich festzulegen.

Wir müssen daher versuchen, nach Papier und Schrift der Autographe und unter Umständen der Abschriften Gruppen von Werken zu bilden, die in einem gewissen Zeitabschnitt entstanden sein werden. Dies wird bei Fr. Bach dadurch besonders erschwert, daß von einer Anzahl seiner Kompositionen nur offenbar spätere eigenhändige Reinschriften oder gar keine Autographe vorhanden sind, daß eine Reihe erste eilige Niederschriften, andere sorgfältige Reinschriften darstellen.

---

[1] z. B. W. Nagel: über Graupner ZIMG 5, S. 100, 1912. S. 386. Bericht über einen Vortrag.

Ist auch dieser schon von Spitta für die Datierung der Werke Sebastian Bachs eingeschlagene Weg mitunter als Irrweg bezeichnet worden, und in der Tat kann eine nicht öfter wiederholte Untersuchung von Papier und Schrift zu großem Unheil führen, so ist es doch wiederum der einzige, der zu einem Ziele führen kann[1]).

Unsre Aufgabe ist nun, einmal die Einreihung von Bachs Werken an der betreffenden Stelle der Biographie zu rechtfertigen und zum andern ihre formale und inhaltliche Erklärung, um dadurch ihre Stellung in der Geschichte der Kunst zu bestimmen. Aus diesem Grunde sind in den folgenden Betrachtungen die Werke nach ihrer Form zusammengestellt, und nur innerhalb der einzelnen Gattungen und auch da nur unter Umständen ist die Entstehungszeit für die Anordnung maßgebend.

2. Die Instrumentalmusik.

Da um das Jahr 1740 die große Katastrophe der Musik anfing, wie J. S. Petri sich ausdrückt[2]) d. h., da in den besten Schaffungsjahren Friedemann Bachs in den Schöpfungen eines Joh. Stamitz der moderne subjektivistische Geist seinen siegreichen ersten Vorstoß machte, möchten wir in kurzen Worten das Wesen des alten und des neuen Stiles beschreiben, des alten, dessen größter Vertreter J. S. B. gewesen ist, des neuen, der seine ersten Blüten in Stamitzens Sinfonie trieb.

Daß nicht die Homophonie allein den neuen Stil bezeichnet, wie man angesichts vieler subjektiven Kompositionen des 18. Jahrhunderts glauben möchte, leuchtet sofort ein, wenn wir das Volkslied, wenn wir viele der tanzartigen Sätze der alten Suite wesentlich homophon finden, die deshalb niemand als modern empfände[3]). Die alte Kunst ist durchaus auf dem Grundsatz der Imitation aufgebaut. Ein an die Spitze gestellter, kurzer, eindeutiger Gedanke wird in seiner Stimmung und Bewegungsart im Verlauf derselben Stimme oder von den andern ohne Unterlaß nachgeahmt; starr sich auf das eigene Selbst beziehend scheint das im Werke sich verkörpernde Individuum nichts anderes zu kennen als den durch den Anfang vorgezogenen Kreis. Bisweilen bringt diese Stimmung ihren geraden Gegensatz hervor (Trio), aber nicht, daß er den Hauptgedanken ergänzte oder sich mit ihm zu verbinden, ihn zu beeinflussen vermöchte: Er ist nur auch da, nur durch den Gegensatz wirksam, es sind zwei Naturen, die sich ausschließen oder gleichgültig sind; hat sich das zweite Individuum ausgesprochen, so redet wieder das alte starr und unbeeinflußt.

---

[1]) Besäßen wir über Wasserzeichen der Zeit nach 1600 bzw. 1700 ein so ausgezeichnetes Werk, wie es Briquet: Les Filigranes — 1600, Genf 1907 (Leipzig, Hiersemann) für die Zeit vor 1600 bzw. 1700 darstellt, so wäre unser Weg durch untrügliche Weiser gesichert.

[2]) J. S. Petri: Anleitung zur prakt. Musik, 2. Ausg., Leipzig, Breitkopf 1782, S. 104.

[3]) Subjektiv und individualistisch in dem von Lamprecht gemeinten Sinne, dessen musikgeschichtliche Gruppierung aber hier nicht zugrunde liegt.

Mit dem Beginn des 18. Jahrhunderts setzen in der Musik die Anzeichen eines neuen Fühlens ein. Das Vorwiegen des Harmonischen, das sich z. B. bei Sebastian Bach in der harmonisch eindeutigen Verwendung des Fugenthemas (im Gegensatz zu Haßler u. a.), ja sogar in einer stärkeren Vorherrschaft der Oberstimmen in polyphonen Sätzen äußert, die Ökonomie der metrischen Gestaltung, deren Ausdrucksmittel früher mit Ausnahme der geraden Umkehrung ihres Sinnes in Paduane und Springtanz kaum künstlerisch bewußt verwertet worden waren, die riesig geweiteten Formen J. S. Bachs und Händels, die geschlossene Steigerungen ermöglichten, deren frühere Vielteiligkeit nicht fähig war, alles das sind Vorbereitungen des neuen Stiles, wenn auch durchaus noch im Gebiete des alten, dessen Grenzen erst dann überschritten werden, wenn der Grundsatz der Imitation als der formbildenden Kraft, damit also des Festhaltens der Stimmung und des sich ausschließenden Nebeneinanderstellens aufgegeben wird zugunsten des subjektivistischen Gestaltens, das in der Ergänzung eines Gefühlsmotives durch ein fremdes beide zur untrennbaren Einheit emporhebt, das aus dem eignen engen Kreise hervortretend Beziehung zur Umwelt sucht, sich, selbst in sie überströmend, an ihr entwickelt.

Es ist bezeichnend, daß erst der ausgebildete neue Stil ein wirkliches psychologisches, unablässig vorwärtsschreitendes Drama (Gluck, Mozart) hervorgebracht hat, das nicht wie das alte trotz der herrlichsten lyrischen Ergüsse der einzelnen Helden im eigentlich Dramatischen, in der Beziehung der Charaktere aufeinander versagt, um es bei einer unvermittelten Nebeneinanderstellung scharf umrissener Typen, wenn es nicht mißverstanden wird: bei einer Art Situationsdramatik bewenden zu lassen, die nur Stufen der seelischen Entwicklung, nicht ihr Werden selbst darstellt.

Worin äußert sich aber in der Instrumentalmusik der neue Geist? Die formbildende Kraft ist das neue Thema geworden: die auf Grund harmonischer Vorstellungen sich entwickelnde Melodie, die sich nicht durch Imitation weiter spinnt, die sich aussingen will, und die daher, aus den verschiedensten rhythmischen und melodischen Bestandteilen zusammengesetzt, gleichsam über dem Kunstwerke als Ganzem schwebende Gedanken, die in der Seele des Tondichters ruhen, nicht ein im Beginn des Satzes ausgesprochenes Motiv zu entwickeln scheint.

Die Form der Instrumentalmusik des Subjektivismus ist die Sonate. Die Entwicklung der Form, die wir heute unter Sonate verstehen, hatte noch keine lange Geschichte. 1670 hatte Petzold in der „Hora Decima . . ." nicht tanzartige Stücke zusammengestellt. Dieser Brauch war 1692 von Kuhnau im Anhange zum 2. Teil seiner „Klavierübung" zum ersten Male aufs Klavier übertragen worden. Bald setzte sich die Dreisätzigkeit nach dem Vorbilde der italienischen Opernsinfonie in Klavier- und Orchestersonate fest. Nur die Trii für Klavier (2st.) und 1 Soloinstrument oder 3 Soloinstrumente und Continuo sind entweder 4 oder 5 sätzig oder haben die Ordnung langsam — schneller — am schnellstem (J. G. Graun, Fr. Bach, Goldberg u. a.). Die ausgebildete Form des ersten Satzes, vorgebildet in den Einleitungen der Kammersonaten und in den Kirchensonaten, begegnet vereinzelt schon bei J. S. Bach (Violinsonate) und F. dell'Abaco.[1]) 1715. Daß sie nicht sogleich stark nachgeahmt wurde, erklärt sich aus der sonstigen Gebundenheit des Stils dieser Werke. Dagegen hatten die Triosonaten Pergolesis durch ihr singendes modernes Allegro mit teilweise ausgebildetster Durchführung großen Erfolg bei den Zeitgenossen[2]). Daß Sebastian Bach auch sonst der modernen Richtung Vorschub leistete, zeigen die in dreiteiliger Sonatenform geschriebenen Präludien in D-dur, Dis-moll, F-moll, Gis-moll und B-dur des zweiten Teils des Wohltemperierten Klaviers, freilich ohne zweites Thema, seine mehrgliedrigen Konzerttutti, A. Sorges Widmung seines dritten halben Dutzend Sonatinen vors Klavier nach Italienischem Gusto[3]) . . . an Sebastian und Bachs Kopien der die Ausbildung des modernen Themas und der modernen Durchführung fördernden Fasch'schen Ouvertüren aufs deutlichste. Bei der Besprechung der Sinfonien Friedemanns werden wir noch einiges nachholen über Graun, Hasse, Graupner u. a. Vor der Hand müssen diese rohen Umrisse genügen, zu zeigen, wo Friedemann anknüpfen konnte[4]). An der Befreiung vom alten gebundenen Ausdruck zum freien subjektivistischen haben vor J. Stamitz auch W. Fried. Bachs Instrumentalwerke einen nicht geringen Anteil, wie wir sehen werden.

Folgende Sonatenformen haben sich nun im Laufe der Zeit entwickelt:

1. zweiteilige Liedform mit Wiederholung; ein Thema.

2. dreiteilige Form, in der der zweite Teil von D od. Tp aus dem ersten nachgebildet ist; im dritten tritt das Thema nochmals, mehr oder weniger verkürzt (codaartig) auf. a) ohne Wiederholung. b) mit Wiederholung 1 :‖: 2; 3 :‖ (A. Sorge u. a.).

3. „vierteilige" Form mit Wiederholung. 1 :‖: 2, 3, 4 :‖ Das Thema erscheint im kurzen zweiten Teil einfach auf die Dom. od. Tp transponiert, der dritte Teil, mit dem Thema in der Tonica beginnend, holt modulierend sozusagen die Durchführung nach; der vierte Teil zeigt das Material mehr (codaartig) oder weniger verkürzt. (Hasse, auch W. F. Bach u. v. a.).

4. wie 1., aber mit zwei Themen a) ohne b) mit Wiederholung.

---

[1]) XII Sonate a tre op 3, Nr. 6 E-moll, vgl. Besprechung in Riemanns Großer Kompositionslehre, 1. Band, Berlin und Stuttgart 1902, S. 427 ff.

[2]) Das in G-dur und B-dur in Riemanns Collegium Musicum herausgegeben.

[3]) Nürnberg, Schmid, 1745.

[4]) vgl. J. Faißt: Beiträge zur Geschichte der Klaviersonate; K. Mennicke: Hasse und die Brüder Graun . . ., Einleitung. H. Kretzschmar: Führer durch den Konzertsaal (1. 1898) und Riemann: Die Mannheimer Schule: (Denkmäler d. Tonkunst in Bayern III, 1). F. Torrefrancas Ausführungen über die italienischen Sonatenkomponisten 1720—70 in Riv. Mus. It. XVII, 4 verwirren mehr.

5. wie 2., aber mit zwei Themen mit Wiederholung (zweiter Teil kurz, dritter lang).

6. dreiteilige Form mit wirklicher Durchführung im zweiten Teil. ein Thema a) ohne b) mit Wiederholung.

7. dreiteilige Form mit wirklicher Durchführung im zweiten Teil. zwei Themen; wohl stets mit Wiederholung.

Alle diese Typen kommen in W. F. Bachs Sonaten und Sinfonien vor, Typus 1. nur in Schlußsätzen und wenigen Mittelsätzen.

3. Die Sonaten für ein und zwei Klaviere.

Die Individualisierung der Instrumente, ein Merkmal des neuen Stiles, machte sich frühzeitig auch im Klavierstile geltend. Der aus dem Lautenspiele entsprungene galante Stil der Franzosen (Couperin, Rameau 1706 Pieces de Clavecin) und der mit Anregungen der Violintechnik befruchtete Klaviersatz Domenico Scarlattis, die Componimenti G. Muffats u. a. erlösten die Klaviertechnik von der der Orgel und bildeten die Vorstufen einer rein klaviermäßigen Erfindung[1], die in den 30er und 40er Jahren des 18. Jahrhunderts vollkommen ausgebildet erscheint (D. Alberti, u. a., K. P. E. Bach u. a.) Auch W. F. Bachs Werke stehen von Anfang an auf neuem Boden und haben zur Entwicklung in dieser Hinsicht beigetragen.

Unter W. F. Bachs Namen sind uns 16 Sonaten für ein Klavier, von denen 3 zweifellos, 3 vielleicht unecht sind, sowie eine Sonate F-dur für 2 Klaviere allein überliefert. Gerbers historisch-biographisches Lexikon spricht noch von einer D-dur-Sonate für 2 Klaviere, von der sonst nichts bekannt ist. Natürlich gehört nicht hierher die alte Einrichtung des E-moll-Konzerts für 2 Cembali. Daß die Adur-Allemande für 2 Klaviere von Couperin ist, haben wir schon nachgewiesen.

In sehr früher Zeit ist die Sonate für 2 Klaviere in F-dur entstanden[2], jedenfalls sehr bald nach dem vor 1733 komponierten A-moll-Konzert, wie die ganz gleiche schwarze kleine eilende Schrift zeigt, die schon in den 40er Jahren einen anderen, dickeren Zug trägt. Die autographe Partitur (BB, P 325,1) trägt den Titel „*Concerto à duoi Cembali Concertati di W. F. Bach.*" Das gestreifte dünne Papier läßt auf der Heftstelle unsicher das heraldische Zeichen der Doppellilie sehen. Neben dieser Partitur besitzt die BB eine Abschrift in Stimmen von J. S. Bachs Hand (St. 173a) mit der Aufschrift „Concerto" und Cembalo 1mo, 2do; der Zusatz „di W. F. Bach" stammt von einem Unbekannten. Das Papier der Stimmen hat als Wasserzeichen den Adler

---

[1]) Auch die Befreiung vom Generalbaß, wie sie sich in einer ausgearbeiteten Gambensonate Händels (Chrysander-Ausg. 48, S. 112) und den Violin-Flöten- und Gambensonaten Seb. Bachs vorbereitet, gehört hierher.

[2]) Neuausgabe von J. Brahms bei Rieter-Biedermann (ohne Brahms Namen); in der ABG fälschlich unter Sebastians Namen; beiden liegt Sebastians Hds. zugrunde. Riemanns Phrasierungsausgabe bei Steingräber liegt die spätere, weniger genaue Königsberger Abschrift zugrunde.

mit kleinem Herzschild und darüber schwebender Krone. Sebastian hat es häufig in Leipzig benutzt[1]). Vielleicht könnte das Vorhandensein der Sebastianschen Hds. Zweifel an Friedemanns Autorschaft erwecken; man könnte an einen ähnlichen Vorgang denken, wie bei dem D-moll-Orgelkonzert von Sebastian-Vivaldi, wenn nicht das Äußere dieser und weiterer Hdss. sowie der Stil des Werkes sicher auf Friedemann hinwiesen. Friedemanns Partitur kann gar nicht nach Sebastians Stimmen oder deren Vorlage angefertigt sein. Erstens fehlt Sebastians Allegro ma moderato, zweitens hat Fr. Takt 3 und öfter rhythmisch die Figuration etwas anders geschrieben als Sebastian, der auch oft Bindebögen und Triller verzeichnet (z. B. letzter vor und 24. nach :‖:) und die nicht immer genauen ♪-vorschläge Friedemanns in ♪- und ♬-vorschläge scheidet, auch im Andante und Presto. Aus Schreibfehlern (Takt 14 und a.) geht hervor, daß Friedemann Takt für Takt gleichzeitig beide Klaviersysteme hingeworfen hat, das jeweilig imitierende sofort nach dem beginnenden, sonst hätte er nicht über dem Irrtum im 1. System Platz im andern gelassen. Sebastians Hds. ist die des nachprüfenden Abschreibers, der in Ruhe Ungenauigkeiten und rhythmische Ungeschicklichkeiten der flüchtigen ersten Niederschrift des Komponisten verbessert. Sebastians Abschrift ist deshalb für praktische Ausgaben heranzuziehen. Die zahlreichen zum Teil verschiedenartigen Abschriften der BB (St. 480, 475, 479) und in Königsberg (die der Berliner Singakademie ist erst aus dem Jahre 1797), sowie die Erwähnung als Friedemanns Werk durch C. P. E. Bach in einem Briefe an Forkel[2]) und die Anzeige in Breitkopfs Handschriften-Catalogis bzw. Verzeichnissen 1761, 1763 (thematisch) und 1769 lassen Bachs Autorschaft als sicher erscheinen, wenn man dazu den Stil der Sonate betrachtet. Einzelne melodische Wendungen des 1. Satzes erinnern so an entsprechende des A-moll-Konzertes, die Melodik der Schlußgruppe des 2. Themas so an einige Stellen des E-moll-Konzertes, die Art der Imitationen des 1. und 2. Satzes ist so friedemannisch, daß an einen anderen Komponisten als Friedemann Bach überhaupt nicht gedacht werden kann.

Die Sonate besteht aus 3 Sätzen. Der erste hat die fast restlos ausgebildete Form des höchsten (7.) Typus. Das erste Thema ist in seinem Anfange ein Lieblingsgedanke der Bache. Rhythmisch verändert kehrt er als Hauptthema eines G-dur-Klaviersolokonzertes von Friedemann und einer Sonate von Emanuel wieder. Fast will das zugunsten der von Spitta bestrittenen Autorschaft J. S. Bachs an „Ihr Schönen, höret an" sprechen, auf die Forkel von v. Murr aufmerksam gemacht wurde[3]). Das 1. Thema macht nach 8 regelmäßig verlaufenden Ganztakten (♩ = Zählzeit), denen einige Anhänge folgen (2 Takte), einen Halbschluß. Charakteristisch genug haben die einen Takt nach dem

---

[1]) Spitta: J. S. Bach. Anhang zu Bd. 2.
[2]) Bitter 1, S. 337.
[3]) Universitätsbibl. Göttingen; Brief Forkels an v. Murr in Nürnberg. Dieser sammelte „Sebastiana."

1. Klavier einsetzenden Imitationen des zweiten (ähnlich wie im A-moll und F-dur-Konzert) keinen entscheidenden Einfluß auf die metrische Gestaltung des Themas. Alle durch dies imitierende Klavier etwa empfundenen Umdeutungen der Schwerpunkte müssen sogleich wieder zurückgedeutet werden, so ungefähr: 1—2 (= 1), (2 =) 3, 4—8 und Anhänge, ein Beweis, daß die aufbauende Kraft nicht mehr die alte Imitation, sondern eine metrisch und harmonisch selbständig empfundene moderne Hauptmelodie ist. Alle nach dem zehnten Takte folgenden 14 in drei melodisch verschiedene Gruppen zu teilende Takte gehören, trotzdem das neue Thema bald nach der Tonika zurücksinkt, um noch einmal die Dominante von sich aus zu erklimmen, zum 2. Thema. Die Melodik hat den kampflustigen, einmal an Pergolesi gemahnenden Charakter plötzlich aufgegeben; neue gesangvolle, wenn auch zum Teil figurierte Motivbildung beginnt auf der Dominante, nicht mehr ganze, sondern halbe Takte antworten einander. Die 3. Motivgruppe des 2. Themas ist eine liebenswürdige eines Stamitz würdige Bekräftigung der Dominante, die die in eine 16-taktige fast glatte Periode zusammengeschlossenen zwei verschiedenen Motivgruppen errungen haben ($\downarrow =$ Zählzeit: 1—8 = 1—8, 5—8 = 4—8, 5—8). Nach der Wiederholung beginnt die Durchführung mit der Transposition des Kopfes in die Dominante, nimmt aber in der Verarbeitung des gesamten Stoffes außer in der Schlußgruppe des 2. Themas bald echt durchführungsmäßigen Charakter an. Der 3. Teil ist gegenüber dem ersten stark gekürzt; das erste Thema ist ohne den ersten Anlauf auf 8 Ganztakte beschnitten, das zweite nur durch die liebliche Schlußgruppe, jetzt in F-dur, vertreten.

Das Andante, D-moll ist gleichfalls in Sonatenform mit Wiederholung geschrieben. Nach einem marschartigen Sätzchen (1—2, (2a =) 3—4, (4a =) 7—8) wendet sich ein klagendes von °T zu Tp (1—4, 7—8 wie oben), wo sich das klagende Thema ausbreitet (1—8, 5—8). Der zweite Teil beginnt mit einer Nachbildung des ersten von F-dur aus, der dritte führt nur das Marschthema, von dem klagenden nur 5—8, 5—8 in D-moll vor.

Das Presto ist formal und stilistisch von den beiden ersten Sätzen verschieden. Es hat viel mehr vom Klavierkonzert an sich. Nach zehn stürmenden Unisonotakten folgt das kecke eigentliche Thema, das nach längerer Ausspinnung von vier schmeichelnden Takten in der Dominante beschlossen wird. Das wieder in F-dur einsetzende Thema ist entsprechend dem Solo im Konzert eine weichere Umbildung des Tuttigedankens. Eine Sequenzkette führt zur Dominante, auf der das Hauptthema die Durchführung einleitet. Abwechselnd führt je ein Klavier eine (unthematische) stark an Sebastian (D-moll-Konzert u. a.) erinnernde virtuose Figur vor, in die das andre nach Art des Tutti Teile des Hauptthemas einwirft. Nach längerer Modulation beginnt ganz wie in vielen Konzertsätzen Friedemanns eine neue Durchführung von der Unterdominantseite aus (Unisonostelle), in der eine Erinnerung an „Ihr frommen Seelen eilt" aus der Johannispassion auffällt. Dann setzt in

F-dur das Hauptthema ein; ein längeres weiches Wogen im Akkord verbreitet eine wohlige Ruhe, die ein paar thematische Takte vergnügt und heiter besiegeln.

Die Figuration, die dem A-moll-Konzert teilweise gleicht, und die unorganischen Erinnerungen an Sebastian im letzten Satze bestätigen die auf Grund der Hds. bestimmte frühe Entstehung der Sonate, die besonders in ihrem ersten Satze einen starken Fortschritt über die bisherige Form hinaus bedeutet. Bei dall'Abaco, Graun und Graupner, deren Sinfonien zudem nicht datierbar sind, war das 2. Thema doch immer noch mehr Epilog zum ersten als wahres Gesangsthema; in Graupners G-dur-Sinfonie[1]) wird das sehr deutlich, da hier in das sogenannte 2. Thema immer eine Figur des ersten schlüpft. Bei Bach wird das zweite Thema scharf abgehoben und bekommt einen besonderen Schlußanhang, der allein schon die Bedeutung des alten zweiten Themas haben würde. Der gleichaltrige Pergolesi hat mitunter entwickeltere Durchführung und Kantabilität, Friedemann die ausgebildetste Zweiheit der Themen, die Pergolesi nicht kennt, und die sich, so ausgeprägt, auch bei Friedemann selten findet.

Jedenfalls wird durch die Feststellung der frühen Entstehung dieser Sonate Bitters Darstellung hinfällig, nach der die Form der 1745 im Druck erschienenen D-dur-Sonate für ein Klavier nicht ohne die Württembergischen Sonaten Emanuels möglich gewesen sei. Friedemann hatte in der F-dur-Sonate für zwei Klaviere einen Typus geschaffen, hinter dem Emanuels Schöpfungen von 1739—45 noch weit zurückblieben.

Zur Veröffentlichung unter den *Sei Sonate per il Cembalo,* deren Reigen am 16. März 1745 die aus D-dur eröffnete, wird wohl auch die 1748 und 1763 unter anderem Titel gedruckte Es-dur-Sonate bestimmt gewesen sein. Da die zwölf Polonaisen und acht kleinen Fugen von Friedemann nach der Tonleiter geordnet wurden, so dürfen wir auch für die *Sei Sonate* ungefähr diejenigen aussuchen, die in der um je einen Ton höheren Tonart als die vorangegangene stehen, wozu die handschriftliche Überlieferung und die Folge D-dur, Es-dur ermutigt. Schon 1744 wären dann die Sonaten D-dur 1), Es-dur 1), F-dur, G-dur 1), A-dur, B-dur fertig gewesen, aus äußeren und inneren Gründen aber auch C-dur 1) und, wenn sie echt ist, Es-dur 2). Späteren Ursprungs dagegen sind die sicher echten C-dur 2) und D-dur 2) und die einsätzige ungewisse G-dur 2) (Itzig), während F-dur 2) und C-dur 3) entweder Kinderarbeiten oder überhaupt nicht von Friedemann sind. Ganz zweifellos unecht sind die Sonaten Es-dur 3), D-dur 3) und C-moll.

Von den Sonaten D-dur 1) und Es-dur 1) sind keine Autographe vorhanden (die Handschrift der aus D in P 329 der B B ist nur eine alte

---

[1]) Riemann: Musikgeschichte in Beispielen, Leipzig 1912, S. 297.

Abschrift). Die erste erschien unter diesem Titel in vornehmstem Drucke[1]): *„Sei Sonate per il Cembalo dedicate al Signore Illustrissimo il Signore George Ernesto Stahl, Consigliere della Corte di Sua Maestà il Ré di Prussia Ellettore di Brandenburgo e composte da Guiglielmo Friedemanno Bach. In Verlag zu haben 1. bey dem Autore in Dresden, 2. bey dessen Herrn Vater in Leipzig und 3. dessen Bruder in Berlin“.* Diese „Sonate I.“ trägt folgende Widmung:

D. Aursonate

Illustr^{mo} Signore e Padrone Colend^{mo}

Non havendo mai havuto l'occasione di far vedere publicamente la riconnescenza, allaquale l'honore della Sua amicizia, e Sua bontà molto particolare verso di me m'óbligano: Oso die vallermi della presente, dedicando a V. S. Illustr^{mo} qualche prove del mio studio in. musica, e supplicandola di ricevere la buona volontà come un pegno della mia grandissima divozione. Se il prezo del mio lauoro non convienne al Suo gran nome, io so almeno per certo, che mai vna dedicazione, sia fatta con una venerazione uguale à quella, che mi fà sottoscrivere

de V. S. Illustrissimo
osservandissimo devotissimo
Servo
Guiglielmo Friedemanno Bach.

Dresda, il 16. Marzo 1745.
C. P. Lindemann sculpsit.

Diese Sonate nennt Dr. Parry[2]) die bedeutendste vor Beethoven. Wenn wir dabei nicht die apollinischen Schöpfungen eines Mozart und Haydn verkennen, sondern dieses „bedeutend“ vor allem auf ihren dionysischen Geist beziehen, so können wir diesem Urteile zustimmen. Es ist im 1. Satze eine Freudigkeit, ein überstolzes, fast herausforderndes Kraftgefühl, das mit der eignen Lust nicht weiß, wohin, ein unsagbares Leid einer männlichen edlen Seele im Adagio, ein unablässiges kraftvolles Drängen eines subjektiven Geistes im Schlußsatze, der ganz das Typische der alten giguenartigen Endsätze abgestreift hat, wie es die Zeit vor Beethoven nur in andern Werken Friedemanns wieder hervorgebracht hat. Nach einem rhythmisch bestimmten, schmetternden achttaktigen D-dur-Satz (♩ = Zählzeit), der von einem glückvoll in sich hineinhörenden Motive beschlossen wird, das die ganze Sonate durchzieht (T), wendet sich ein rhythmisch und harmonisch pikanter Nebengedanke mit Imitationen, die sich der Hauptmelodie unterordnen, in die Dominante (♪ = Zählzeit 1—4—6—8), auf der das Hauptthema in den $\frac{}{3}$

---

[1]) Alte Drucke und Handschriften in der BB u. a. Neuausgabe in Pauers Sammlung: Alte Meister (Peters) und Riemanns Phrasierungsausgabe (Steingräber).

[2]) In Grove's „Dictionary of music and musicians“ im Abschnitt über die „Sonate“.

Baß verlegt vorgetragen wird. Süße Bangigkeit, ahnungsvolle Schauer spricht das Stocken der Bewegung, die Pause im Motiv (neunt- bis achtletzter Takt vor :‖:) aus, ehe eine sechstaktige Sequenzkette den von schmerzhafter Freude erregten Geist fast gewaltsam zum festen Ziele führt, das der schon die erste Periode beschließende Gedanke staunend betrachtet. Der Durchführungscharakter, der dem der Wiederholung folgenden Dominantvortrag des Hauptgedankens gemangelt hatte, wird in der mit dem Thema in der T beginnenden Gruppe nur wenig nachgeholt. Mit korrespondierenden Nonen- und Sekundsprüngen zwängt es sich bald über E-moll, Fis-moll, H-moll, E-dur, A-dur (S—D) mit wilder Lust zum abermaligen Vortrag des Hauptthemas in der D empor, an dem sich der 4. Teil ganz entsprechend dem ersten mit geistvoll anders gewendeter Modulation anschließt. Wenn man den überwältigenden rhythmischen Reichtum übersehen gelernt hat, staunt man, wie sich diese Leidenschaft in geradezu peinlich korrespondierenden Formen ausglüht. Für den Klang des 1. und 2. Satzes bedenke man aber stets, daß die auffällig eng zusammengehaltene Führung der Hände für das Cembalo berechnet war, das nach Belieben die Töne verdoppeln konnte. Auf dem Pianoforte werden oft erst Oktavverdoppelungen die richtige Wirkung tun.

Das Adagio H-moll hat dreiteilige Sonatenform mit Wiederholung. Der nach dem gewaltigen § D⁺ am Ende der Durchführung einsetzende Schlußteil entspricht in seinem Gange mit den Themen nacheinander in E-moll—H-moll den H-moll—Fis-moll-Einsätzen des ersten Teiles. Die rhythmische Eintönigkeit des dem schreitenden Motive folgenden bohrenden

wird dadurch gemildert, daß das zweite Sechzehntel bald Auftakt, bald Auflösung ist. Auch im Adagio verläßt den Tondichter nicht die staunend versonnene Frage aus dem ersten Satze.

Dem Vivace liegt sehr ausgedehnte zweiteilige Liedform mit Wiederholung zugrunde. Nach zehn Takten Thema im Sopran ergreift der Baß wie im ersten Satze das Thema in A-dur (1—4, 3ₐ—4ₐ), das der Sopran mit einem gesangvollen Motiv ergänzt (3b—4b=5—8), dem 21 Takte als Anhänge folgen (7—8, 5—6, 8, 5—8, 6—8, 5—8, 8ₐ=4—8). ½, ²/₂, ³/₂ takt

Das singende Motiv des zweiten Halbsatzes des zweiten Themavortrags, eine an einen Höhepunkt des Adagios anknüpfende moderne Wendung in den Anhängen und die verschiedenartige Wirkung der metrischen Gestaltung ersetzen ein ausgebildetes zweites Thema. Auch in diesen letzten Satz dringt in die Schlüsse der einzelnen Teile der Gedanke, der bald mit stillem Staunen, bald mit wehmütigem Schmerz, bald mit glücklicher Zufriedenheit auf die Leidenschaft des Lebens blickt:

Das Verlegen des ganzen Themas in den Baß, wie wir es im ersten und letzten Satze beobachtet haben, dort auch die zeitweilig kurze solistische Betätigung des Basses, verrät ebenso wie die Sonate G-dur 1) ein bemerkenswertes Streben, die Klangfarbe der tiefen Klavierlagen künstlerisch bewußt auszubeuten. Müthel knüpfte in seinen Konzerten hierin an Friedemann an. — Vielleicht darf man dem Publikum keinen großen Vorwurf aus der Ablehnung der Sonate machen: Den „Modernen" erschien das reiche dreistimmige Gewebe zu schwer und altmodisch, die Alten verstanden den neuen Gehalt nicht, der so wirr zerfahren klang.

Mit besserem Glück hätte Bach die Sammlung mit der 1748 doch *Esdur* noch im Druck erschienenen Es-dur-Sonate eröffnet 1), die zugänglicher als die aus D-dur ist. Vielfach wird 1739 oder 1768 als Jahr der Ausgabe genannt 2), mit Unrecht. Bach hat die Sonate 1763 noch einmal herausgegeben laut Avertissement in den Wöchentl. Hallischen Anzeigen; in dieser Auflage, die mit derselben Widmung wie 1748 versehen, nur statt an Happe, an den alten Gönner Kaiserlingk gerichtet ist, sind alle Angaben, selbst die, daß bei Sebastian Exemplare zu haben seien († 1750!), stehen geblieben, selbst das Datum 8. Januar; nur der Name des Gönners wurde auf ein neues Blatt gedruckt und statt 1748 eine verunglückte Zahl, die man 1763, nicht 1739, zu lesen hat. Die erste Ausgabe von 1748 hat diesen Titel 3):

Sonate pour le Clavecin. dédiée a Son Excellence Monseigneur de Happe, etc. etc. composée par Gvillaume Friedemann Bach.

„Monseigneur!

Le gout, que Votre Excellence a pour la Musique, et les marques de bonté, que j'ai reçu d'Elle, me font ésperer, qu'Elle agréera de même manière ce petit essai, que je prens la liberté de Lui dédier. Mon but ne fend, que de Lui faire connoître l'empressement, que j'ai de m'aquiter par la du plus sacré de mes devoirs, comme une vive reconnoisance, qui n'en

---

1) Neuausgabe von Wehrle bei Breitkopf & Härtel. Die alten Drucke auf vielen deutschen Bibliotheken.
Sonate in Es-dur von Wehrle (bei Breitkopf & Härtel) ist ein Arrangement für Violine mit Klavier (in Sammlung: Aus alten Zeiten, Nr. 9). Das Arrangement läßt den Urtext treu erkennen.
Sonate in Es-dur (ohne Nennung des Bearbeiters) für Klavier zu zwei Händen bei Ashdown, London ist eine unbrauchbare Bearbeitung.

2) Gerber: altes Tonkünstlerlexikon. Eitner: Quellenlexikon.

3) Bei Bitter ungenau (S. 211).

cedera jamais au profond respêt, avec lequel je me fais gloire d'être toute
ma vie, Monseigneur! De Votre Excellence
Le très Humble et le très obéissant Serviteur
Gvillaume Friedemann Bach.

Halle ce 8 Jen. 1748.

In Verlag zu haben 1. bey dem Autore in Halle, 2. bey dessen Herrn
Vater in Leipzig und 3. dessen Bruder in Berlin."

Eitner rühmt sie als die inhaltlich und formell bedeutendste
ihrer Zeit, etwas zu lobpreisend. Sie ist glatter und singender als die
erste, auch verkörpert sie formal einen entwickelteren Typus. Was
Eitner mit dem zweiten Thema meint, sind nur die Anhänge zum
zweiten, das zu dem ersten (1—4, 3, 4, 6—8; $\downarrow$ = Zählzeit) freilich
mehr gesangvollerer Nachsatz zu sein scheint, mitsamt den Anhängen
eine Gruppe mit ihm bildet. Die Anhänge mit einer eigenartig im
Takte verschobenen Imitation bringen mit der Wiederholung des
sechsten Taktes ein eigenartiges Hemmungsgefühl, das rieselnde Triolen
mit einer originellen fermatenartigen Pause im Motiv freudig wegfegen
(5—6, 6$_a$, 6$_b$, 5—6—8, 7—8). Die Durchführung ist nicht sehr
$^3/_4$ $^2/_4$ $^3/_4$
entwickelt.

Das Largo C-moll ist in seiner „einteiligen" Form ein Überrest
der alten gebundenen Kunst.

Um so moderner mutet das homophone Presto an. Es verkörpert den seltenen Typus 4ª. Das erste Thema

wird durch ausgedehnte Passagenüberleitungen mit dem wiegenden
zweiten verbunden, dessen stummer fünfter Takt wieder ein Beispiel
für Friedemanns Pausenkunst ist:

Wieder hat das zweite Thema kleinere Gliederung als das erste,
d. h. hier ist $\downarrow$., dort $\downarrow$ Zählzeit.

Ohne Wiederholung beginnt der zweite Teil mit dem Hauptthema in der Dominante und das zweite Thema schließt in der Tonica erweitert (2—5, 2—4, 4$_2$, 5—8).

In der rein akkordischen Begleitung der Ecksätze, in den Passagen und dem Überschlagen der Hände (Presto: zweiter Teil) sowie in der Melodik des ersten Satzes äußert sich der italienische Einfluß Dresdens mehr als in anderen Sonaten Bachs (Hasses Sonaten!). Die entwickeltere Form und Ideen wie das Gesangsthema des Prestos und viele kleine Züge sind aber Eigentum des Künstlers.

Die Sonate F-dur 1)[1] liegt in drei Fassungen vor, A im Autograph und einer einzigen Abschrift eines Konvoluts (Nr. 1827) der Singakademie zu Berlin, das auch in mehreren Abschriften Fassung B enthält; Fassung B hat auch Müthels Abschrift (BB, P 230). Eine dritte Gestalt C zeigt die Handschrift der Dresdner Königl. Bibliothek. Einmal bestehen die Unterschiede im zweiten Satz. In A steht ein F-dur-Minuetto, dessen Hauptsatz in der F-dur-Sinfonie als vierter Satz und dessen D-moll-Zwischensatz in einer kleinen C-dur-Polonaise. (BB, P 365) nach C-moll transponiert wiederkehrt, in B findet sich ein F-dur-Larghetto in kurzer zweiteiliger Liedform, während C nur vier Larghettotakte überleitenden Charakters aufweist. Zum andern erstrecken sich die Abweichungen auf Tempobezeichnung und Gestalt der thematisch in allen drei Fassungen gleichen Anfangs- und Schlußsätze. Hier stimmen Typus B und C überein, denen A auffällig verschieden gegenübersteht.

Das Autograph der A-Fassung ist offenbar mit dem einer Form A der Sonate C-dur 1) entstanden (Singakademie Nr. 1830). Beide haben als zweiten Satz Menuette alten Stiles, beide sind mit der kritzlichen sauberen Reinschrift von frühem Typus auf je einen Bogen Papiers geschrieben, das als Wasserzeichen die heraldische Doppellilie und gegenüber ILSV trägt. Die autographe F-dur-Sonate heißt *Sonata per il Cembalo;* den Namen des Komponisten nennen nur die Kopien. Nicht nur das Äußere, sondern auch der Stil spricht dafür, daß A ein Vorgänger von B und C ist. Der erste Satz $^4/_4$ gegenüber $^2/_4$ von B und C — auch die Burleske, des A-moll-Konzerts letzter Satz und das C-moll-Preludio hatten erst C, dann $^2/_4$-Takt! — hat in $^2/_4$ umgerechnet 100 (bzw. 102) Takte gegenüber 76 Takten in B und C, weil einige sechstaktige Perioden (1—4, 7—8) von B und C in A achttaktig sind (1—8) und weil in A die Imitationen nicht nur angedeutet, sondern beide Stimmen kanonisch geführt sind. Der unleugbare Vorzug von A besteht in einer äußerlich glätteren Form und melodischer Rundung. Warum trotzdem B und C als spätere Verbesserungen von Friedemann zu betrachten sind, zeigt die vergleichende Analyse.

Das Un poco Allegro beginnt in A mit einem schönlinigen Kopfthema:

---

[1]) In Riemanns Phrasierungsausgabe, Fassung C.

Auf den ersten Blick scheint B, C trockener; wenn man aber die Ökonomie des Ganzen berücksichtigt, weit passender: Durch das b statt g hat der Kopf mehr Härte, durch den Ausfall des fünften und sechsten Taktes mehr Überschriftcharakter bekommen, der erst den nochmaligen erweiterten Anfang in T° rechtfertigt. Alle drei Fassungen stimmen nun in der Bildung eines längeren Satzes überein, der am Material des Kopfes erneut meißelt und bei der Modulation nach C-dur in B und C rhythmisch noch pikantere neue Motive als in A hervorbringt

(1—8); einem reizvoll versuchenden, dann jäh emporstürmenden Anhang (5—8, 8ₐ, 7—8, 7—8 [= 1]) folgt nun in A ein nichtiges zweites Thema auf der D⁺, sehr im Gegensatz zu B, C, die nach den Anhängen die Wucherung des dürftigen zweiten Themas mit einer genialen eintaktigen Einschaltung der Mollvariante auf dem sechsten Takt unterdrücken.

Die Benutzung der Mollvariante nur vorübergehend begegnet uns noch
einige Male. Der formale Vorzug von A, daß die Durchführung gänzlich aber weichlich nach F-dur zurückmoduliert, gegenüber dem Ruck
A-moll — F-dur in B, C, wird von B C dadurch tausendmal wett-
gemacht, daß es im Zerbrechen der Themen weit mehr Durch-
führungsgeist atmet als A, das nur ganze Sätze der Aufstellung nach-
bildet. Der dritte Teil zieht in A B C sinnvoll Kopf und Fortführung
zusammen, denen in A das dürftige zweite Thema in B C der geniale
Schluß °T T⁺ D⁺ T⁺ folgt.

B C stellt sich so als die Arbeit eines ausgereiften Meisters dar,
der eine anscheinend entwickeltere Form ruhig zerstört, wo sie fehl
am Platze ist, und der von höherer Warte aus alle mühsame kontrapunktische Kleinarbeit mit einem einzigen genialen Einfall ersetzt, Einzel-
schönheiten dem Gesamtplan opfert. Im dritten Satz, Presto, unterscheiden nur einige physiognomielosere Melodieführungen und einige
zwar reichere aber mühsamere Baßführungen die Urgestalt A von der
genialeren Form B und C.

Überleitung zum 2. Thema.

Die Form des Presto verkörpert den höchstentwickelten Typus 7. Dem
kampfesfreudigen, äußerst modernen ersten Thema tritt nach einer Überleitung ein schmerzbewegter gegenüber, unruhvoll zwischen Moll und Dur

schwankend, mit einer fast beethovenisch zu nennenden Pause im Motiv nach Luft und Freiheit ringend,

die bald frisch hingeworfene Akkordfolgen und emsige Sechzehntel-motive in den codaartigen zwölf letzten „süddeutschen" Takten ge-wonnen haben. Die ausgedehnte Durchführung bringt, mit allen Mo-tiven der Aufstellung in neuer Gruppierung arbeitend, höchst geistreiche Bildungen hervor, nach denen der Wiedereintritt der beiden Themen mit Coda als wahre Lösung der Spannung empfunden wird.

Nun übersehen wir auch die Geschichte der drei Mittelsätze. Das zwar reizvolle, aber, mit seinem alten Stil zwischen die bedeutenden modernen Ecksätze nicht passende Minuetto ersetzte Bach zunächst mit dem gesangvollen Larghetto (B), bis er einsah, daß hier nur ein paar Überleitungstakte am Platze seien.

Da Müthel nur bis 1753 in Deutschland, 1750 in Leipzig war, so wird er spätestens 1753, wenn nicht 1750 die Gestalt B der F-dur-Sonate und die Sonaten D-dur[1]) und Es-dur[1]) kopiert haben. Also gab es schon 1750 oder 53 die Fassung B. Da die Urform außer dem Auto-graph nur in einer Abschrift, B und C aber in vielen verbreitet sind, ebenso wie Sonate C-dur[1]), die ein ähnliches Schicksal erlebt hat, nur in der späten Umarbeitung verbreitet ist, so ist anzunehmen, daß beide Urformen in eine Zeit zurückgehen, in der man sich noch nicht für Friedemanns Werke interessierte.

Obwohl Sonate C-dur 1) nicht für die Sei Sonate bestimmt war[1]) *Sei sonate* soll sie hier besprochen werden, da sie äußerlich und innerlich mit der aus F-dur 1) zusammengehört. Auch sie liegt in zwei Fassungen vor, von denen nur A im Autograph erhalten ist (Singak. 1830) B be-wahrt P 368 (BB) in einer Schichtschen Sammlung von sechs Sonaten Friedemanns. Die Handschrift der Dresdner Kgl. Bibliothek ist jünger. Während A zwei hübsche Minuetten alten Stiles zwischen die Ecksätze stellt, leitet B vollwertiger mit einem C-moll-Grave zum letzten Satze über. A hat im 1. Satze eine beweglichere aber mühsamere Baß-führung, die unnötig von der Melodie ablenkt. Die Umgestaltung zu B wird gleichzeitig mit der der F-dur-Sonate geschehen sein, also vor 1750.

Eitner[2]) rühmt die ausgezeichnete Form, tadelt aber die bedeu-tungslosen Themen. Eine richtige Phrasierung der durch Schwer-

---

[1]) In Pauers Sammlung „Alte Meister" und in Riemanns Phrasierungs-ausgabe.

[2]) M. f. M. 1888.

punktwiederholungen und eigenartige Pausen im Motiv höchst reiz-
samen Melodik, wie sie Riemanns Ausgabe bietet, macht Eitners
Vorwurf zunichte.

　　Ein fanfarenartiges Thema ruft froh heraus; es verhallt wie Trom-
petenruf in der Ferne, und im Verhallen setzt es schon im Baß wieder
an, eine Oktave tiefer als zuvor. Aus einem zunäclt als Anhang gedachten neuen Gedanken entwickelt sich bald ein 2. Thema, das in
seiner letzten Anhangsgruppe, — erst diese hält sich wie in der Sonate
für zwei Klaviere endgültig in der T, — mit den weichen Terz- und
Sextengängen auf dem stillstehenden 6. Takte die Inspiration durch den
Pianoforteklang und Verwandtschaft mit Süddeutschland bemerken läßt.
Die Durchführung beginnt, selbst bei Friedemann einzig dastehend,
nicht mit dem Material des Hauptthemas, sondern mit einer durch:

angeregten lieblichen Neubildung,

an das sich das übrige Material mit starken Veränderungen anschließt.

　　Die Durchführung endet in E-moll, der 3. Teil beginnt in C-dur,
vom 2. Thema führt er (wie die Sonate F-dur für zwei Klaviere) nur
die 3. Gruppe vor, wegen der Unruhe der zweiten.

　　Nach dem würdig klagenden C-moll-Grave setzt das Vivace ein.
Es zeigt, wie Bach neben dem entwickeltsten Typus (7) des Allegro
ungestört den 3. Typus verwendet, allerdings mit einer Art 2. Themas
auf der Dominante. Dieses,

und die walzenförmige Figur des ersten weisen nach Süddeutschland.
Die „nachträgliche" Durchführung zitiert eine Stelle der Durchführung
des Allegro:

10

Wieder zu den *Sei Sonate* gehört die Sonate G-dur 1), obwohl
ihr Autograph (P 329, S. 17; B B) mit dem Titel *Sonata per il Cem-*
balo di F. W. Bach die Züge der spät-hallischen, wenn nicht Berliner
Zeit trägt (das dicke gelbe Papier mit Längstreifen gibt keine Auskunft).
Einige später nachgetragene Auslassungen beweisen aber, daß wir eine
spätere eigenhändige Abschrift, nicht die Urschrift vor uns haben.
Stilistisch gehört die Sonate mit denen aus D-dur 1), F-dur 1), C-dur 1)
zusammen. Freie Behandlung der Form und vornehme Reife des
Empfindens rücken sie ins Mannesalter des Schöpfers, in die Dresdner
Zeit vor 1744 etwa.

Der erste Satz bedient sich einer mehr fantasieartigen Sonatenform
ohne Wiederholungen, die ähnlich später Leopold Mozart,[1] Müthel
(3. gedruckte Sonate Mittelsatz), Rolle und Lindner[1] und Friedemann
selbst in dem Finale der B-dur-Sonate verwenden. Das an der Spitze
stehende Andantino-Thema leitet auch die D-dur-Durchführung ein und
beschließt den 3. Teil, wird aber in die Entwicklung selbst nicht mit
einbezogen, ist nur Überschrift. Will man seine Verschränkungen fühlen,
so muß man Achtel zählen: 1—2, 4, 5—6, 8, — also wieder der ver-
kürzte Satz, der zu neuem Beginne reizt. Das eigentliche Thema: Allegro
di molto ³/₄ erst stürmisch, dann sehr singend (1—8 ²/₄ Takte 8 =

$$\frac{}{3}$$

5—8) wird von Anhängen aus neuen Motiven erst mit Trillern rauschend
und drängend, dann weich und sinnend zurücksinkend beschlossen
(5—8). Das nach Durchführung und Schlußteil epilogisch mit fast
schumannisch klingenden Wiederholungen des 4. Taktes den Sinn des
wechselvollen Erlebnisses weise betrachtenden Andantino erinnert an
das romantische Leitmotiv in der D-dur-Sonate.

11

Andantino.

♪ = Zählzeit.   (2)   (4)   (5)   (4)   (5)   (4)   5

[1] Oeuvres mêlées V, 4, Finale, und VIII, 2.

♩ 5⌣   (6)   8   6   (8)
♩ = Zählzeit,   Die letzten 7 Takte also wie-
                                       der im Allegrocharakter

Wir weisen nicht umsonst auf derlei romantische Züge hin, sondern um zu erklären, wie fremd Friedemanns einer Umgebung erscheinen und wie er ohne das Echo aus dem Herzen seiner Zeit allmählich verstummen mußte. Daß aber die moderne Polyphonie, die uns besonders auffallend in Friedemanns Konzerten und Sinfonien begegnet, nicht so sehr eine Folge seiner Erziehung als der Ausfluß einer eigenartig eine spätere Zeit vorausahnenden Geistesverfassung war, sollen auch solche Parallelen neben anderem begreiflich machen.

Das E-moll-Lamento kehrt kürzer und härter, nach D-moll transponiert, als vierte der zwölf Polonaisen wieder. Kein Wort kann einen Begriff von seiner wehen Größe geben.

Das giguenartige Presto verkörpert den 6. Typus. Die antizipationsartigen Nonenakkorde und die zweimal auftretende synkopische Pausenkette auf dem verminderten Akkord in der Durchführung geben der kaum unterbrochenen Geschäftigkeit der eilenden Imitationen etwas Gespenstisches.

Über die übrigen Sonaten können wir schneller weg gehen, da zwar einzelne sehr wertvolle Musik enthalten, aber für die Entwicklung der Gattung nichts formal Neues bieten, was die besprochenen nicht auch enthielten.

Die letzten zwei der *Sei Sonate* werden die aus A-dur[1]) und B-dur[1]) gewesen sein. P326 (BB) überliefert sie als „*2 Sonaten von W. F. Bach*", ebenso hat sie Kirnberger zusammen abgeschrieben (Nr. 1828 der Singak.) und Bach hat die aus A-dur daselbst mit *Sonata di W.F. Bach* bezeichnet und dynamische Vorschriften eingetragen, auch die aus B-dur mit di W. F. Bach und mit Vorzeichen versehen. Von der B-dur-Sonate besitzen wir außerdem das vollständige Autograph *Sonata per il Cembalo* (Nr. 1828 der Singak.) auf dickem gelben Papier ohne Wasserzeichen. Teilweise hat Bach selbst die alte Schrift von jugendlichem Typus nachgezogen.

Nicht zufällig besaß auch der Naturfreund Gebauer beide Sonaten.[2]) Stilistisch und inhaltlich gehören sie zusammen. Beide sind auf-

---

[1]) Ungedruckt.
[2]) Latrobes Mitteilungen in P328 der BB spricht zwar von A-dur und C-moll; da aber Schnorre, von dem Latrobe kopierte, nur die Gebauersche Sammlung abschrieb, muß C-moll ein Versehen sein; denn P326 (Latrobes Abschrift) hat A-dur und B-dur.

fallend homophon und melodisch faßlich. Die Ecksätze der A-dur-Sonate und das Finale der aus B-dur durchweht ein früh-lingsmäßiger, ganz unpathetischer Geist, wie wir ihn in andern Sonaten Bachs vergeblich suchen. Erinnert a) nicht geradezu an Beethovens G-dur-Sonate op. 14, b) an Schubertsche Naturfrische?

Als Ganzes ist die A-dur-Sonate der aus B-dur überlegen, deren Grazioso (2. Satz) sehr ermüdet. Der erste Satz steht auch trotz seines ausgebildeten gesangvollen 2. Themas D+ nicht auf der höchsten Höhe. Nur das Allegro di molto in Fantasieform fast immer einstimmig in gebrochnen Akkorden ist ein vollkommenes Meisterwerk.

Zweifellos zeigt sich in der Glätte und in dem glänzenden Passagenwesen italienischer Einfluß, speziell der Hassischen Klaviersonaten, doch ist den Anleihen so sehr das rein Virtuose genommen, sind sie so ihres spielerischen Charakters entkleidet und in den Dienst romantischen Naturausdrucks (in A-dur und B-dur) oder leidenschaftlichen Gefühlsausbruchs (G-dur-Sonate) gestellt, daß von einer Epigonenschaft Friedemanns, einem Übergang ins italienische Lager nicht die Rede sein kann.

Stilistisch gehören wieder enger zusammen Sonate C-dur 2) und D-dur 2).

C-dur 2)   Das Autograph von C-dur 2) (Singak. Nr. 1830)[1]) hat J. Hoonic & Doonen und ein Wappen mit bienenstockartigem Gebilde als Wasserzeichen; ein Blatt hat das Wasserzeichen von C-dur 1). Obwohl sie nur den Titel: *Sonata per il Cembalo* trägt, erweist sich die Sonate besonders durch die Wiederkehr des 2. und 3. Satzes in der 1. C-mollfantasie von 1784 als Friedemanns Werk. Sonate D-dur 2)[2]): „So
D-dur 2)   nata per il Cembalo“ ist in zwei Autographen erhalten, die beide möglicherweise nicht die Urschrift sind. Das ältere (Singak. 1827) steht auf wasserzeichenlosem Papier wie die Sonaten in B-dur und Es-dur 2). Die Schrift macht einen späteren Eindruck als die von C-dur 1), B-dur, F-dur, Es-dur 2). Wohl aus dem Jahre 1778 oder 1779 dagegen stammt das andere Autograph (P 329 BB), das auf schönes starkes weißes Papier (mit großem Wappen) in großen, dicken, gemalten Noten geschrieben ist; jedenfalls trägt es die Widmung: *Sonata per il Cembalo di Guilelmo Friedemanno Bach. [Humillimente dedicata a Sua Altezza la Principessa di Prussia.]* Das Geklammerte ist nachträglich ziemlich wegradiert.[3])

Beides sind vorzügliche Werke von anmutigem Charakter; das Modernste ist wohl in ihnen der zweistimmige G-dur-Mittelsatz der D-dur-Sonate, dessen friedvoll wehmütige Verträumtheit weniger dem empfindsamen Weltschmerz Emanuels, noch der vergnügten Biederkeit der Berliner, mehr der Intimität Mannheims verwandt ist. Der Schlußsatz der D-dur-Sonate atmet älteren Geist; der der C-dur-Sonate mit seiner Erinnerung an einen Gedanken eines Quantzschen Flötenkonzerts, das Bach beziffert hat[4]) und mit Berliner Redensarten[5]) wie:

13

[1]) Ungedruckt.
[2]) Riemanns Phrasierungsausgabe.
[3]) Vgl. Bachs Bruch mit der Prinzessin 1778 (79).
[4]) Singakademie 1476.
[5]) Vgl. Bendas Kompositionen.

steht etwas zurück. Um so reizvoller sind die dynamischen Gegensätze des ersten, um so rührender die Klage des zweiten.

Endlich besitzen wir noch das Autograph einer Sonate Es-dur 2)
(Singak. 1828) auf gleichem Papier wie B-dur, D-dur 2,1. Es heißt
Sonata per il Cembalo. Da es (ebenso wie die dabeiliegende Kopie)
die Namenlosigkeit mit den meisten Sonaten-Autographen Friedemanns
teilt, liegt äußerlich kein Grund vor, dieses Werk ihm nicht auch
zuzusprechen.

Der erste Satz hat zwei Themen. Das C-moll-Andante leitet nach
36 Takten unmittelbar ins Vivace (wie Sonate C-dur 1), bei dem man
im Anfang gegen, bei der Figuration von Takt 12 an für den Meister
stimmen möchte. Ist das Werk von Friedemann, so müßte man auffallend starken Mannheimer Einfluß feststellen, wie er in anderen
Sonaten nicht vorkommt: in Begleitformen, Melodik des 2. Themas des
Allegro, des 1. Themas des Vivace.

Außer diesen von C—C—Es laufenden Sonaten sind noch sieben
zu erwähnen, die Bach zugeschrieben werden.

Ein unbedeutender Sonatensatz G-dur 2) aus Sara Itzigs Besitz in dem Kgl. Akademischen Institut für Kirchenmusik in Berlin, mit Fr. Bach bezeichnet, könnte von W. F. Bach sein. Zweifelhafter steht die Sache bei zwei Sonaten F-dur 2) und C-dur 3), die in einer Schichtschen Sammlung (BB, P 368) enthalten sind. Die in F-dur trägt die Bemerkung: *Sonata per il Cembalo di W. F. Bach.* Die in C-dur ist namenlos, da sie aber in einer Reihe Friedemannscher Sonaten steht (F-dur 2), C-dur 3), C-dur 1), F-dur 1), Es-dur 1), D-dur 1), von denen auch die Es-dur (1748!) keinen Namen nennt, |soll sie wohl Bachs Werk sein. Der erste Satz verblüfft allerdings, da nicht nur sein ganzes erstes Thema rhythmisch verschoben dem der Sonate Es-dur 1) entspricht (vgl. them. Verz.), sondern der Stil des ganzen Allegros Friedemannsche Züge trägt. Dagegen erinnert zwar das A-moll-Andante an eine Arie Bachs, hat aber erbärmlich steife Bässe und recht konventionelle Ligaturenketten. Auch das Schlußpresto taugt nichts (s. them. Verz.). In der F-dur-Sonate 2) könnte man die Außensätze für mäßige Schöpfungen Bachs gelten lassen trotz langweiligen kontrapunktischen Manieren. Ganz irre macht aber die dilettantische Siciliana in F-dur. Sind die Werke von Friedemann, so können es nur allererste Versuche gewesen sein, von denen nur der erste C-dur-Satz einer gründlichen Umarbeitung für wert gehalten wurde.

Zweifellos unecht ist dagegen die namenlos überlieferte E-moll-Sonate in Winters „Mancherley Mus. Stück" 21 S. 83, die Eitner, wohl auf Grund einer Bleistiftbemerkung im Exemplar der Leipziger Stadtbibliothek, Friedemann zuschreibt. Ein flüchtiger Blick auf den Stil genügt, die Unhaltbarkeit der Unterschiebung einzusehen. Ebensowenig sind die von Bitter unter Nr. 17 und 18 seines Verzeichnisses aufgeführten Sonaten D-dur 3) und C-moll von Friedemann.

P 394 der BB schreibt „de Bach" (noch weniger P 701); das bezieht sich nie auf Friedemann, wohl aber oft auf Christian; von diesem oder einem anderen mannheimernden Bach können die zwei Sonaten sein. Der Umstand, daß P 701 in Sara Itzigs Besitz war, mag Bitter zu der Unterstellung veranlaßt haben.

Daß endlich eine Sonate Es-dur 3) (Singak. Nr. 1385), betitelt *Sinfonia per il Cembalo Solo dell Sign. Bach,* gewiß nicht von Friedemann sein kann, obwohl Zelter kühnlich behauptet: „Wahrscheinlich, ja gewiß von Friedemann Bach," zeigt schon das Hauptthema (s. them. Verz.) deutlich. Wir werden noch einen Fall kennen lernen, wo Zelter ähnlich sicher und falsch urteilt.

Fassen wir zusammen, was die Analyse der zweifellos echten Sonaten C-dur 1) bis C-dur 2) bis D-dur 2) ergeben hat!

W. F. Bach hat sich in seinen meist in den 30er Jahren bis etwa 1744 entstandenen Sonaten vollständig vom alten gebundenen Stile abgewandt. Frühzeitig hat er höchstentwickelte Formen neben minder entwickelten. Häufig kommt ein ausgebildetes 2. Thema vor, sonst ersetzt dies meist die starke Gegensätzlichkeit innerhalb des ersten. Die Durchführung ist oft auffallend entwickelt, stets wenigstens angestrebt.

Wegen der frühen Entstehung der fortschrittlichen Sonaten muß man zweifellos einen Teil der Verdienste, die man Emanuel zuschrieb, auf Friedemann Bach übertragen, der sich somit nicht aus der Geschichte der Kunst als belanglos für ihre Entwicklung entfernen läßt, wie Bitter u. a. annehmen. Ebensowenig wie Emanuel ist Friedemann, der ja entscheidende Hauptwerke schon geschrieben hatte, ehe die Mannheimer auftraten, später ihr Gefolgsmann geworden. Während Emanuel viele französische Anregungen verarbeitet hat, hat Friedemann, nicht weniger selbständig, italienisch-Dresdenische Anregungen in seinen von Grund aus eigenen, deutschen Stil aufgenommen. Friedemann hat als einer der ersten auch inhaltlich die Klaviersonate fortgebildet, indem er ihren spielerischen Charakter durch Tiefe und Leidenschaft ersetzt hat. Die Entwicklung von ihm aus geht nicht zu Haydn und Mozart, sondern durch Müthel, C. P. Emanuel Bach und W. Rust hin zu Beethoven.

4. Polonaisen, Fantasien, Suite und kleinere Werke freien Stiles für Klavier.

Bei Friedemann Bachs Lebensende waren in den Leserkreisen des Forkelschen Almanachs die 12 Polonaisen am meisten bekannt und geschätzt; die zahlreichen Abschriften in deutschen Bibliotheken und Zelters Urteil vom Jahre 1820 [1]) sprechen davon; es ist bezeichnend, daß Zelter, der Vertreter Altberlins, auch für diese zartesten, aufrichtigsten und melodiösesten Schöpfungen, die Forkel für originell halte, kein Verständnis zeigte: Sie seien mühsam und ersonnen. Über die Entstehungszeit läßt sich nur sagen, daß sie 1765 bereits einige Zeit in Handschriften im Umlauf gewesen sein müssen. Gerber, dessen Mitteilungen über die Ankündigung des harmonischen Dreyklangs und der 8 Fugen alle einen sichern Untergrund haben: — 1754 der Dreyklang von Marpurg erwähnt, 1783 die Fugen in Forkels Almanach, — Gerber nennt als Jahr der Ankündigung der Polonaisen 1765. Da er von 14 spricht, müssen die 12 schon länger verbreitet gewesen sein, um zwei — unechte — an sich ziehen zu können. Breitkopf zeigt 14 Polonäsen erst 1774 und 1780 an. Jedenfalls irrt Bitter, wenn er behauptet, sie seien schon in Dresden zum Drucke vorbereitet worden. Forkels Almanach auf 1784 (S. 201) sagt ausdrücklich: „Späterhin", d. h. nachdem sein Versuch, alle Sei-Sonate herauszugeben, fehlgeschlagen war: — 1745 I. Sonate, 1746 Übersiedelung nach Halle! — „Späterhin wollte er sich sogar nach dem Geschmacke des Publikums bequemen und kündigte ein Dutzend Polonaisen für Klavier an, aber es wollte wieder nicht gehen."

Leider besitzen wir die Urschrift nicht mehr. P 699 der BB ist nur Reinschrift für den Drucker, und zwar hat Bach nur die ersten sechs selbst abgeschrieben, während die zweite Hälfte (mit weniger Vortragszeichen als die erste) von der Hand des wichtigen Kopisten ist, der

---

[1]) Zettel von Zelters Hand in Nr. 500 der Singakademie.

außer den Fantasien D-dur und d-moll-F-dur in P 325, der E-moll-
Fantasia fatto 1770, dem Es-dur Marsch in P 329, und den 5 Sinfonien
der Singakademie die Kantaten „Dienet dem Herrn" fatto 1755 und
„Auf Christen posaunt 1763" abgeschrieben hat, der also nach 1755
und 1770 zu Bach in Beziehung stand. Das Papier mit geteiltem
Wappen und verschnörkeltem Monogramm, nicht zu verwechseln mit
dem ähnlichen von 1746 „Wer mich liebt", und dem von „Gott fähret
auf", gibt kaum Auskunft.

Die Beteiligung des Kopisten bestätigt, daß die Drucklegung der
Polonaisen in Halle geplant wurde. Da Marpurg 1754 von den Polonaisen nichts berichtet, werden sie damals noch nicht angekündigt gewesen sein. So blieben dafür die Jahre 1754—1765 übrig, womit natürlich nichts über die Entstehungzeit gesagt ist. Erst 1819 wurde P 699
fast ohne Änderung der ˙dynamischen Zeichen gedruckt[1]) und von
Griepenkerl eingeleitet (Peters), bezeichnend genug von einem Manne,
dessen romantische Grundstimmung sich schon im Stile des Vorworts
kund gibt.

In Deutschland kam die Polonaise, über deren Ursprung Groves
Dictionary hier nicht zu Wiederholendes berichtet, im 17. Jahrhundert
im Norden Deutschlands stark in Aufnahme: Viele instrumentale
Liednachspiele des Königsberger Kreises (Albert u. a.) sind mit alla
Polacca bezeichnet. Im Anfang des 18. Jahrhunderts stellen den deutschen Typus ausgeprägter Seb. Bachs bekannte Polonaisen (z. B. im Klavierbüchlein der Anna Magdalena Bach 1725) dar. Beginn ohne Auftakt
und Endungen bis ins dritte Viertel, eine gewisse Steifheit und Vorliebe
für den Rhythmus.

$$ \text{♫♪ ♫♫♪ und ♫♪ ♫♪ ♩} $$

sind ihre Kennzeichen. Dagegen haben sie nicht den Glanz und die
Vorliebe für Punktierungen der späteren Polonaisen, die durch die
politischen Beziehungen Sachsens zu Polen immer mehr Einfluß in
Deutschland gewannen. Für die Redouten komponierten in den 40er
und 50er Jahren alljährlich Neruda, J. G. Röllig (1710—90) u. a. zahl-
reiche Menuetten und Polonaisen, die sich in Abschriften und Drucken
verbreiteten[2]).

Der Geschmack des Publikums stand nach Polonaisen: Die
24 Polonaisen des Königsberger Goldberg (1768 und 1770 in Breitkopfs Handschriftenkatalog angezeigt)[3]), der sich hier mehr dem Schema
anschließt und wenig seinem Lehrer nachahmt, J. G. Löhleins[4]) (1765),

---

[1]) Später von Roitzsch bei Peters fast unverändert (wenigstens die erste
Hälfte) herausgegeben.
[2]) Vgl. die Sammlungen der Leipziger Stadtbibliothek, der Dresdner Kgl.
Bibliothek u. a.
[3]) Hds. der Kgl. Hochschule für Musik in Berlin.
[4]) Klavierschule 1765.

J. L. Albrechts[1]) (1760), G. G. Zieglers (XXIV Polonesi per tutti tuoni
al Clavicembalo 1764)[2]), sind nur eine geringe Auswahl aus der
reichen, von Friedemann wenig oder nicht beeinflußten Polonaisenlite-
ratur dieser Zeit, während Transchels[3]) von Forkel hochgeschätzte, ferner
Fritschs[4]) und Triers[4]), des Sebastianschülers je 6 Polonaisen vermutlich unter dem Eindruck der reichen Figuration und der Abkehr vom
Tanzmäßigen der Friedemannschen Polonaisen geschaffen sind.

Hoch überragen Friedemanns Schöpfungen diese ganze Polo-
naisenliteratur. Es ist ein Wunder, wie er aus der typischen, gebundenen Form dieses Tanzes die allerverschiedenartigsten, höchst persönlichen Gestalten schafft. Er behält nur den Anfang mit dem schweren
Taktteil, die Endung bis ins dritte Viertel und meist eine Teilung des
ersten Viertels sowie die bald zwei- bald dreiteilige kleine Form mit
Wiederholung bei. Höchst bezeichnend für Bach ist aber die Gegensätzlichkeit der Stimmung in der einzelnen Polonaise (vgl. E-moll Takt 1
bis 4 vor mit 5—6 nach :‖:, 1—4 mit 5—8 vor :‖:) und das Aus-
breiten verschiedenen thematischen Materials von 2 zu 2 oder 4 zu
4 Takten, während die alte Polonaise (auch die Goldbergs) mit gleich-
artigem Material arbeitet. Keine der Polonaisen wiederholt ein Gefühl einer andern. Welcher Unterschied zwischen der D-moll, Es-moll,
F-moll, G-moll-Polonaise, „diesem reinsten und wahrsten Ausdruck eines
edlen, zarten und sehr bewegten Gemütes" (Griepenkerl), die nicht mehr
die starre Erhabenheit des Schmerzes einer vergangenen Zeit, sondern
den lyrischen Erguß eines modern Fühlenden darstellen. Daneben die
Freudigkeit der Dur-Polonaisen! Mozartsche Töne klingen in der Es-
dur-Polonaise, Beethovensche Naturromantik in der aus E-dur voraus:

16   Takt 7.

---

[1]) Musikalische Aufmunterung (Augsburg 1760).
[2]) Berlin 1764; ein sonst unbekannter Meister.
[3]) Dresdner Kgl. Bibliothek. Hds.
[4]) Leipziger Stadtbibliothek. Hds.

6*

Man muß die 12 nach der Tonart geordneten Sätze im Zusammenhang genießen, sie heben sich gegenseitig und stellen den Reichtum des Empfindens ihres Schöpfers ins hellste Licht und bedeuten eine nicht geringere Idealisierung eines Tanztypus als die ähnlichen Versuche Schumanns und Chopins. — Aus der einleitenden Beilage Griepenkerls, der sich vor allem auf Forkels Spiel stützte, der darin Friedemanns Schüler war, sei für den Vortrag hervorgehoben, daß sie keiner Veränderung, keiner Manier bedürfen, die nicht vorgeschrieben ist; die Vorschläge der Moll-Polonaisen soll man ganz verschieden, langsam und wie zur Grundmelodie gehörig ausführen (besonders in der aus F-moll). Nur die F-dur- und Es-dur-Polonaise seien ungefähr im Tempo des Tanzes, die andern Dur-Polonaisen fein und rund in mäßigem Allegretto, die aus Moll Adagio zu spielen (D-moll beinahe im älteren Menuetttempo, Es-moll am langsamsten).

Wir besitzen nur noch eine kleine anmutige Polonaise in C-dur von Friedemann, namenlos als Kopie in P 365, BB überliefert. Ihr Trio kehrt im zweiten Satz der A-Fassung der Sonate C-dur 1) als Trio wieder. Mit den Menuetts der Sonate F-dur 1 (A) und C-dur 1) (A) teilt diese Polonaise den mehr spielerischen Rokokocharakter. — Dagegen sind die beiden unbedeutenden Polonaisen F-dur und G-dur, die verschiedene Sammlungen zu den echten 12 fügen [1]), zweifellos unecht. Diese beiden Fälschungen stehen als Nr. 80 und 63 auch in einer Sammelhandschrift der Bibliothek des Kölner Konservatoriums neben einer Menge Polonaisen, Menuetten, Sonatinen und Variationen: „Kleinigkeiten f. d. Klavizimbel oder Pianoforte v. W. F. Bach. 4 Teile (115 Nummern).“ 27 liebenswürdige Stücke daraus hat Hompesch in der Sammlung: „Einführung in die Klassiker“ herausgegeben [2]). Eitner rühmt die gründliche kontrapunktische Fertigkeit und den modernen Geist, den hier Friedemann offenbare. [3]) Er richtet aber sein Lob an die falsche Adresse:

Unter den 115 Stücken der Kölner Sammlung ist wohl nicht ein einziges von Friedemann Bach. In der ersten Folge der schwereren Stücke in Hompeschs Ausgabe ist z. B. Nr. 1 und 2 aus Häßlers Klavier- und Singstücken verschiedener Art, Erfurt 1782, Nr. 15 (2. H.) Allegro con Var. ist der dritte Satz der 5. Sonate aus Häßlers

---

[1]) z. B. Leipziger Stadtbibliothek.
[2]) Bei Tonger, Köln.
[3]) Im Quellenlexikon unter W. F. Bach.

6 Sonaten fürs Klavier, Leipzig 1776. Aus Häßlers op. 46 stammen auch folgende Nummern der Hds.: 21, 24, 27, 30 b), 46 47, 55, 59, 67, 79, 92, 107, 111; aus Häßlers op 11 stammen Nr. 52, 64 (= Arietta III), 101. Eine andere Reihe besteht aus namenlosen Nummern des Musikalischen Mancherleys (1762), so daselbst S. 36 G-dur und S. 35 La.d'Aubarede G-moll, letzteres ohne diesen Titel als Nr. 115. Auch Hillers Sammlung, Löhleins Klavierschule u. a. hat der unbekannte skrupellose Sammler geplündert. ·Es müßte ein starker Zufall sein, wenn ein Sätzchen von Friedemann darunter wäre[1]). Die nicht von Häßler komponierten Stücke sind größtenteils sehr dürftig.

Nur wenig stehen die **Fantasien** Friedemann Bachs hinter seinen Polonaisen zurück. Bitter führt deren 11 auf. 2 davon, B-dur·und F-dur, Nr. 37 und 38 (S. 236), sind, nach dem Stile zu urteilen, unecht und laut Wotquênnes thematischen Verzeichnisses der Werke C. P. E. Bachs[2]) von Emanuel. An ihre Stelle tritt eine von Bitter nicht gekannte Fantasie in G-dur $^6/_8$, so daß wir 10 Fantasien von W. F. B. kennen, leider keine einzige im Autograph.

Vielleicht ist die früheste die harmlos spielerische in G-dur $^6/_8$ [3]). Ist sie auch namenlos überliefert, so zeugt doch ihre Aufzeichnung auf demselben Bogen hinter dem G-dur-Konzert und der kleinen C-dur-Polonaise, die gleichfalls namenlos, aber zweifellos echte Werke sind (vgl. S. 125), für Friedemanns Autorschaft. Der kurze dreiteilige Satz ohne Wiederholung trägt seinen Namen Fantasia nur wegen seiner im Verlauf stark figurierten Einstimmigkeit[4]).

Ganz andere Beachtung verdienen die beiden jedenfalls gleichzeitig entstandenen Fantasien D-dur und D-moll— F-dur[5]). Die beste Hds. beider Fantasien (auf 1 Bogen überliefert!) ist die des Ergänzers der halb autographen Polonaisenhds., P 325. Ziemlich alt ist auch die in P 329. Beide Fantasien führen rauschende Tonleitern und gebrochene Akkorde in einem ununterbrochnen Satze durch; die aus D-moll schließt in F-dur, Larghetto, sinnig verloren. Beide sind echte Clavichord- oder Cembalo-Fantasien, doch fallen als mehr pianofortemäßig in der D-dur-Fantasie in Zweiunddreißigsteln herablaufende Sexten- und Terzengänge auf.

Die ·geraffte Form, die Geschlossenheit unterscheidet diese beiden Werke deutlich von den zweien aus E-moll, der aus A-moll und aus C-dur, die lockerer gebaut und vom Pianoforteklang mehr beeinflußt sind. Außer in der C-dur-Fantasie wechseln hier sehr frei verschiedene Sätze und Tempi ab; ein wildgärender zerrissener Geist, nicht das Siegesgefühl der früheren D-moll — F-dur und D-dur-Fantasie herrscht.

---

[1]) Bezeichnend, daß es dieser Täuschung bedurfte, um Hompesch zur Ausgabe von Kleinigkeiten des trefflichen, um die Ausbildung des modernen Klavierstiles verdienten Häßler zu veranlassen. Auch Riemann und Pauer haben Werke Häßlers herausgegeben.

[2]) 1905, S. 36—37 und S. 46.

[3]) Ungedruckt.

[4]) Vgl. Riemann: Große Kompositionslehre 1, 231.

[5]) Riemanns Phrasierungsausgabe.

E-moll Die erste aus E-moll 1)[1]) trägt in P 329, BB die Bemerkung *Fantasia di W. Fr. Bach fatto Octobr. 1770* von der Hand des Polonaisenautographenergänzers. Da die 4 Fantasien Gebauer in Halle besaß, das Bach 1770 verließ, werden sie alle nicht nach 1770 komponiert sein, jedenfalls aber später als die geschlossenen aus D-dur und D-moll — F-dur. Die C-dur-Fantasie[1]) ist in P 365, die aus A-moll 1)[2]) in P 329, die aus E-moll 2)[2]) in P 335 der BB erhalten. Die aus E-moll 2) unterscheidet sich dadurch von allen anderen, daß sie das monodische Rezitativ verwendet und zeitweilig sehr mannheimert.

17

E-moll   Zwischen den Fantasien D-moll — F-dur, D-dur und diesen vier mitten inne steht stilistisch die ausgezeichnete aus D-moll, die ein homophon figuratives Allegro di molto, ein pathetisches Grave und ein zartes Fugato, moderato über ein ähnlich von Friedemann öfter behandeltes Thema wechseln läßt. Die einzige ältere Hds. stammt aus Sara Leviltzigs Besitz (P 702 BB).

   Zeigte schon die Fantasie E-moll 2) eine gewisse Auflösung der Formkraft, so herrscht vollkommene Anarchie in den beiden C-moll-Fantasien für Ulr. G. von Behr aus dem Jahre 1784: *2 Fantasie per il Clavicordio solo composte da Guiglielmo Friedem. Bach*[3]) (BB, P 328). Laut dazu geklebten Briefes des Baron von Behr auf Schleck vom 2. Juli 1784 hatte sie von Behr für sich bestellt. Der 2. und 3. Satz der Sonate C-dur 2) sind in die 1. C-moll-Fantasie eingeflochten. Einzelne grandiose, rührend anmutige, wehmütige Stellen können nicht darüber täuschen, daß die Absicht, Bruchstücke früherer Werke mit neu komponierten zu verbinden, mißlungen ist: Die mangelnde Logik der wahren Fantasie läßt einen potpourriartigen Eindruck aufkommen.

---

[1]) Riemanns Phrasierungsausgabe.
[2]) Ausgabe in „4 Fantasien für Clavier v. Wilhelm Friedemann Bach herausg. v. Carl Banck" (Kistner) nicht ganz getreu.
[3]) Ungedruckt. Nachforschungen in Schleck waren erfolglos.

In diesen Fantasien allen wird der Grundunterschied Friedemanns von Emanuel klar. Emanuels Fantasien sind weniger von Grund aus Entladung eines schmerzerfüllten Innern, als eine, oft wertvollste, Darstellung eines lebhaft vorgestellten Geschehnisses. Friedemann dagegen strömt sich aus in Musik, wie die Mannheimer frei von poetisierenden Absichten, die im 18. Jahrhundert alle einen rationalistischen Anstrich haben. Emanuel hat ein Trio mit seitenlanger Inhaltserklärung komponiert, an Emanuel, nicht an Friedemann und den Süddeutschen erprobten sich Anhänger einer rationalistischen Affektenlehre, Emanuelschen Fantasien legte ein Gerstenberg Texte unter, bezeichnend genug, da das Wesentliche der Emanuelschen Fantasie das monodische Rezitativ ist, das Friedemann nur in der Fantasie E-moll 2) verwendet hat. Bezeichnend, daß Emanuel keine Dur-Fantasie von der Bedeutung der D-dur und D-moll—F-dur Friedemanns geschrieben hat, da in Dur das wortlose Rezitativ merklich an Wirkung verliert.

So erscheint Friedemann Bach im Innersten moderner als der äußerlich homophonere Emanuel; denn man darf die poetisierenden Absichten des 18. Jahrhunderts ja nicht mit denen des 19. Jahrhunderts verwechseln. Jene, ein Überrest vergangener Zeit, sind dem Streben entsprungen, alle Tätigkeiten des menschlichen Lebens, also auch die musikalischen Äußerungen, mit dem Verstande zu begreifen, diese sind ein Ergebnis der Romantik, der Vorstellung einer über den Einzelkünsten stehenden, die Einzelkünste nährenden Gesamtkunst, die sich gerade in der Zeit der Romantik in vielen Geistern zu verkörpern scheint (E. T. A. Hoffmann, H. v. Veltheim, Schumann, Rich. Wagner).

Ein großer Zeitraum liegt zwischen diesen Fantasien und einigen kleineren Klavierwerken, die sich erhalten haben. Aus der Leipziger Zeit noch stammt eine „Bourlesca" in C-dur, deren Autograph unmittelbar, zweimal begonnen hinter dem A-moll-Klavierkonzert steht. Die beiden sind mit kritzlicher früher Schrift, ähnlich der der Sonate F-dur für zwei Klaviere, geschrieben. Das Papier, das nicht mit dem Hallischen R-Halle-Papier oder dem C G K-Papier aus Halle, auch nicht mit dem ähnlichen der Kopien in P 329 und 325 der E-moll, D-moll—F-dur und D-dur-Fantasien verwechselt werden darf, hat einen Adler mit kleinem Herzschild und gleicht dem mehrerer Sebastianischer Autographe der Leipziger Zeit, wie z. B. dem der Sebastianschen Abschrift der Friedemannschen Sonate für zwei Klaviere. Auch das Wasserzeichen weniger Bogen der Hds.: — C A und gegenüber ein schlichter Wappenschild mit flankierenden Zweigen und schwebender Krone, durch das Feld springt von links unten nach rechts oben ein Tier — kommt in Leipziger Hdss. vor.

Wenn es also auch richtig ist, daß die Bourlesca in Bachs Jugendjahre fällt, so irrt doch Bitter 1), wenn er in ihr ein Studienstück des unfertigen Künstlers sehen will, das A-moll-Konzert aber in die Hallische Zeit verlegt. Die Bourlesca ist burlesk genug, hinter dem tragischen

---

1) S. 155 als Imitation de la Chasse besprochen.

A-moll-Konzert her in einem Zuge geschrieben, nach dem subjektiven modernsten Erzeugnis ein lustiges spielerisches Satyrstück im Stile Gottlieb Muffats. Es hat das Stückchen die unentwickelte Sonatenform des Typus 2. Erst der Bückeburger Bach hat es „L'Imitation de la Chasse" genannt in P 226 der BB, die ebenso, wie eine Kopie (P 550) eine Reveille[1]) C-dur im gleichen Stile und zwischen beiden eine Gigue G-dur[1]) überliefert, die mit nur geringer Abweichung in andrer Octavlage mit dem Schlußsatze der G-dur-Sonate für zwei Flöten allein übereinstimmt. Sie werden nicht viel später oder früher als die Bourlesca entstanden sein.

Ganz ähnlich ist einer Kraftleistung ersten Ranges, der nicht viel späteren Sonate für zwei Klaviere, unmittelbar das zarte C-moll-Preludio[2]) gefolgt. Den Namen hat ihm erst Forkel (P 329) gegeben. Das Autograph (P 325 auf dem Blatte, auf dem die Sonate aufhört) ist zweimal begonnen, erst im $\mathbb{C}$, dann $^2/_4$ takt.

Fast möchten wir nach der Beobachtung, wie diese Kleinigkeiten entstanden sind, dem Umstande, daß der „March (!) Es-dur" sowohl in der wichtigen Abschrift des Ergänzers des Polonaisenautographs (P 329) als auch in P 703 p 4 der E-moll-Fantasie fatto Octobr. 1770 folgt, einige Bedeutung beilegen[3]). Dieser Satz voll vorzüglicher Arbeit und singender Melodie ist vielleicht die liebenswürdigste Schöpfung Bachs, geeignet zur Einleitung in seine übrigen Kunstwerke.

Wenn wir das G-dur-Konzert für Klavier allein zur Besprechung bei den Orchesterklavierkonzerten aufsparen und die nicht als Friedemanns Werk beglaubigte C-dur-Etüde (Bitter Nr. 45) wie die übrigen Werke der Lecerfschen Sammlung als unecht bezeichnen wegen ihres Stiles, bleibt uns an dieser Stelle noch die Besprechung zweier unter W. F. Bachs Namen laufenden **Suiten** aus G-moll und A-moll und eines Tempo di Minuetto oder Presto. Die Suite aus A-moll „*Diverti-mento für das Pianoforte comp. von W. F. Bach (1765)*"[4]) scheint eine von dem Sammler der „115 Kleinigkeiten" veranlaßte Fälschung zu sein; die Hds. befindet sich wie die „Kleinigkeiten" in der Bibliothek des Kölner Konservatoriums. Schon „Divertimento" und „Pianoforte — 1765" macht stutzig. Noch mehr der Stil. Das einleitende Allegro könnte man für Friedemann halten, wenn nicht bald die Eintönigkeit seiner Imitationen auffiele. Das Trio des Menuetts, die Polonaise erwecken Zweifel, vor allem in den zwölf Takten nach :||: Das Presto, ein Rondo, beweist unumstößlich, daß Friedemann nicht der Komponist ist.

---

[1]) Ungedruckt.
[2]) Riemanns Phrasierungsausgabe.
[3]) Riemanns Phrasierungsausgabe. Vielleicht wird der Aufbau deutlicher, wenn man, entsprechend dem Schluß, anstelle der ersten 8 und nachfolgenden 6 in Riemanns Ausg. noch einmal 6, 6a fühlt (1—4, 3—4, 5—6, 5—6, 6a—8, 7—8, 8 :||:).
[4]) Gedruckt bei Otto Wernthal, Berlin.

So unbedeutend wie hier und in der Coda hat er nie geschrieben. Ein Mannheimer Nachläufer muß das Divertimento geschaffen haben (vielleicht Häßler).

Soweit uns Bachs Werke bekannt sind, kann die zweifellos echte, aber in keinem Autographe erhaltene Suite aus G-moll nur eine frühe Schöpfung sein[1]). Die Suitenform an sich, die gebundene Melodik, die im zweiten Trio der Bourrée deutlich an Sebastian anklingt, die altertümliche Polyphonie der Allemande, die wirklich aufbauenden, nicht die Homophonie begleitenden Imitationen weisen darauf hin. In der wechselvollen Rhythmik (Triolen und 16tel gleichzeitig oder im Wechsel mit Punktierungen) freilich und in harmonischen Zügen, wie der nur vorübergehenden Trübung des Dur zu Moll (vom sechstletzten Takt vom Doppelstrich des Prestos an), im tollen Abspringen von der melodischen Linie in Baß und Diskant offenbart sich das Ringen nach Neuem. Das Überschlagen der Hände im Presto deutet auf italienische, die Art der Tonwiederholungen auf Sebastiansche Spielmanieren.

Das Presto scheint ursprünglich allein gestanden zu haben. Ein Kellnerscher Sammelband (P 804, S. 245) enthält es unter dem sonderbaren Titel Menuett di J. W. Bach. Danach kommt ein Tempo di Minuetto in Dacapoform mit derselben Manier der Tonwiederholung in Sechzehntelbewegung, das in die Suite nicht mit aufgenommen worden ist. Dieses Tempo di Minuetto überliefert auch Emanuel Bach als Presto di W. F. Bach (P 683, aus Emanuels Nachlaß). Von wem die dabeistehenden Skizzen sind, ist unentschieden; vielleicht von Emanuel. Jedenfalls gehört die G-moll-Suite und das Tempo di Minuetto zu den ältesten erhaltenen Werken Friedemann Bachs. Sie leiten über zu den im strengsten kontrapunktischen Stil geschriebenen Klavier- und Orgelwerken.

---

[1]) Es gibt viele Kopien, so P 329 aus Forkels Nachlaß. Vgl. Riemanns Phrasierungsausgabe, außerdem Riemann: Präludien u. Studien, S. 3.

5. Fugierte Kompositionen für Klavier und Orgel.

Im strengen kontrapunktischen Stile besitzen wir für Klavier nur
11 Fugen, für die Orgel mit Pedal nur zwei, ein Bruchstück einer
Fuge und 7 Choralvorspiele. Ohne Beziehung auf Instrumente erfunden sind die etwa zwanzig kleinen Kanons und Kontrapunktstudien,
von denen einige in Marpurgs Abhandlung von der Fuge (1753 bis
1756) [1], eine größere Anzahl 2—4 stimmige in einer Hds. der Singakademie
autograph stehen. Diese sind in Dresden jedenfalls komponiert (vgl.
A-moll-Trio) Als äußerlich berechnete Spielereien haben sie mit wahrer
Kunst wenig zu tun; vielleicht sind es Beispiele für einen Schüler. Im
thematischen Verz. geben wir einige ganz wieder.

Den 70er Jahren entstammen die „8 Fugen von W. F. Bach" [2],
die Bach von Berlin aus ankündigte und von denen vermutlich nur
1 Widmungsexemplar (Amalienbibliothek des Joachimsthalischen Gymnasiums zu Berlin) gedruckt wurde. Wenigstens spricht Forkel von
ihnen als der „neuesten Arbeit Bachs" [3].   Die Widmung lautet:

„Durchlauchtigste Prinzessin, Gnädigste Äbtissin und Frau!

Die Gnade Ew. Königlichen Hoheit gegen mich hat meine Seele so
sehr durchdrungen, daß ich dieses kleine unbedeutende Opfer mit dem
feurigsten Gefühl der Dankbarkeit zu Höchst Dero Füßen lege, und in tiefster Ehrfurcht ersterbe

Ew. Königlichen Hoheit

unterthänigster Diener

Berlin, den 24. Febr. 1778.   Wilhelm Friedemann Bach.

Nur die Es-dur und F-moll-Fuge haben größere Ausdehnung. Die
aus F-moll über eine chromatische Tonreihe steht nicht auf der Höhe
der übrigen, die leicht und flüssig gearbeitete Charakterstücke in Fu-
ghettenform sind, ähnlich den Inventionen Sebastians. Alle sind dreistimmig. Von den formalistischen Erzeugnissen andrer Fugisten des aus-
gehenden 18. Jahrhunderts stechen sie vorteilhaft ab. Forkel sagt mit
Recht, daß sich das Publikum grundlos vor ihrer Schwierigkeit ge-
fürchtet und dadurch die Veröffentlichung vereitelt habe. Ein Autograph scheint noch Ende des 18. Jahrhunderts in Halle gewesen zu
sein [4].

Eine zweite dreistimmige B-dur-Fuge [5] für Klavier enthält Hds.
Nr. 18784 der Wiener Hofbibliothek „3 Fugen (C, D, B) f. d. Orgel
oder Klavier von Wilhelm Friedemann Bach, Organist in Halle. Geb.
1710 † 1784. Bisher ungestochen". Die aus C und D gehören zu
den 8 Fugen. Das Thema der B-dur-Fuge beginnt mit Begleitung eines

---

[1]) Neue Aufl. von Dehn S. 73, 78, 81, einer daraus auch in Marpurgs
Anleitung zur Musik u. zur Singekunst (Berlin 1763, S. 169).

[2]) Neue unveränderte Ausgabe von Roitzsch bei Peters.

[3]) Forkels Mus. Alm. 1784, S. 55.

[4]) Bemerkung Latrobes.

[5]) Ungedruckt.

laufenden Basses (s. them. Verz.). Ihr lockerer Bau läßt das echte Fugenthema nicht die erwünschte Steigerung erlangen.

Bedeutender ist die dreistimmige C-moll-Fuge $^3/_4$[1]), die BB, P 328 überliefert; eine Hds. besaß auch Gebauer[2]). Sie würde sich auch für die Orgel eignen. Das Thema (s. them. Verz.) erinnert auffällig an Pergolesis „Fac ut portem Christi mortem" im Stabat mater (Nr. 10). Entstanden scheint sie früher als die 8 Fugen.

Ebenso die F-dur-Fuge 1), die in Schichts Kopie (P 368, S. 142) mit Sonaten Friedemanns als dessen Werk überliefert ist. Manche Ungeschicklichkeit des schwachen Werkes deutet auf Bachs früheste Jugendzeit.

Damit ist die Reihe der Klavierfugen schon beendet; umso verwunderlicher, daß man trotzdem dem Künstler häufig vorgeworfen hat, daß er vom alten Stile nicht loskomme.

Sonderbarer Weise ist auch die Anzahl der erhaltenen Orgelkompositionen überaus gering. Schubart klagt schon[3]): „Schade, daß seine Orgelkompositionen kostbarer und seltener als Gold sind! Doch ist es ein Trost für die Kunst, daß dieser erste Meister seine Orgelstücke selbst sammelt und versprochen hat, sie nach seinem Tode heraus zu geben". Aus dieser Ausgabe ist nichts geworden, und so mag manches verloren gegangen sein. Aber viel hat Bach für die Orgel nicht geschrieben. Der Grund dafür wird im Niedergang der Orgelkunst zu suchen sein, der wieder seine Ursache in der Abkehr von der polyphonen Schreibart und Spieltechnik findet. Wozu sollte Bach seine Fantasien und Fugen aufschreiben, die er zu improvisieren vermochte, die ihm aber die wenigsten hätten nachspielen können? Schon im Braunschweiger Organistenexamen haben wir Spuren des Niedergangs der Orgelkunst bemerkt, der sich deutlichst in den Orgelkompositionen dieser Zeit und in dem Ausspruch J. Christian Bachs in London offenbaren, der auch die gebundenen Klavierwerke seines Vaters nicht mehr spielen konnte[4]). 1812 noch muß der ältere Rellstab bei Gelegenheit eines Orgelkonzerts Berners in der Berliner Garnisonkirche „leider bekennen, daß er seit Friedemann Bach keinen der Würde des Instrumentes angemessenen Orgelspieler gehört hat"[5]). Daß Friedemann, in Berlin wenigstens, fast nur eigne Improvisationen vortrug und nicht zu bewegen war, dem Bachkenner Zelter Sebastiansche Schöpfungen vorzuspielen[6]), wird man Friedemann nicht als Unfähigkeit auslegen, wenn man seine große F-dur-Tripelfuge gesehen und die staunenden Berichte der Zeitgenossen gelesen hat.

---

[1]) Ungedruckt.
[2]) Bemerkung Latrobes.
[3]) Ideen zu einer Ästhetik der Tonkunst, erst Wien 1806 herausgeg., aber früher geschrieben. S. 89 ff.
[4]) Schubart.
[5]) Voßsche Zeitung 1812, N. 65.
[6]) Zelters Bericht a. a. O.

Wenn man auch keinen Schriftsteller so weit gehen sieht wie Schubart, der Friedemanns Orgelspiel fast über das Sebastians setzen möchte[1]), so stimmen doch selbst die Feinde darin überein, daß er von allen Sebastian am nächsten gekommen sei. Schubart und Petri[2]) rühmen sein Registerverständnis: er mische plötzlich und oft gegensätzlich, ohne sein Spiel zu unterbrechen. Vor allem mußte auch seine nur von Sebastian zuvor erreichte Pedaltechnik einem Geschlechte auffallen, das gerade hierin sehr zurückgegangen war (vgl. Em. Bachs, später Knechts u. a., selbst Kittels Orgelkompositionen).

Von den meisten[3]) aber wird die Neuheit der Gedanken, harmonische Kühnheit, der selbst dem Kenner zu folgen schwer falle, hervorgehoben (Forkel, Reichardt, Schubart). Das beweist, daß Bach die gleichfalls stets gerühmte gebundene Spielart mit neuem Geiste erfüllte. Die wenigen Orgelbegleitungen zu Arien können keinen Begriff davon geben. Wahrscheinlich hat der Meister neben der Fuge eine ähnliche frei imitierende Homophonie gepflegt wie in seinen weltlichen Werken (Fantasien [D-moll u. a.], Konzerten).

Schubart rühmt die „magische Kraft, alle Herzen mit seinem Orgelspiel zu bezaubern". Nur Reichardt schränkt sein Lob ein: die Fantasien hätten auf die Dauer ermüdet und wie alle seine mühsamen Arbeiten den harten, finstern Charakter des Meisters getragen. Der Vergleich mit den übrigen „mühsamen" Arbeiten richtet das Urteil Reichardts. Forkel[4]) hebt besonders hervor, daß nur Sebastian und Friedemann auf dem Klavier ebenso groß wie auf der Orgel waren.

Tripelfuge
F-dur

Das bedeutendste der erhaltenen Orgelstücke ist die Tripelfuge in F-dur[5]). Sie ist nur in P 275 (BB), S. 32 von M. G. Fischers (in Erfurt) Hand überliefert. Ganz im Stile der großen Vokalfugen der Hallischen Zeit ([F-dur] 2 D-dur, A-dur besonders) gehalten, scheint sie auch in ihrer Umgebung entstanden zu sein. Dieselbe bei allem Jauchzen apollinische Klarheit der durch ziemlich weiten Abstand der Stimmen durchsichtigen Führung der rhythmisch und inhaltlich mannigfaltig bunten Themen, die in kurzem Abstande nacheinander einsetzen und deren einzelne Bestandteile in der Urform oder leicht umgebildet oft wieder als Kontrapunkte zum ganzen Thema und in der Form der Distributio verarbeitet werden. Die drei Themen, gegensätzlicher Natur schon innerhalb des ersten,

---

[1]) Schubart a. a. O. und Berichte in der Deutschen Chronik seit 1774.
[2]) Petris Musikalische Anleitung 2 Ausg., S. 285.
[3]) Vgl. außer den angeführten noch Forkel J. S. Bach, S. 18 u. a. Almanache 1782, S. 119, 7, Marpurgs Legenden S. 26, Abhandlung v. d. Fuge 1756, 2. Teil (Neuausgabe 1858, S. 214/5), Reichardts Mus.-Alm. 1796, Petris Mus.-Anl. 2. Ausg. S. 285, einen Unbekannten in Cramers Magazin II, 224 anläßlich Rößlers Orgelspiel: „In der der Orgel angemessenen Kunst übertraf der Hallische Bach alles, was von Organisten Odem u. Leben hat . .", Schwanberger a. a. O. u. a., Berlinische Nachrichten 1774! s. vorn S. 50.
[4]) Forkel, J. S. B. S. 18.
[5]) Herausg. v. G. Amft bei C. F. Kahnt Nachfolger, Leipzig.

werden, meist vierstimmig, mit obligater Behandlung des Pedals in stolzer Steigerung bis zu einem großen Orgelpunkte über C geführt, der alle Motive noch einmal übereinander türmt, ehe die volle Orgel im Maestoso abschließt. Hier ist es Friedemann gelungen, mit neuem Geiste die alte Form zu erfüllen.

Hinter diesem Riesenwerke tritt die G-moll-Fuge[1]) mit obligatem Pedal etwas zurück. P 693 (BB) enthält die beste, aber auch ziemlich

---

[1]) Ungedruckt jetzt; früher im Orgelvirtuos bei Körner, Erfurt.

späte Handschrift „Leipzig, den 30st. Octbr. 1819. Freitag." Der Katalog der BB behauptet irrig, daß sie Christian Bachs Werk sei, weil P 384, eine spätere Fischhoffsche Kopie, „G. F. Bach" schreibt, was natürlich „Guiglielmo Friedem. B." bedeutet. Gediegene Arbeit und echter Orgelgeist mit altertümlichem Einschlag kennzeichnet sie.

Außer dem belanglosen Bruchstück der Braunschweiger Probefuge sind sieben Choralvorspiele[1]) zu erwähnen, deren älteste Abschrift die Leipziger Stadtbibliothek bewahrt. Die Handschriften der BB und der Königsberger Universitätsbibliothek sind spätere Abschriften; laut Katalog der Königsberger Bibliothek und der Beilage der Berliner Handschrift wollte sie der Prediger Rosenmüller (nahe Leipzig, Schüler des Sebastianschülers J. K. Kittel) mit zwei Fantasien Kittels zur Subskription ankündigen, die keinen Erfolg gehabt haben mag. Wir können dem begeisterten Urteile des Zettelschreibers nicht beistimmen, wenn er die „höchste Kunst mit größter Einfachheit verbindende" Choralbehandlung preist. Ohne Rücksicht auf ihren Inhalt trägt eine Stimme immer eine Zeile vor, und die andern folgen fugierend. Nur die versonnen träumende Bearbeitung von „Wir danken Dir, Herr Jesu Christ" erzielt poetische Wirkungen.

Die handwerksmäßige Mache der übrigen erklärt sich daraus, daß sie Bach nicht aus innerem Drange, sondern als Beispiele für einen Schüler geschaffen haben soll[2]). Man kann Bach keinen Vorwurf machen, daß er nicht den unerschöpflichen Geist seines Vaters besaß, der auch bei äußeren Anlässen Vollkommenes hervorbrachte.

Als Beweis dafür, wie Bachs Wesen immer verkannt worden ist, mag darauf hingewiesen sein, daß nicht die Tripelfuge, nicht eine große Kantatenfuge oder die freien weltlichen Werke Friedemanns, sondern die bedauerliche Fälschung des D-moll-Orgelkonzerts, die wir schon besprochen haben, das Andenken an Friedemann erhalten hat. Daß Wercker[3]) und Grunsky[4]) darin das Bindeglied zwischen Sebastian und Beethoven finden wollen, ähnlich wie Stradal[5]), zeugt, wenn nicht von einem Mangel an Stilgefühl, von der Selbsttäuschung, in die man sich gelebt und von der völligen Unbekanntheit der echten Werke Fried. Bachs. Man sollte sich darüber klar sein, daß man „dämonisch", „leidenschaftlich", „schwermütig singend", „wild erregt", vor allem in der Geschichte der Musik, nicht mit „modern", „subjektiv" im Sinne einer Entwickelungsstufe verwechseln darf.

Die nur bis jetzt an der Tripelfuge gebildete Vorstellung von Bachs kirchlicher höchster Kunst werden wir später mit den Kantaten ergänzen können.

---

[1]) Drei davon in K. Straubes „Choralvorspiele alter Meister" (Peters) S. 26 ff.
[2]) Zettel der BB bei der Handschrift.
[3]) Allgem. Musikzeitung 1900.
[4]) Musikgeschichte des 17. u. 18. Jahrh., Göschen S. 133.
[5]) In seiner Klavierbearbeitung des Konzerts.

6. Die Klavierkonzerte.

Außer dem Konzert für zwei Klaviere allein, das formal und inhaltlich (außer dem letzten Satze) kein Konzert, sondern eine Sonate ist, deren vier Stimmen auf zwei Klaviere verteilt sind, kennen wir ein Konzert für Klavier allein, ein Konzert für zwei Klaviere mit Orchester und sieben Konzerte für ein Klavier mit Orchester, die W. F. Bachs Namen tragen. In diese Zählung ist ein bei Bitter S. 230 Nr. 6 angeführtes A-moll-Konzert selbstverständlich nicht einbegriffen, da es von Carl P. Em. Bach ist[1]). Ebenso scheint die Anführung eines Konzertbruchstückes A-dur 3/8 (S. 231, Nr. 12) einem Irrtum Bitters entsprungen zu sein (der Bemerkung tutti in einem Sinfoniebruchstück, das in A-dur schließt?).

Scheiden wir das nicht ganz sicher Bachsche G-moll-Konzert und das zweifellos unechte C-moll-Konzert von der Betrachtung zunächst aus, so ergibt sich als Entstehungszeit dieser Konzerte die Leipziger, Dresdner und Hallische Zeit, nicht die spätere Hallische allein, wie Bitter schließen möchte. Was bliebe denn auch aus den ersten 40 Lebensjahren des Künstlers, in denen die Schaffenskraft am lebhaftesten zu sein pflegt, übrig, wenn wir die ganze Fülle der Konzerte, der Sinfonien, der Fantasien zu der Anzahl der sicher und nachweisbar in Halle entstandenen Instrumentalwerke und der zahlreichen Kantaten hinzu in Halle entstanden denken müßten, wo Bach seit dem Anfang der 50er Jahre mehr und mehr verbitterte! Es läßt sich vielmehr aus den Handschriften nachweisen, daß die größere Masse der Instrumentalwerke um 1750 bereits komponiert war. Die Handschriften des A-moll- und D-dur-Konzerts, einiger Trios und einer Sinfonie berechtigen uns, auch andere stilistisch verwandte Werke, die uns nur in Abschriften erhalten sind, in die Zeit zwischen 1730 etwa und 1746 zu legen. Der Meister der Sonaten vor 1744 war längst reif zur Komposition der großen Klavierkonzerte.

Das Klavierkonzert war ein junges Gewächs. Nachdem es von Sebastian Bach zunächst im Verein mit Walther als Klavierübertragung erfunden worden war, schuf Sebastian bald originale Soloklavierkonzerte[2]). Zu denen, die diese Gattung eifrig aufgriffen (Kunzen, Pezold, Scheuenstuhl, J. N. Tischer [„Musikal. Zwillinge" 1734]) gesellte sich bald auch Friedemann B. mit einem dreisätzigen Concerto per il Cembalo Solo G-dur, dessen Echtheit — es ist in P 365 (BB) namenlos als Abschrift überliefert — dadurch bestätigt wird, daß sein wertvollster Satz, das gesangvolle E-moll-Andante, in schlichter dreiteiliger Liedform im C-moll-Fantasie von 1784 wiederkehrt und, gleichfalls in der Berliner Zeit, von Friedemann durch eine Textunterlage mit Glück in einen Trauungsgesang umgewandelt wurde. Die Ecksätze nähern sich der etwas trocknen, dabei empfindsamen Melodik der Berliner Schule Quantzscher Richtung und deuten das Solo dadurch an, daß sie beim

---

[1]) Wotquenne S. 3, N. 21 des them. Verz. Em. Bachs.
[2]) A. Schering: Geschichte des Instrumentalkonzerts bis auf die Gegenwart. Leipzig 1905, S. 130 ff.

Einsatz des gedachten Solisten die Begleitung nahe an die Melodie
heranziehen.

Sehr bald war aber Sebastian Bach weitergegangen und hatte, angeregt vielleicht von Hebenstreits Konzerten für Pantalon und Violine,
die ersten Klavierkonzerte mit Orchesterbegleitung erfunden [3]) nach dem
Formgrundsatz des Violinkonzertes. Er hat damit aber einer subjektiven Aussprache des Klaviers noch nicht wirklich Bahn gebrochen.
In der Mehrzahl der Fälle ergeht es sich entweder in mehr virtuosen
Passagen, die an Bedeutung hinter dem Tuttimaterial zurückstehen, oder
es ist zu obligat geführt, nur „Stimme" im polyphonen Gewebe der übrigen, nicht der freie Geist, der dem Orchester bejahend oder ver-
neinend gegenübertritt. Nicht zu verkennen ist dagegen die Anbahnung
einer wenn auch bescheidenen Mehrgliedrigkeit der Tuttigruppen und
das Vorhandensein des Grundschemas der nicht in Sonatenform auf-
gebauten entwickelteren Konzerte späterer Jahre neben freieren Bildungen.
Der Zug der Entwicklung ging nun dahin, den mehr äußerlichen Reiz
des Wechsels zwischen Tutti und Solo zu beseitigen und die Berech-
tigung des Solisten zum Eingreifen durch wertvollere selbständige
Ideen, die man ihn aussprechen läßt, zu verstärken. Das zog einerseits
die klarere Scheidung der Solo- und Tuttigruppen, andererseits als
Gegengewicht gegen die wachsende Bedeutung des Solos eine reich-
haltigere Ausstattung des Tutti nach sich, dessen gegensätzliche Mehrgliedrigkeit zur Fortbildung des zweiten Themas in der Sonate sicher
beigetragen hat, wenn sie auch vielleicht durch diese Form erst angeregt
worden war. Daß in Norddeutschland die kurz gesagt Bachsche Kon-
zertform so lange der Sonatenform widerstanden hat, liegt darin begründet, daß sie viele Vorzüge dieser Form in der eignen ausgebildet
hatte, die dazu den Vorteil einer bedeutenden Vergangenheit besaß.
Wir werden sehen, daß Friedemann Bach vielleicht als erster, jedenfalls
aber am entschiedensten in der angedeuteten Richtung über Sebastian
hinausgegangen und auch hier als Bahnbrecher für Emanuel anzusehen
ist. In dem vor 1733 entstandenen A-moll-Konzert zeigt sich das
schon aufs deutlichste, obwohl er hier noch weniger scharf als später
die Gruppen trennt. Die Fortschritte von Konzert zu Konzert werden
wir bei der Besprechung der einzelnen Werke sehen. Der Grundsatz,
drei Solo- und vier Tuttigruppen aufzustellen, kommt in dem Sinne
der sonstigen Konzerte der 50er Jahre nur im ersten Satze des unvollendeten Es-dur-Konzerts vor, in anderer Bedeutung aber im E-moll-
Konzert (1767). Die übrigen Konzerte Friedemanns bevorzugen als
mehr oder weniger verhülltes Grundschema, vor die letzte Gruppe noch
einen Tutti- und Solovortrag von der S oder Tp oder $\bar{T}$ aus einzu-
schieben.

Einen Schritt über Sebastian hinaus bedeutet auch die Homophonie,
die durchweg den Konzerten Friedemanns zugrunde liegt; denn die
alte Polophonie eignet sich weniger für das Konzert. Wir dürfen an-

---

[1]) Riemann: Musiklexikon 7. Aufl. „Hebenstreit".

gesichts der Klavierkonzerte betonen, daß Friedemanns instrumentales
Schaffen auf ganz andrer Grundlage als auf der alten Polyphonie be-
ruht. Die reichen Imitationen sind nicht wie in der alten gebundenen
Kunst die formbildende Kraft, sondern eine aus dem Überquellen der
Empfindung geborene zeichnerische Belebung der harmonischen Vorstellungen, eine andere Beleuchtung, nur Begleitung der den Aufbau
bestimmenden Hauptmelodie, die über dem Stimmengewirr als Führerin
schwebt. Gerade in den Klavierkonzerten wird dieses auch in den
Sonaten und Sinfonien, selbst in einzelnen Kantaten bemerkbare Streben
nach einer erst im 19. Jahrhundert verwirklichten freien Polyphonie[1]),
oder, noch klarer, nach einer polyphon belebten Homophonie am deut-
lichsten.

Das scheidet Friedemann von Sebastian, aber auch von Emanuel
und seinen Gesinnungsgenossen. Von diesen trennt ihn auch, zum Teil
damit zusammenhängend, eine stärkere Beteiligung des Orchesters. Nie
führt Friedemann wie diese das Solo lange unbegleitet; sechs, ja drei
Takte ohne Orchester sind schon selten; trotzdem ist er von Sebastians
Art, Tutti und Solo zu verketten, weit entfernt. Nicht weil sich das
Klavier der Macht der gebundenen Stimmführung beugt, oder weil mit
dem virtuosen Stoff sparsam umzugehen ist, sondern weil sich beide
soviel Neues und Verschiedenes zu sagen haben, bleibt das Orchester
ständig dem Solo beigesellt, weil sich die ewig widerstrebenden Empfindungen beider in romantischem Ungestüm vereinen möchten. In
diesem sinfonischen Konzertieren, das dem rein Virtuosen aus dem
Wege geht, weist der Künstler ins 19. Jahrhundert (auf Beethoven,
Brahms usw.), mehr noch als Emanuel. Die Länge der abschließenden
Tutti verhindert gleichfalls einen äußerlichen virtuosen Erfolg der höchst
subjektiven Aussprache des Solisten.

Die Tuttigruppen selbst tragen ein durchaus sinfonisches Gepräge.
Zwei, drei, ja vier thematisch verschiedene und in der Stimmung gegensätzliche achttaktige Bildungen mit Anhängen treten auf in der Form
A B oder A B (C D) A, so mitunter, daß die erste in Dur, die zweite
in Moll steht. Der zweite Satz ist meist bei der Form A B C A nur
dreistimmig, als dritter ist eine Sequenzkette beliebt, im vierten erklingt
manchmal der Baß mit anderer figurierter Oberstimme, den Abschluß
des ersten Tuttis bildet mit einer Ausnahme ein charaktervollstes, stets
der Haltung des Ganzen entsprechendes Unisono. Eine ähnliche Anlage begegnet uns in vielen zeitgenössischen Konzerten. Friedemann
hat den Vorzug, daß er an der Bildung dieses Typus mitgearbeitet hat,
und daß er nie leeres Schema, sondern einen lebensvollen Organismus
daraus macht. Daneben steht die Form A B mit reichen Anhängen.

Ursprünglich für das Cembalo geschrieben, rufen doch alle Friedemannschen Konzerte (das nicht sicher beglaubigte G-moll-Konzert ausgenommen) den sinnlichen Pianoforteklang trotz mancher Cembalofiguren
herbei: Die Süßigkeit mancher Sextengänge, mancher Akkordbrechung und

---

[1]) Vgl. Riemann: Präludien und Studien.

singender Moll-Melodie kommt erst auf dem Hammerklavier zur vollen
Wirkung. Das F-dur- und E-moll-Konzert hielt der Meister selbst zur
Ausführung auf dem Pianoforte für besonders geeignet, wie Sara Levi-
Itzigs Abschriften dartun.

Diese allgemeinen Bemerkungen wird die Besprechung der Werke
beleben.

A moll Das älteste unter den erhaltenen Konzerten Friedemanns ist das
aus A-moll[1]): *Concerto à Clavic. Obligato, 2 Violini, Viola e Basso.
di W. Fr. Bach.* Das Äußere des Autograph (BB, P 329), das wir
schon bei der Bourlesca geschildert haben, beweist, daß es in Leipzig,
also spätestens im Frühjahr 1733 entstanden ist, und der Aufbau verglichen mit dem seiner späteren Konzerte, widerspricht dem nicht: die
Ecksätze zeigen stärkere Anklänge an die freiere Sebastiansche Form
als später.

Das erste Tutti setzt mit einem glatten achttaktigen Satze (A) ein,
der durch einen Kanon zwischen Sopran und Baß in der Doppelunteroktave nicht gestört wird im Verlauf. Ihm folgt eine achttaktige
Sequenzkette mit leidenschaftlichen Anhängen und Unisonoschluß (B).
Zweimal versucht das Solo mit einer jäh abstürzenden Sechzehntel-
triolenfigur vergeblich Gehör zu bekommen, bis es endlich von den
stützenden Akkorden bald der Streicher, bald des Continuo begleitet,
der von einem zweiten Instrumente auszuführen ist, länger mit einem
neuen Zweiunddreißigstelthema zu Wort kommt, dessen düstere Ent-
schlossenheit noch zweifelhaftem Schwanken zwischen dem Dur- und
Mollnonenakkord:

bald zu dem freudigen C-dur sich klärt, um von da aus in leidenschaftlichen Melodien nach der °D (E-moll) zu modulieren, wo das Tutti
mit A und den B-Anhängen vorgetragen wird. Im zweiten Solo behauptet sich von Anfang an der Sechzehnteltriolengedanke, der das
Schmerzliche des Motivs der übereinandergreifenden Hände bald ins
Gegenteil umbildet, ins Milde, Weiche, und das technische Problem

---

[1]) Eingerichtet für zwei Klaviere in Riemanns Phrasierungsausgaben
(Steingräber).

des Überschlagens der Hände seines virtuosen Charakters entkleidet, um
es ganz in den Dienst des Ausdrucks zu stellen.

Die dritte Tuttigruppe trägt zunächst A vor, von der °S aus, das
Solo läßt den leidenschaftlichen Satz der ersten Sologruppe folgen,
dann erst kommt das Tutti in der °S mit B zur Worte, dem in
größerem Zuge das Solo mit dem Sechzehnteltriolen- und dem Zwei-
unddreißigstelgedanken folgt, von der °S zur Sp modulierend; hier
setzt das Tutti mit dem vierten Vortrag von A ein (Sp—§), das an-
schließende Solo moduliert von § nach der °T mit den zwei mitgeteilten Motiven. Sieben unbegleitete Takte leiten zur letzten, der beginnenden gleichen Tuttigruppe.

Wenn auch A und B in der dritten Tuttigruppe getrennt auftreten,
ist doch Aufbau und Modulationsplan musterhaft klar. Der Mittelsatz Larghetto F-dur nimmt mit dem C-dur-Adagio des E-moll-Konzertes eine besondere Stellung in der Literatur der vorbeethovenischen
Instrumentalmusik ein. Es fragt sich, ob der neue Stil vor Beethoven
so weihevolle Dur-Adagien hervorgebracht hat, wie diese beiden, die
dieselbe verklärte Stimmung mit jenem, wenn ich so sagen darf, welt-
religiösen Empfinden offenbaren wie Beethovens Dur-Adagien. In
Emanuels bald liebenswürdig scherzenden, bald weltschmerzlich sich
gebarenden Sätzen würden wir nach Gegenstücken ebenso vergeblich
suchen, wie bei den Mannheimern, die mehr eine gesund volkstüm-
liche Sentimentalität oder genrehafte Szenen geben.

Das Hauptthema steigert seine verklärende Wirkung dadurch, daß
es unverrückbar in F-dur auftritt, einmal im Tutti, dreimal im Solo.
Es weist die sonst seltene, aber bei Friedemann verschiedentlich wiederkehrende Folge :‖: schwer—leicht—schwer :‖: auf:

Danach wirkt die unheimliche Verzweiflung des Allegro ma non molto,
das ausnahmsweise im geraden Takte steht, umso erschütternder durch
die Knappheit der Tutti und Soli, die nur das Notwendigste berichten.
Fünfmal tritt das Hauptthema (A) im Tutti auf, und zwar in °T, Tp,
°D, °T, °T, das vierte Mal, wie üblich, sofort durch das Solo ergänzt;
doch bewirkt das Tutti mit B noch einen scharfen Einschnitt mit einem
folgenden Solovortrag des Hauptthemas von °S zur °T modulierend,
während die übrigen das Solo trennenden Tuttieinwürfe nicht gliedern.

Die Ecktutti lassen einem unter der Wucht des Schicksals am
Ende gleichsam zusammenbrechenden Thema A[2]) einen unheimlich
ruhelos arbeitenden Gedanken folgen, dessen Feststehen auf dem sechsten
Takte über Baß D und dem geisterhaften S, dämonische Auflehnung
auszudrücken scheint, der verzweifelter Kampf, bohrender Schmerz,
dumpfes Niederschmettern folgen (B 1), B 2), B 3) ein Satz mit zwei
Anhangsgruppen). Das Solo der ersten und der °S-gruppe ist aus dem
Kopfthema A entwickelt und knüpft mit dem ausdrucksvollen seufzenden Übergreifen der linken Hand an die freilich frohere Wendung
des ersten Satzes an. Man möchte diese Thematik fast brahmsisch
nennen, wir weisen nicht ohne Absicht darauf hin. Die übrigen Soli
setzen allemal mit einem neuen Gedanken ein — das dritte knüpft
dabei an das Triolensechzehntelmotiv des ersten Satzes leicht an —,
den sie mit dem früheren Stoffe verarbeiten. B ist zur höchsten
Steigerung bei dieser Modulation von A-moll nach D-moll gebracht,
danach das Solo mit A in D-moll folgt:

---

[1]) Wohl nicht 1—2, 2a, 3—4, 4a.
[2]) Vielleicht darf man das Tutti dem Solo gleich metrisch auffassen,
nicht mit dem schweren Takt beginnend.

Zweifellos hat Friedemann Bach mit diesem frühreifen A-moll-Konzert den ersten entscheidenden Schritt über Sebastians Konzerte hinaus getan, sowohl in der, wenn auch freien, so doch deutlicheren Scheidung der beiden beteiligten Kräfte, in der Erlösung von der gebundenen Führung des Solos, in dem starken Durchdringen der reichen Figuration mit seelischem Gehalt als auch in der Einführung stärkerer, subjektivistischer Kontraste.

In diesem Punkte besonders, weniger in der Vereinfachung der Form setzt das nicht viel spätere D-dur-Konzert[1]) das aus A-moll fort. Die Schrift des Autographs des ersten Satzes: *Concerto à Cembalo Obligato 2 Violini, Viola è Basso di W. Fr. Bach* betitelt (P 329, BB), weist es in die Dresdner Zeit (vgl. zum Unterschied die Schrift von 1746!). Das Papier, das mit einem 1772 und 1767 in Halle nachweisbaren ähnlichen nicht verwechselt werden darf, hat es mit der Sinfonie A-dur (P 329), den beiden D-dur-Trios, dem A-moll-Trio und den kleinen Kanons (Singak.) gemein (gekröntes schlicht gekerbtes Wappen mit Posthorn, darunter ein S); das Konzert ist also in derselben Periode wie diese komponiert werden. Der zweite und dritte Satz sind nur in Abschriften vorhanden (BB St. 173, St. 476).

Im Allegro kommt das Tutti in derselben Weise wie im A-moll-Konzert fünfmal mit dem Kopf A zu Worte (das vierte Mal nur kurz) in T⁺, D⁺, S⁺, T⁺ (2 Takte), T⁺. Nach dem D⁺ Vortrag des Solos bringt ein H-moll-Satz des Orchesters, der ein Motiv

---

[1]) Riemanns Einrichtung für zwei Klaviere (Steingräber).

des Solos aufgreift mit dem folgenden Solo über einen neuen klagenden Gedanken, der von Tp zur S⁺ moduliert, noch eine besondere Gliederung.

Die Ecktutti beginnen voll freudigen Kraftgefühls in D-dur mit einem stampfenden, sofort vom Baß imitierten Satz A 1), der in rauschenden Sechzehnteln (A 2) auf der Dominante einen Halbschluß macht. Dem folgt im stärksten Stimmungsgegensatz ein D-moll-Thema B, das gleichfalls nach chromatischem Niedersteigen in der Dominante schließt. Ein drängendes Sechzehntelmotiv (C 1) leitet, beschlossen von einem wohlig singenden (C 2), von D-dur nach A-dur und zu dem achttaktigen Kopfthema A (D-dur) zurück.

Das erste und letzte Tonikasolo sowie das Subdominantsolo benutzen eine aus A 1) entwickelte, ungemein biegsame, zartgeschwungene Melodie, das Dominantsolo eine reizvoll aus A 2 mit neuer Fortführung herauslaufende, das der Tp, das also auf beiden Seiten von zwei A-Soli umgeben ist, eine neue klagende.

Das S⁺-Solo schließt in Dp, nach der ohne Übergang das zwei-
taktige Tutti in der T⁺ einsetzt. [Bei den Beispielen habe ich wenigstens durch die Taktzahlen (1—8) angedeutet, wo ich mich durch
neuere Riemannsche Phrasierungsausgaben ermutigt fühlte, von der
Riemannschen Friedemann-Ausgabe abzuweichen.] Im ersten Solo treffen
wir auf den seltenen Fall einer musikalischen, der sprachlich-gram-
matischen vollständig entsprechenden Parenthese. Die letzten zehn
Volltakte vor dem Tutti beginnen mit einem unaufhörlichen Drängen,

Abbrechen und Neuansetzen und schieben nach einem stürmisch gewonnenen Höhepunkt mit dem Gewichte des vierten Taktes höchst romantisch eine vollständige, allerdings zusammengeschobene achttaktige Periode ein, nach deren intimem Verweilen der zuvor begonnene Satz mit 5—8 in A-dur feurig beendet wird, als wäre nichts Auffallendes geschehen ($\downarrow$ = Zählzeit).

Im Schlußsolo fällt der 3. Vordersatz und die Einschaltung aus. [vergl. den Wortsatz: Wenn…, wenn…, wenn…; — denn… — so…]

Das H-moll-Andante läßt Solo und Tutti dasselbe Thema ausdeuten von °T, Tp.., °T aus. Es übertrifft in seiner schmerzlich klagenden Stimmung noch das H-moll-Adagio der Sonate D-dur 1). Eine (auch in der Sonate vorkommende) Überleitung zum dritten Solovortrag des Hauptthemas mit der motivischen Umbildung des 20. Taktes über der $\mathbb{S}$ erinnert wieder stark an Brahms. Wenn wir bedenken, daß dieser die Sonate für zwei Klaviere herausgegeben hat, wird die Vermutung, daß Brahms seine Neigung zu gewissen harmonischen Fortschreitungen, zu der Bildung großartiger Steigerungen aus kleinen

Motiven, zu der Ausbeutung des motivischen Materials bis ins Kleinste auch an Friedemann gestärkt hat, fast zur Gewißheit.

Das Presto hat fast rein diese Form: 1) Tutti (A) T⁺ 1) Solo T⁺—D⁺, 2) Tutti (Ac) D⁺, 2) Solo D⁺—Tp, 3) Tutti (B) Tp, 3) Solo Tp—T⁺, kurzes 4) Tutti (A) T⁺, 4) Solo T⁺, 5) Tutti T⁺. Das Tutti setzt einem lustigen A ein singendes Thema B (D-dur mit Neigung zur T⁺) gegenüber, dem zum Basse von A neue Sechzehntelfiguren folgen (Ac) und eine Sequenzkette mit Anhängen. Das Solo benutzt A, B und singende Umbildungen, neue Gedanken und 16tel- und 32telfiguren. Auch hier verläßt das Orchester das Cembalo fast nie, macht bald zustimmende bald ablehnende Einwürfe.

Die Form des Presto, von T, D, Tp und T aus, vier Sologruppen und vier bzw. fünf Tuttigruppen ausgehen zu lassen, haben auch die Ecksätze des F-dur-Konzertes. Nach dem Stile zu urteilen ist es der *Thur* Nachfolger des D-dur-Konzertes. Ein Autograph ist nicht bekannt. Die Abschrift im Joachimsthalschen Gymnasium (Amalienbibliothek) *„Concert für das Clavec., 2 Viol, Viola e Basso cont. von W. F. Bach,"* die Stimme (Nr. 1831) der Singakademie mit der Aufschrift Sara Itzig und „Concerto N. 6", ferner die der BB (St. 557) deuten auf öftere Aufführung hin.

Das F-dur-Konzert bildet den Höhepunkt der polyphon belebten Homophonie. Über dem dichtesten Stimmengewirr steuert eine große Melodie durch den Harmonienstrom. Den beginnenden Mannheimer Seufzer — er kommt auch öfter in der Kantatensinfonie „O Wunder" vor — darf man ja nicht mit dem zweiten c zusammen hören. Die Imitationen zwischen der ersten und zweiten Violine haben keine andere Bedeutung als der Kanon des A-moll-Konzertes; d. h., man darf nicht metrisch umdeuten, sondern höchstens sofort wieder zurückdeuten (vgl. Sonate für zwei Klaviere), was nur durch die gleich hohe Lage beider Imitationen verhüllt erscheint. Dann wird das erste Tutti großzügiger: Es besteht aus drei Sätzen mit zahlreichen Anhängen (A 1, A 2, B, C).

1—8 usw.

Das erste und letzte Solo T+ beginnt mit einem zweistimmigen Kanon über eine Umbildung von A1, das D-Solo mit A1 selbst, das der Tp mit einem neuen Thema. Ein klagender Gedanke des ersten Solos, der auch im letzten anklingt, wird im Schlußpresto vom Klaviere zitiert. Bezeichnend bringt selbst in solchen singenden Sätzen, die andre norddeutsche Komponisten zweifellos unbegleitet ließen, Friedemann durch kleine Seufzer bald der ersten bald der zweiten Violine das Orchester in Beziehung zum unabhängig seinen Weg gehenden Solo.

Das Adagio molto F-moll läßt Tutti und Solo sich ablösen im Vortrag der bald klagenden, bald sequenzartig drängenden Melodien, deren metrische Dehnungen und Pausen im Motiv und wiederholtes Ansetzen des Vordersatzes seine Verwandtschaft mit dem D-dur-Konzert bekundet.[1]

Von dem feurigen Presto, das dem des D-dur-Konzertes verwandt ist, haben wir, außer daß es vortrefflich ist, nichts zu berichten.

---

[1] Kaum zufällig ähnelt Takt 4 ff. S. S. 17 der Riemannschen Ausgabe (und öfter) einer Stelle des Mendelssohnschen „Da lieg ich unter den Bäumen" (Sara Itzig!)

Vor diesen zwei Dur-Konzerten, diesen Offenbarungen eines siegesfreudigen bejahenden Geistes können wir so wenig, wie vor den beiden Es-dur-Konzerten für ein und zwei Klaviere mit Orchester, wie vor den Sinfonien und Sonaten verstehen, daß man die finsterste Hartnäckigkeit in Friedemanns Schöpfungen sich spiegeln sehen wollte.

Drei Solo- und vier Tuttigruppen stellte Friedemann erst in der Hallischen Zeit auf, darin dem Zuge der Zeit folgend. Auch fällt in dem E-moll-Konzert und dem Es-dur-Konzertbruchstück die intensivere Durcharbeitung des Solomaterials auf. Die einmal gewählte Form einer virtuosen Figur wird beibehalten, nicht durch andere ersetzt, das Tuttithema öfter dem Solisten überlassen.

Wenn auch das E-moll-Konzert[1]) nicht unbedingt in dem Jahre *Emoll* 1767 entstanden sein muß, in dem es Bach am 29. Juli der Kurfürstin Maria Antonia von Sachsen widmete (vgl. S. 43), so deuten doch die im Verhältnis zu den besprochenen Konzerten viel weniger polyphone Haltung, die erwähnten formalen Unterschiede und die ganz pianofortemäßige Figuration, die Sextenparallelen des G-dur-Solos und des zweiten Satzes, auf eine innigere Verwandtschaft mit der E-moll-Fantasie vom Oktober 1770 als mit den Dresdner Konzerten, so daß wir tatsächlich erst die Jahre zwischen 1760 und 67 als Entstehungszeit des Konzertes ansetzen möchten.

Ein Autograph, das nähere Auskunft gäbe, ist nicht bekannt. Die wichtigsten Handschriften sind: 1. die Dresdner Stimmen von 1767 *„Concerto per il Cembalo con Violini, Viole e Basso di Guglielmo Friedeman Bach"*, die ein Dresdner Abschreiber angefertigt haben soll[2]); bei ihnen liegt das mit eigenhändigen Zusätzen versehene Widmungsschreiben Bachs und eine alte Einrichtung für zwei Klaviere, die auf Dresdner Hofaufführungen deutet. 2. Die Stimmen aus Sara Itzigs Besitz (Kgl. Akad. Inst. f. Kirchenmusik in Berlin), 3. St. 175 der BB, die zum Teil aus Halle stammen (Wasserzeichen der Cembalostimme).

Das Allegretto hat drei sehr ausgedehnte Solo- und vier Tuttigruppen, die sich deutlich scheiden. Das erste Tutti[3]) trennt die breite Melodie A durch ein energisches unisono An (7—8) von der zweiten klagenden in E-moll B (verwandt dem B des Prestos im D-dur-Konzert). Ein dritter Satz C sticht mit der Emsigkeit seines Sechzehntelmotivs ab und wird durch ein zweites Unisono (Cn) beschlossen (°T). Die krausen Linien von A sind selten bei Friedemann; wir möchten in ihnen den auch in der D-dur-Sinfonie in Halle bisweilen hervor-

---

[1]) Riemanns Ausg. f. 2 Klaviere.
[2]) Nach Mitteilung des Herrn Reichert, Vorstands der Musikaliensammlung bei der Kgl. Bibliothek zu Dresden. Vgl. Anmerkung 6) zu den Jahren 1764—70, S. 43.
[3]) Vielleicht darf man A so auffassen: ($\downarrow$ = Zählzeit) 1—4, 6—8 (oder 1—4, 7—9) u. Anhänge, d. h. 8—9 = weibliche Endung quasi ritardando. Der Bau 1—4, 7—8 ist häufig bei Bach. Man vgl. dazu die F-dur-Sonate in Urform und Fassung B, C, s. S. 71.

tretenden Einfluß der empfindsamen Melodik der Quantz und Genossen
sehen. Der erste Entwurf des letzten Satzes des A-moll-Konzerts der
Leipziger Zeit und seine Änderung beweisen, wie energisch Friedemann
eine klarere Linienführung anstrebte, die ihm auch in seinen besten
Werken gelungen ist. Das Solo Da, letzten Grundes aus A stammend,
spricht den Schmerz des Tutti mit bewegteren Worten aus. Nach
zweimaligem Anfange wendet es nach G-dur, wo eine akkordische
Triolenbewegung Dc die Traurigkeit aufheitert und nach mehreren
Ausweichungen und S⁺- und °S-Wechseln immer mit der stützenden
Begleitung des Orchesters die Tp feststellt. Nach dem Tutti (A, B, C)
der Tp — in den Vortrag von A teilen sich Orchester und Klavier —
setzt das Solo in der Tp mit einem neuen freundlichen Thema E 1 ein,
dessen weiche Sextenschwärmerei das Orchester zu kecken Einwürfen
des dramatisch herausfordernden Unisonogedankens An reizt, bis die
Widerstrebenden einen neuen geradezu Stamitzischen Gedanken des
Solisten (E$_2$), von Anmut hingerissen, gemeinsam mit dem Cembalo in
Frage und Antwort vortragen. Wir waren einem ähnlichen in der
Sonate für zwei Klaviere begegnet.

Doch bald ist das Cembalo in zu raschem Eifer nach A-moll gelangt,
wo es das schwermütige Kopfmotiv A in Beschlag nimmt. Ein langes
Spiel des Solos mit C, das die Triolen von Dc angenommen hat zu
den An-Einwürfen des Orchesters, — aber erst nach geraumer Zeit weicht
die trübe Stimmung dem Zauber des Stamitzischen Gedankens; wieder
das Zurücksinken des Solisten in die Trauer von A und B, diesmal
in H-moll, bis sich das dritte Tutti mit A und C (u. Cn) in der °D
(H-moll) festsetzt. Das dritte Solo folgt ihm mit Da in der °D und
moduliert fast unbegleitet nach der °T, wo es mit Da und bald aus-

· gedehntem Dc· nur mit leichten Ausweichungen verharrt. Das Schlußtutti gleicht dem ersten.

Im C-dur-Adagio C· spielt die Sechzehnteltriole des G-dur-Themas
E 1 aus dem Allegretto gleichfalls eine große Rolle. Die Form gleicht
·den · Mittelsätzen des F-dur- und D-dur-Konzerts. Über die Bedeutung
des Adagios ist schon bei dem F-dur-Larghetto (A-moll-Konzert) ge-
·sprochen worden, über das es an gesangvoller weitgespannter Melodik
noch hinausgeht.

Das Allegro assai $^8/_4$ ist klar gebaut. 1. Tutti (A) °T 1. Solo
·(dreimaliger Beginn °T) °T—Tp; 2. Tutti Tp 2. Solo (zweimal. Anf.)
Tp—°D; 3. Tutti · nur zwei Takte (A) °D 3. Solo °D—°T; 4. Tutti nur
zwei Takte (A) °T 4. Solo °T;. 5. Tutti = 1.

Das Tutti bildet einen einzigen Satz von 25 Takten · mit Umdeutungen und Anhängen, das Solo führt nur einen Sechzehntelgedanken
in · derselben Weise wie die Sonate G-dur 1) etwa fantasieartig durch.
Hier ist also der Grundsatz der thematischen Sparsamkeit bei ziem-
licher Stimmungsmannigfaltigkeit am weitesten durchgeführt.

Das A-moll-Konzert ist das kürzeste der Friedemannschen Konzerte,
·das aus E-moll das ausgedehnteste, dort dramatische Härte, hier poesie-
erfüllte Melancholie.

· Am meisten der typischen Form der 50er Jahre nähert sich das
Konzert aus Es-dur „Concerto à Cembalo Concertato, 2 Violini, Viola *Es dur*
·e Basso. da W. F. Bach"1), das im 49. Takte des Adagio sostenuto
abbricht. Aus der Art dieses Abbrechens geht hervor, daß P 331 (BB)
erste Niederschrift ist. Das Fehlende war auf 32 Seiten berechnet.

An der Vollendung wurde der Künstler jedenfalls dadurch gehin-
dert, daß irgendein wichtiges Ereignis ihn zwang, der Kantate „Ertönet
ihr seligen Völker" eine Einleitungssinfonie voranzustellen. Dazu ar-
beitete er den ersten Satz des Es-dur-Konzertes um (nach F-dur transponiert), indem er anstelle des Klaviers zwei Oboen mit mehrteils
anderem Material konzertieren ließ, ohne den Orchesterteil zu verändern.
Die Melodik des Adagios läßt den Verlust des ganzen, vielleicht in
Stimmen vollendeten Konzertes beklagen. Die Kantate fällt in die 50er
Jahre etwa; die Schrift des wasserzeichenlosen, nur gestreiften Konzert-
autographs und die in einigen Kantaten wiederkehrende Schreibung *da* ..
stimmen dazu.

Der erste Satz gibt dem Solisten das Material des Tuttis, das er
figuriert und fortführt. Das Tutti aus zwei thematisch im Grunde ver-
knüpften, wenig gegensätzlichen Perioden mit Anhängen zeigt wie das
ganze Allegro weniger romantische Züge und ähnelt in der Melodik
der Es-dur-Sonate (1748), der verhältnismäßig italienischsten Friedemann Bachs. Die Durchführung bringt zweimal ein vierstimmiges
dramatisches Rezitativ und ist übrigens sehr polyphon. Die Form
weicht im Übergang zur Tonika von dem ersten Satze des E-moll-
Konzertes ab. Dies ist sie: 1. Tutti $(A_{1, 2})$ T+ 1. Solo (A_1) T+—+D,

---

1) Ungedruckt.

2. Tutti (A₂) D⁺   2. Solo D⁺—Tp,   3. Tutti Tp—T⁺   3. Solo (A₁) T⁺,
4. Tutti = 1.

    Diese fünf Konzerte zeigen, wie Bach, nachdem er mit seinem ersten Werke Form und Inhalt erweitert hatte in einem vollkommenen Meisterwerke, doch noch nach dieser und jener Seite sich weiter entwickelt hat, wie er in seinen beiden letzten Konzerten auch die von anderen Künstlern unterdessen bevorzugten Formen mit seinem eigensten Geiste zu erfüllen vermochte.

    Außer dem noch zu besprechenden Konzerte für zwei Klaviere mit Orchester müssen wir noch zweier Klavierkonzerte und eines Flötenkonzertes gedenken, die Friedemanns Namen tragen.

    Die Echtheit des „*Concerto per il Clavicembalo obligato con 2 Violini, Braccio e Violoncello* (in den Stimmen Viola, Violone genannt), *composto da Guilielmo Friedem. Bach*", die Forkel durch die Bemerkung „Clavierconcert, von Wilh. Fried. Bach" bekräftigen will, ist gar nicht über allen Zweifel erhaben. (Nur abschriftlich vorhanden St. 74, BB).

    Das Allegro hat die verschleierte Form vierer Soli und (vierer, oder) fünfer Tutti (°T, °T—°D; °D, °D—°S; °S, °S—°T; [°T, °T;] °T.

    Das Solo benutzt meist das Kopfthema. Die Form und die Art des Zusammenwirkens von Solo und Tutti kann keine Zweifel wecken. Sehr verdächtig erscheint aber das Vivace, das durchweg in nicht nur unfriedemannischen Stile, sondern auch sehr kümmerlich gesetzt ist, wie folgende Beispiele zeigen:

1. Tutti.
Vivace.

Sehr schlechter Übergang des Solos zum Tutti

Tutti.

Dürftige Figuration des Solos

Einer überladenen Figuration und Rhythmik wie der des Es-dur-Adagios begegnen wir auch in keinem Werke Friedemanns wieder (vor allem Takt 3, dessen Figuration häufig ist):

Am meisten stutzig macht aber die Erfindung der Themen des bedeutendsten, ersten Satzes aus dem Geist etwa der Violine eines F. M. Veracini, die dem Klaviere gar nicht recht stehen will, sowie der altertümliche gebundene Charakter, der selbst in dem herrlichen Gedanken des °D-Solos keine Aufhellung bringt, sondern im Geist der S. Bach, Händel, Abaco die angeschlagene Stimmung starr durchhält. Auch das Vivace huldigt diesem Grundsatz einigermaßen.

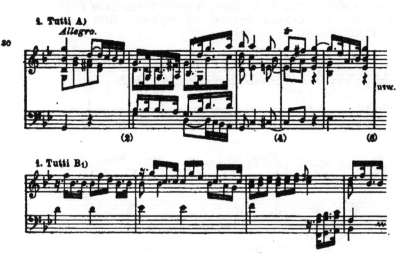

(stammt aus einem Teil v. B.)

Wenn Bitter das ganze Konzert über die übrigen Friedemanns stellt, überschätzt er es[1]). Nur der Wert des Allegros ist unanfechtbar, zweiter und dritter Satz stehen nicht auf der Höhe. Mit den viel moderneren echten Konzerten Bachs kann man es nicht vergleichen. Wegen der im Beginn angeführten Gegengründe muß ich mich eines bestimmt absprechenden Urteils enthalten, trotzdem das Gefühl Friedemanns Autorschaft entschieden ablehnt.

(C-moll) Ganz zweifellos unecht_ist aber_das in einer alten Abschrift (BB, P 777) erhaltene C-moll „Concerto . W. F. Bach". — Die Handschrift des Kgl. Ak. Inst. f. Kirchenmusik in Berlin ist eine recht junge Abschrift des 19. Jahrhunderts, die des Brüsseler Konservatoriums (Sammlung Wagener) eine noch jüngere, beide sind also belanglos. Eine halb verlöschte Bemerkung der alten Handschrift deutet auf Zelter als den „Entdecker" hin, der ja auch die Sonate Es-dur III) und ein Flötenkonzert kühn und falsch Friedemann zugeschrieben hatte. Die Form nähert sich der Emanuels[2]). Das fugierte Hauptthema entbehrt nicht einer gewissen Größe, erfährt aber späterhin zum Teil eine so kindische Behandlung, daß an eine Autorschaft Friedemanns nicht zu denken ist, dessen Fugenthemen zudem nicht diesen altertümlichen Zuschnitt haben. Das Solo mit einem sehr verdächtigen Thema geht lange Strecken allein und macht Anleihen aus der Violintechnik in K. H. Grauns Manier. Hier deutliche Beweise, daß Friedemann Bach nichts mit dem C-moll-Konzert zu tun hat:

¹) A. a. O. S. 247 (II).
⁷) Schering a. a. O. S. 143, rühmt es (noch als Friedemanns Werk).

und Solo ohne Begleitung.

Auch die Anfänge des zweiten und dritten Satzes (vgl. Them. Verz.) weisen auf die Unechtheit.

Hier wollen wir das Quantzsche Flötenkonzert D-dur erwähnen, das Zelter Friedemann mit Unrecht zugeschrieben hat, weil die Continuostimme von Bachs Hand beziffert ist (Singakademie Nr. 1476).

Während die fünf Konzerte außer dem Soloinstrument nur das Streichorchester und womöglich noch ein generalbassierendes Cembalo verlangen — die Bleieintragungen der Handschrift des F-dur-Konzerts der Amalienbibliothek deuten darauf —, ist das Es-dur-Konzert für zwei Klaviere mit Begleitung des Streichorchesters und zweier Hörner[1] geschrieben. Die Stimmen der Gottholdschen Sammlung in der Königsberger Universitätsbibliothek mit dem Titel „*Concerto a duoi Cembali di Wilh. Friedemann Bach*" sind viel älter als die P 333 der BB, die zu der Königsberger Besetzung zwei Clarini und Tympani fügt. Nicht nur die Clarini, sondern auch die Hörner der älteren Handschrift verstärken fast nur oder füllen, könnten also zur Not auch als späterer Zusatz gelten.

Mit dem Versuche, zwei oder mehr Klaviere mit dem Orchester konzertieren zu lassen, war ja schon Sebastian vorangegangen. Ob Emanuels betreffende Kompositionen früher als die seines Bruders entstanden sind, ist nicht zu entscheiden. Das Werk Friedemanns läßt, begünstigt durch den modernen Stil, die Cembali unter sich und mit dem Orchester konzertieren. Die Form des ersten Satzes fand der Künstler nicht bei Sebastian. Nach einem mehrteiligen sinfonisch angelegten Tutti trägt das zweite Klavier, vom ersten und vom Orchester begleitet, ein neues ausgeprägtes Gesangsthema vor (1—8, 1—8) in Es-dur, nach einem Einwurf ergreift es das erste Klavier in D$^+$ (1—8, 1—8), von der das Tutti zur Tonika zurückleitet (8$_a$ == 5—8), von wo aus die Cembali das gesamte Tuttimaterial mit figurativen Triolenmotiven, Akkordbrechungen, Oktaventremoli und in der Urgestalt durchführen.

---

[1] Riemanns Einrichtung für 2 Klaviere allein (Steingräber).

Nach dem Dominanttutti teilen sich beide Cembali in den einmaligen Vortrag des Gesangsthemas in der D⁺ und gehen wie vorhin zu ähnlicher Behandlung des Tuttistoffes über, dabei wird bald ein neues Motiv gebildet; das dritte Tutti steht in der ⊤̅, das Solo bildet ein neues Thema, geht aber bald zum alten Material zurück und moduliert nach Es-dur. Das Schlußtutti ist ziemlich ausgedehnt. Sonderbarerweise tritt das erste Gesangsthema, das, für seinen empfindsamen Charakter bezeichnend, in einer Arie von Homilius wiederkehrt[1]), weder von ⊤̅ noch T⁺ aus wieder auf.

Klarheit des Aufbaues des reichen Stoffes und die gleichmäßig wirkungsvolle Bedenkung beider Cembali und des Orchesters, das sich stark beteiligt, die Frische der Erfindung sind bewundernswert.

Das dreistimmige C-moll-Cantabile ist nach Sebastians Vorgang (C-dur-Konzert für zwei Klaviere) *senza accompagnamento* gesetzt. Die beiden Instrumente gehen in dem schönen liedförmigen Satz mit gemeinsamem Basse öfter in Terzen und wohligen Sexten als imitierend.

Das Vivace, weniger reich an scharfen Gegensätzen, wie es dem Schlusse ziemt, führt in vier Solo- und fünf Tuttigruppen (T—D—Tp—T) das Material des ausgedehnten Tutti durch (A B A mit endlosen Anhängen), dessen Hauptthema im zweiten Teile den Hörer durch seine Metrik narrt.

Zweifellos bedeuten die Konzerte A-moll, D-dur, F-dur, Es-dur 1, E-moll und das zweiklavierige Es-dur 2), in denen wir Bach durch eine lange wichtige Strecke seines Lebenslaufes folgen, einen starken Fortschritt und einen Höhepunkt im Schaffen des Künstlers und der norddeutschen Konzertkomponisten überhaupt. Hier spricht sich am freiesten das in Freuden und Schmerzen unmäßig bewegte Innere, das moderne Fühlen des Komponisten aus. Dennoch hätten wir ein einseitiges Bild von der künstlerischen Persönlichkeit des Instrumentalkomponisten Friedemann, wenn uns seine Duette und Trios und besonders seine Sinfonien nicht bekannt wären.

7. Trios und Duette für ein oder zwei Orchesterinstrumente, mit und ohne Klavier.

Außer drei verloren gegangenen Sonaten „*III Sonate a Flauto trav. solo col Basso*", die Breitkopf 1761 und 1763 (thematisch) anzeigt[2]), sind unter Friedemanns Namen zwei Trios, d. h. dreistimmige Sätze, für Klavier und ein Orchesterinstrument, sieben Trios für Klavier und zwei Orchesterinstrumente, sowie sechs Flöten- und drei Bratschenduette überliefert.

Von diesen ist das in einer späten Handschrift erhaltene und erst von später Hand Friedemann zugeschriebene Trio in E-dur für Cembalo und Flöte ³/₄ (St. 478, BB) ein Werk Emanuel Bachs vom Jahre 1749.[3]).

---

[1]) Hds. der Leipziger Stadtbibliothek.
[2]) 1761, S. 60. 1763: Catalogo de' Soli Duetti, Trii e Concerti per il Flauto Trav. in Manuscritto, Breitkopf 1763, S. 2.
[3]) Wotquenne: Thematisches Verzeichnis der Werke C. P. E. Bachs. S. 29 Nr. 84 u. S. 59 Nr. 162.

Das *Trio ex H-dur für Violino e Cembalo Obligato di Wilh. Fried Bach*[1]), nur in einer ziemlich jungen Handschrift (P 682) erhalten, ist leider nicht unbedingt sicher. Wie das Emanuelsche E-dur-Trio, das auch als Trio a due Flauti e Basso vorliegt, stellt es sich durchaus als Triosonate für zwei Violinen und Baß dar, in der die zweite Violinstimme dem Klavier zur Ausführung überlassen wird[2]). Die Sonate beginnt, wie alle Triosonaten dieser Jahre, mit einem mäßig langsamen, hier schwärmerischen Satz H-dur, läßt einen schnelleren in der gleichen Tonart folgen, der im Anfangsmotiv an den ersten anknüpft, und macht mit einem Presto einen fröhlichen Beschluß. Zweiter und dritter Satz haben die ältere zweiteilige Sonatenform, das Presto ein achttaktiges graziöses zweites Thema auf der Dominante, das nur durch metrische Beziehungen etwas anhangartiges zum Hauptthema hat. Obwohl das Fehlen enger, kecker Imitationen, die glatte, kühne Sprünge entbehrende Melodik, die Seltenheit des Kreuzens der Oberstimme in einem viertaktigen Sätzchen, die weichlichere Harmonik dieses Trio von den zweifellos echten Friedemanns unterscheiden, möchten wir doch in den Parallelen, die zwischen dem Bau des zweiten Themas des Prestos und dem Anhang des Vivaces eines D-dur-Trios für zwei Flöten und Baß, sowie zwischen der Metrik des Hauptthemas des Prestos und der des Mittelsatzes des zweiten D-dur-Trios und des F-dur-Mittelsatzes des A-moll-Konzertes (s. S. 100) bestehen, eine schwache Bestätigung der Autorschaft Friedemanns sehen, der sich dann allerdings einmal stark von Emanuel hätte beeinflussen lassen.

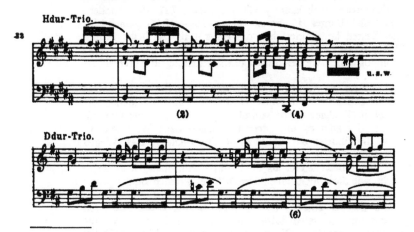

[1]) Im Wunderhornverlag von Schittler herausgegeben; die Umstellung des ersten und zweiten Satzes ist unberechtigt.

[2]) Br. Studeny: Beiträge zur Geschichte der Violinsonate im 18. Jahrhundert, München 1911, S. 65, weist auf die gleiche Anlage der ersten Fassung des Mittelsatzes der sechsten Sonate Sebastian Bachs hin.

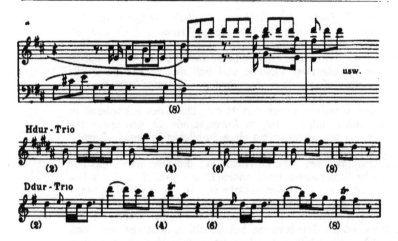

Von den Trios für zwei Orchesterinstrumente mit Baß werden
zwei in der Singakademie befindliche mit Unrecht im Verzeichnis der
Sammlung Friedemann zugeschrieben:

1. *Sonata a tre in G♮ per il Flauto I, Fl. II e Viola di Br.
obligato* (drei Sätze); 2. *Sonata a tre in C♮. Fl. Trav. I, II e Basso
Dell Sig Fr. W. Bach.* Auf der ersten hieß es ursprünglich *Dell Sr.
Bach Bückeburg.* Daraus und aus dem Stile der Musik geht hervor,
daß nicht Friedemann, auch kaum J. Ch. Fr. Bach (1732—95), sondern
der Sohn des Bückeburger *W. Fr. E. Bach* (1759—1845) gemeint ist,
der auch das Sextett komponiert hat, das Bitter[1]) als das heiterste und
poesieerfüllteste Werk Friedemanns bespricht. W. Fr. E. Bachs wenige
bekannte Kompositionen werden durch die Feststellung um drei Stücke
vermehrt.

Zweifel erweckt die *Sonate per il Cembalo obligato overo Violino
Flauto Trav. e Basso.* „*Dell Sign. Bach jun.*" sagt zweideutig die
einzige Handschrift (Thulemeiersche Samml. des Joachimsthalschen Gymn.);
eine spätere Hand erklärt es mit „dem Hallischen Bach W. Friedem."
Die Form ist die übliche der dreisätzigen Triosonaten. Das Allegro
assai e Scherzando ähnelt ganz dem dritten Satz des Emanuelschen
E-dur-Trios. Viel unbedeutender als die H-dur-Violinsonate, ist es, wenn
überhaupt echt, wie diese nicht charakteristisch für Friedemann.

Über alle Zweifel erhaben sind nur die beiden D-dur-Trios, das
B-dur- und das nur im ersten Satze vollendete A-moll-Trio, sowie die
Flöten- und Bratschenduette. Die von Bitter als Nr. 48/49 aufgeführten
aus C-dur ⁶/₈[2]) und A-dur ⁴/₄ sind dagegen Teile einer Sinfonie Friedemanns.

---

¹) A. a. O. 2, S. 260.
²) Neuerlich von Schittler als Trio herausgegeben, ebenso von B. G. Weston.

Unmittelbar nacheinander entstanden sind die beiden D-dur-Trios und das aus A-moll „*Trio a 2 Viol* (oder Flut?) *e Cembalo*", dessen Autograph zweimal angefangen auf drei Blättern (Berl. Singak. Nr. 1703) steht, auf denen das zweite D-dur-Trio mit zehn Takten schließt. Der zweite Satz des A-moll-Trios $^6/_8$ C-dur im Sizilianencharakter bricht nach acht Takten ab und läßt die erwähnten Kontrapunktstudien folgen. Papier und Schrift weisen sie in die Zeit des D-dur-Konzerts[1]) und der A-dur-Sinfonie. Das Allegro $\mathbf{C}$ ist eine dreistimmige Fuge über ein damals und besonders von Friedemann öfter verwendetes Thema (vgl. Nr. 62, 65, 19 des them. Verz. und dazu Fugettenthema der D-moll-Fantasie und zweites Thema (1. Solothema) des Es-dur-Konzerts für zwei Klaviere).

Die erste Durchführung trennt den Baßeinsatz durch ein Zwischenspiel von den vorangehenden zwei Einsätzen. Der Modulationsteil bringt sogleich Engführung zwischen 1. und 2. Flöte (C-dur), nach Zwischenspiel zwischen 2. und 1. Flöte (D-moll) und nach abermaligem Zwischenspiel zwischen Baß und 2. Flöte (F-dur) und 1. und 2. Flöte (C-dur). Auch der nach längeren, meist akkordischen Sechzehntelfiguren einsetzende Schlußteil bringt Engführung zwischen der 2. Flöte und dem Baß und der 1. Flöte und dem Baß A-moll im Abstand von zwei Vierteln. Die Haltung der wenig moderne Züge tragenden ernsten Fuge, die an Wert von der ähnlichen der D-moll-Sinfonie weit übertroffen wird, erinnert in gehörigem Abstand an Sebastians Trio für Violine, Flöte und Cembalo über das königliche Thema, trotz starker Dresdner Einflüsse in Manieren.

Zeitlich gehen dem A-moll-Trio unmittelbar voraus die weit moderneren aus D-dur. Außer den zehn autographen Takten besitzen wir sie nur in Abschriften. Die älteste (Singakademie Nr. 1703) überliefert sie zusammen, jedes mit dem Titel „*Trio a 2 Flauti Trav. e Cembalo (Basso)*" mit dem Zusatz, daß es zwei vollständige Trios von Friedem. Bach seien. Das erste D-dur-Trio überliefert eine etwas jüngere Handschrift desselben Konvolutes „ ... Dell Sign. W. Frd. Bach, Halle" in Stimmen von der Hand des Abschreibers des B-dur-Trios in 1703; eine alte P von andrer Hand dazu. Die mittelbar nach Gebauers Handschrift angefertigten Stimmen Latrobes (St. 477, BB) überliefern sie mit Vertauschen der beiden Vivace demnach mit Unrecht als ein sechssätziges Trio.

Das B-dur-Trio[2]) ist als: *Sonate a due Violini e Basso 1762* von Breitkopf angezeigt[3]), aber wohl schon älter. Die Handschrift der Singakademie (Nr. 1703) nennt nur auf dem Titelblatt 1. Fl. und 1. Violine, in den Stimmen aber zwei Violinen. Jetzt verschwunden ist eine Handschrift des Kaiserin-Augusta-Gymnasiums zu Berlin.

---

[1]) S. daselbst, S. 101!

[2]) Von Riemann in der Sammlung „Collegium Musicum" (Breitkopf) mit ausgearbeitetem Klavierteil herausgegeben; die Ausgabe geht auf eine Hds. des Kaiserin-Augusta-Gymnasiums in Berlin zurück.

[3]) Catal. dei Soli ... Neujahr 1762, S. 26.

Die Melodik dieses wertvollsten Trios, dessen ursprüngliche Kraft und Leidenschaft eine innige Verbindung mit dem Zauber und der kunstvoll kultivierten Grazie des liebesseligen Rokokos eingegangen zu sein scheint, weicht von der der Flötentrios ganz so ab, wie der musikalische Zachariä schildert[1]), fast möchte man glauben unter dem Eindruck dieser Kompositionen, deren Schöpfer er ja schon 1758 pries[2]):

„Auf einer Stainerschen Geige
Zeig entweder die Kunst in langsam seufzenden Noten,
Die wie Farben in Farben sich ineinander verlieren,
Oder ergreif die gaukelnde Flöte. Harmonische Sprünge,
Schnelle Triller und hüpfende Töne, wie rieselnde Wellen,
Schallen im Saal und reizen von fern den horchenden Nachhall."

Diese Charakteristik, auf die verschiedenen Zeitmaße übertragen, ist die der Melodik der drei Werke, in denen Altes und Neues gemischt erscheint. Formell gehen sie selten über die Trios etwa J. G. Grauns, des Violinmeisters Friedmanns, hinaus. Sie bestehen aus drei Sätzen: Mäßig langsam — schneller — am schnellsten, die mit zwei Ausnahmen in der gleichen Tonart stehen, nur einmal steht ein langsamer Satz in der Mitte. Der Mittel- und Schlußsatz benutzen meist die Sonatenform der älteren Typen 1—3. Zur Bildung eines wirklichen zweiten Themas kommt es nur im Larghetto des ersten D-dur-Trios:

Es kehrt nur im dritten Teil in H-moll (T) wieder. Das Andante des zweiten D-dur-Trios ist mit ihm verwandt.
Wie sonst vergeblich ein zweites Thema angestrebt wird, zeigt das bei Besprechung der H-dur-Violinsonate gegebene D-dur-Beispiel.

---

[1]) Die Tageszeiten, 1755.
[2]) S. unter Braunschweig, S. 44/45.

Mit einer Ausnahme nur beginnt stets ein Soloinstrument mit dem Vortrag des ganzen Themas über einem fundamentierenden Baß (auch nach :‖:), dann trägt das zweite Soloinstrument dasselbe Thema von der D oder T aus zur Begleitung der beiden andern Stimmen vor, ein Überrest also der alten Fugenpolyphonie. Unmodern[1]) ist auch die geringe Beteiligung des Basses am Themavortrag.

Für die Freiheit der Stimmführung im übrigen, die wie Beispiel 32, Seite 115, zeigt, selbst bei Sextenparallelen mit Wechsel der Lage beider Instrumente arbeitet, ist vor allem das B-dur-Trio ein Beispiel: die weiten Sprünge und das beständige Kreuzen bei freier Imitation täuschen mehr Stimmen vor, als vorhanden sind, und beleben außerordentlich. Was dabei dem Klaviere zu tun bleibt, zeigt H. Riemanns Bearbeitung.

Die von Zachariä geschilderten Eigentümlichkeiten der Flöte des 18. Jahrhunderts kommen vorzüglich zur Geltung in den sechs Sonaten für zwei Flöten ohne Baß[2]), mit denen wir die stilistisch wenig verschiedenen Bratschenduette ohne Baß betrachten. Zelter berichtet[3]), Bach habe in Berlin Flötenstücke komponiert; ob alle diese neun Duette, fragt sich. Die Autographen — nur die F-moll-Sonate ist sicher nicht eigenhändig erhalten — (Konvolut Nr. 1747 und 1749 der Singak.) zerfallen nach Schrift und Papier in vier Gruppen.

1. Sonate E-moll und G-dur und der Anfang von Es-dur 1) haben als Wasserzeichen ein Wappen mit der heraldischen Doppellilie, darunter 4 und darunter wieder ICH. Sollte die Schrift, die alle Merkmale der Hand Friedemanns trägt, nur abweichend die Hälse steif und verschieden stehend schreibt, ein unbekannter Jugendtypus sein?

2. Die Sonate Es-dur 1) ist mit der aus F-dur noch in einem andern Autograph erhalten, das wohl das Papier, aber nicht die Schrift der ersten Gruppe zeigt; sie ist kräftig, nicht aus dem späteren Alter; nur die F-dur-Sonate hat außerdem (belanglos) auf der andern Seite zwei Buchstaben (K. B?).

3. Sonate Es-dur 2) *Duetto a duo (!) Flauti. di W. Fr. Bach,* während die übrigen „Sonata â 2 Flauti" betitelt sind. Sie hat das Wasserzeichen der Gruppe 1), aber ohne die Buchstaben, ist also anderes Papier. Späte, zittrig großgemalte Berliner Schrift. Bei diesem Duett liegt das F-moll-Duett in Kirnbergers Abschrift.

4. Die späteste, d. h. die Berliner Hand Friedemanns hat auch die drei Bratschenduette geschrieben, deren erstes *Duetto â 2 Viole* betitelt ist. Wasserzeichen ICH auf einer Leiste und gegenüber eine Art Lyra; also nicht mit 1) zu verwechseln. Obwohl die Duette namenlos sind, ist ihr Autor nicht zweifelhaft.

---

[1]) „Modern" immer in dem S. 59 ff. festgelegten Sinne.
[2]) Vier davon als Geigenduette im Wunderhornverlag erschienen (W. Sieben) nach P 681, BB.
[3]) Beilage zu „Ertönet" in der Singakademie, Berlin.

P 681 der BB, die nur die vier Sonaten E-moll, G-dur 1), Es-dur 1), F-dur enthält (ein Satz umgestellt), und die aus Kirnbergers Besitz stammende Abschrift „Sechs Sonaten für 2 fleuttes von Friede-mann Bach" (Amalienbibliothek), in der die melodisch krauseren Duetti Es-dur 2) und F-moll später nachgetragen sind, scheinen das Ergebnis der Handschriftenuntersuchung zu bestätigen, daß die Duette E-moll, G-dur 1), Es-dur 1), F-dur früher entstanden sind als die aus Es-dur 2), F-moll, G-dur 2), C-dur, G-moll.

Die Sonaten haben drei Sätze: schnell, langsam, schnell, deren mittlerer in der Tp oder 𝆏 steht; die aus G-dur 1) schiebt nach dem langsamen Satze noch ein fugiertes Allabreve in H-moll ein. Der tändelnde Schlußsatz dieses Duetts kehrt in einer Handschrift des Bückeburger Bach (BB) zusammen mit Bourlesca und Reveille als Gigue für Klavier wieder. Auch diese Zusammenstellung deutet auf eine frühere Entstehung hin.

Die Sätze benutzen entweder fugierte, Lied- oder ältere Sonaten-form mit Wiederholung. Die Flöten stehen gleichberechtigt neben-ander. An Unabhängigkeit der unablässig imitierenden Stimmführung und an Mannigfaltigkeit des musikalischen Gehalts übertreffen sie alle ähnlichen Versuche Matthesons (1720), Em. Bachs, Quantzens, Riedts u. a., wenn auch nicht alles gleichwertig ist. Sätze wie der erste und letzte der E-moll-Sonate, in der nach der Sequenzeinleitung des Vivace auf das Thema des Anfangs zurückgegriffen wird: (vgl. them. Verz. 1. Satz!)

wie das Allegro ma non troppo der G-dur 1), in dem das Drängen und immer Neuansetzen an das Feuer der Klaviersonaten erinnert, Sätze wie das H-moll-Cantabile der G-dur 1), das Adagio der Es-dur 1), deren Allegro wie die Klavierkonzerte A-moll und F-dur mehrfach mit enharmonischen Umdeutungen moduliert

das Lamentabile D-moll $^6/_8$, das F-moll-Duett und die Bratschenduette, verraten eine subjektiv empfindende Seele[1]. Leider müssen die Beispiele des them. Verzeichnisses genügen. Nur das in strengeren Formen ge-haltene Duett aus F-moll sei kurz betrachtet.

---

[1] „Subjektiv" immer im Lamprechtschen Sinne.

Das Un poco Allegro ist eine meisterhafte zweistimmige Fuge. Ihre Technik, ihr innerster Fugengehalt und so intime Vorbereitungen eines neuen Einsatzes, wie diese:

Takt 6)

sucht man in den Fugen eines Emanuel vergeblich. Nach dem in Wohllaut schwelgenden Adagio mit seinem öfteren Verharren in dem gleichen Akkord

Takt 59.

folgt eine schon durch ihr Thema imponierende Fuge (s. them. Verz.!). Wie die acht Klavierfugen von 1778 zeigt diese Sonate, welche Gestaltungskraft in strengen Formen Bach in Berlin noch besaß. (Man behalte aber vor diesen Beispielen den Flötenklang im Gedächtnis!)

In der Geschichte der Musik bedeuten freilich die Trios und Duette keinen Fortschritt, trotz ihres Schönheitswertes. Um so bedeutsamer sind in dieser Hinsicht die Sinfonien Friedemann Bachs.

8. Die Sinfonien.

Vornehmlich durch die Denkmälerausgaben der Mannheimer und der Altwiener Sinfonien, der verschiedenen Drucke Emanuelscher Sinfonien, Faschscher und Försterscher Ouvertüren, durch die Untersuchungen Riemanns über die „französische" Ouvertüre[1]), Mennickes der Sinfonie Hasses und der Brüder Graun, Max Fluelers über die norddeutsche Sinfonie zur Zeit Friedrichs des Großen[2]) und W. Nagels

[1]) Mus. Wochenblatt 1899.
[2]) Berliner Dissertation 1908.

über Graupners Sinfonien[1]) haben wir einen leidlichen Überblick über die Anfänge der deutschen Konzertsinfonie.

Als Ergebnis steht sicher fest, daß die grundsätzliche Einführung eines zweiten Themas, die Kontrastierung im Kleinen, die Viersätzigkeit durch Einschaltung eines heiter behaglichen Menuetts an dritter Stelle, die Ausbildung der Durchführung, die Individualisierung der Instrumente vorzüglich durch die Entdeckung des innersten Charakters der Geige und entsprechende Erfindung und Arbeit, die das Cembalo als Begleitinstrument überflüssig machte, und daß im ganzen das, was Riemann die Intimität des Ausdrucks nennt[2]), zum ersten Male allseitig entwickelt in den Sinfonien der Mannheimer zu finden ist.

Wenn auch in den Riesensteigerungen Händels und Sebastian Bachs, oft auch in seiner Instrumentation, wenn in Melodik und Aufbau bei Hasse, Graun (besonders J. G.), Fasch, Graupner u. a. persönliches Empfinden durchbricht, so ist es doch mehr ein Ahnen, ein Blick ins neue Land vom alten Boden aus, als Mitteilung vollen Besitzes. Ein wirklich gegensätzliches selbständiges zweites Thema findet sich in allen den Sinfonien etwa vor 1745 nicht, nur in metrisch unselbständigen Anhängen bahnt es sich an. Wenn Scheibe[3]) 1745 vorschreibt: „Ganz unerwartete Einfälle müssen die Hörer gleichsam unvermutet überraschen; bevor sie aber darüber ihre Beurteilung anstellen können, muß sofort alles wieder mit der Haupterfindung verknüpft werden", so beweist das, daß man in Norddeutschland damals und später noch bewußt neue Gedanken nur in etwa viertaktigen Zwischensätzen und Anhängen, oder zum alten in den Baß verlegten Thema vorzubringen, also mehr nur das beherrschende Thema zu färben, zu variieren, als in eine andersartige Stimmung überzugehen wagte. Auch Graupners G-dur-Sinfonie z. B., die Riemann analysiert und abdruckt[4]), bildet ihr „zweites Thema" im Nachsatz (5—8) durchaus dem Vordersatz des ersten Themas nach, ebenso die Anhänge.

In der Freiheit und Beweglichkeit des Fühlens waren eben die Süddeutschen, J. Stamitz, Richter und Gluck voran, zweifellos den Norddeutschen vorausgeeilt, die durch die Fesseln einer großen Vergangenheit gebunden waren.

Daß J. Stamitzens (seit 1745 Konzertmeister und Kammermusikdirektor des Karl Theodor von der Pfalz) und Richters Sinfonien (der erst 1747 nach Mannheim kam) vor 1742, als der 25jährige Stamitz bei der Kaiserkrönung Karls VII. zum ersten Male als Virtuose die Blicke der weitesten Kreise auf sich zog[5]), in Sachsen bekannt ge-

---

[1]) Bericht eines Vortrags in ZIMG. Nagel datiert aber die Sinfonie nicht, was doch wichtig ist, da Graupner erst 1760 starb, vgl. auch Sammelb. IMG, X.

[2]) Große Kompositionslehre 1, 443 ff.

[3]) Krit. Musikus, S. 624.

[4]) Große Kompositionslehre 1, 431 ff. und Musikgeschichte in Beispielen, Leipzig 1912, S. 297.

[5]) Riemanns Einleitung zu den Mannheimer Sinfonien in den Denkmälern der Tonkunst in Bayern, Bd. III.

worden sind, erscheint ausgeschlossen. Nur ein Teil der Sinfonien Friedemanns kann also nach der Bekanntschaft mit den Mannheimern entstanden sein.

Elf als Sinfonie bezeichnete Werke von W. Bach haben sich erhalten, die nach ihrer Überlieferung, Entstehungszeit, Bestimmung und Stil in verschiedene Gruppen zerfallen. Mit geringem Stilgefühl rühmt Bitter[1]) ein Es-dursextett als das heiterste und anmutreichste Werk unseres Künstlers, obwohl schon Titel und Stil zeigen, daß es von W. (Friedrich Ernst) Bach, nicht von Friedemann herrührt. Auch eine Ricercata[2]) gehört nicht hierher, da P 694 (BB) lehrt, daß sie eine nicht einmal von Friedemann herrührende Orchesterfassung zweier Friedemannscher Gesangsfugen ist, indem der Text des autographen Amen und Halleluja vom Abschreiber weggelassen wurde, ohne daß die Schlüssel verändert wurden.

Aus der französischen Form hervorgewachsen ist die *Sinfonia* (D-moll $^3/_4$) *a 2 Traversi, 2 Violini, Viola e Basso. W. Fr. Bach,* wie das Autograph betitelt ist (P 325 BB). Daß eine Abschrift der Singakademie aus dem Ende des 18. Jahrhunderts mit Unrecht „Sign. Sebastian Bach" als Komponisten nennt, braucht bei dem Stile der Sinfonie nicht erst bewiesen werden.

Ob sie als Einleitung zur Kantate auf Friedrichs II. Geburtstag gedient hat, wie Bitter und Prieger[3]) glauben, wird an anderer Stelle zu untersuchen sein. Sie wäre dann nicht nach dem Januar 1758 komponiert worden. Die Schrift, mit dieser Kantate verglichen, und das Papier (großes Wappen mit Schwertern und Raute, darunter in Schreibschrift Drüan P. Mackart) weisen ebenso wie die Verwandtschaft mit dem A-molltrio in frühere Zeit, nach Dresden, oder in die ersten Hallischen Jahre.

Die Sinfonia besteht aus einem ausgedehnten Adagio (54 Takte $^3/_4$) für Streichquartett (zwei Violini sempre con sord. et sempre piano) mit zwei obligaten Flöten, und einer 4 stimmigen Fuge Allegro e Forte, in der die Flöten keine besondere Stimme haben.

Die Geiger beginnen mit einem stockenden Motiv zu weiten Baßschritten, über dem bald die Flöten einen erhabenen Gesang anstimmen. Ein Zwischensatz, in dem die Flöten einen Sequenzgedanken zu den wallenden 16teln der Streicher (bald der zweite Violinen, bald der Bratsche und des Basses) vortragen, moduliert nach Tp, von wo nach kurzem Erklingen des stockenden Geigenmotivs eine neue Sequenzkette über einem in die Tiefe laufenden Achtelbaß nach D-moll moduliert. Hier setzt der erste Teil wieder ein und leitet zu der schwermütig erhabenen Fuge. Das Emporsteigen durch die unverhüllte Manier der Überstülpung in der zweiten Sequenzkette des Adagios

---

[1]) a. a. O. 2, S. 238 Nr. 55 und S. 260/61.

[2]) Bitter bespricht sie. Neudruck von Schittler im Wunderhornverlag.

[3]) Vorwort zu seiner Ausgabe bei Weber in Köln, eine zweite Neuausgabe von Schittler im Wunderhornverlag druckt das Autograph genau ab.

(F-dur-D-moll) und am Ende eines auffällig langen Zwischenspiels im Modulationsteil der Fuge geht auf Dresden-Neapolitanischen Einfluß zurück[1]); an den Kantaten Bachs beobachtet man, wie er sich von der unverkleideten Verwendung bald frei gemacht hat.

Die absterbende Form dieser Sinfonie, die den edlen gebundenen Stil Sebastians mit einer italienisch-Dresdner Färbung und einer Mischung von weicher Melancholie und Heiterkeit (Adagio F-dur) wieder aufleben läßt, hat Friedemann nicht wieder verwendet; vielmehr hat er sich mit wenigen Ausnahmen in seinen ein-, drei- und viersätzigen Sinfonien der Sonatenform bedient.

Ausschlaggebend für die Bedeutung, die der Künstler in der Geschichte der Sinfonie hat, sind jene sechs Sinfonien, von denen fünf in Abschriften von der Hand des Ergänzers des Polonaisenautographs in der Singakademie (unter Nr. 1385) und eine in A-dur nicht ganz vollständig im Autograph in P 329 der BB aufbewahrt werden, schließlich auch eine später anzusetzende aus der Hallischen Zeit in D-dur, deren autographe Partitur (ohne Wasserzeichen, Papier = Autograph des Konzertes Es-dur) in der Wiener Hofbibliothek, deren autographe Stimmen in einer Friedemannschen Kantate der Mitte der fünfziger Jahre im Besitz des Herrn Prof. Rudorff (Großlichterfelde) zu finden sind.

Die sechs Sinfonien können, wir ihr Stil anzeigt, nicht in ganz verschiedenen Lebensepochen des Künstlers entstanden sein. Wir können sie daher alle sechs ungefähr datieren, wenn wir uns an das Autograph der unvollendeten A-dursinfonie halten. Diese steht mit dem D-durkonzert auf denselben Bögen und teilt mit ihm die frühen Schriftzüge. Sie ist also in der Zeit des D-durkonzerts, der D-dur- und A-molltrios und Kontrapunktstudien entstanden, verglichen mit der Schrift von „Wer mich liebet", viel vor 1746.

Wenn wir demnach den Ausschnitt 1735—45 als Entstehungszeit der sechs Sinfonien annehmen, glauben wir sie eher zu spät als zu früh anzusetzen. Nur eine von ihnen zeigt Breitkopf Neujahr 1764 (S. 44) als erste Sinfonia für zwei Violinen, Viola, Baß (als Hds.) an, ein Zeichen, wie unbekannt sie schon in den sechziger Jahren waren. Auch Forkel, und die nach ihm schrieben, haben Friedemannsche Sinfonien nicht erwähnt.

Von den fünf nicht eigenhändigen Sinfonien trägt nur eine den Namen W. F. Bach, deutlich erkennbar dem Autograph nachgezeichnet. Die anderen sind durch Numerierung und Verzeichnis des Umschlags als Werke Friedemanns gekennzeichnet, die zweite aus C-dur noch besonders durch eine mit W. F. Bachs Namen versehene Abschrift von Kirnbergers Hand, während die Echtheit der ersten (F-dur) durch die Wiederkehr des Menuetts in Fassung A der F-dursonate, die der zweiten und vierten (C-dur, B-dur) durch die Parallelen, die zwischen ihren Hauptthemen und denen der Sonaten gleicher Tonart bestehen,

---

[1]) Daher kein Wunder, wenn wir ihr mit demselben Baß im Mozartschen „Recordare" (Requiem) wiederbegegnen.

über alle Zweifel erhoben wird. Lediglich die fünfte (G-dur 2) könnte Bedenken erregen, zumal sie durch eine Kirnbergersche Ouvertüre von den andern getrennt ist.

Diese Sinfonien sind für Streichquartett geschrieben, doch ist an die Mitwirkung von Oboen und Fagotten wohl bei allen gedacht, obwohl sie selbständig nur in der autographen A-dur- und der Sinfonie G-dur 1) C vorübergehend auftreten. Bei der aus C-dur liegt außer Kirnbergers Abschrift ein kleiner Bogen mit Oboen- und Cornistimmen in C von andrer (Emanuels?) Hand.

Fünf Sinfonien haben drei Sätze der Ordnung Schnell-Langsam-Schnellstens. Die erste aus F-dur hat deren vier, indem sie, — ob vor oder nach dem gleichen Verfahren einer zweifelhaft Hassischen Sinfonie?[1] — zwei dreistimmige Menuette an den Schluß stellt. Es wäre irrig, wenn man darin einen modernen Zug oder süddeutschen Einfluß sehen wollte, noch dazu, wenn das Menuett so liebenswürdig altertümelt wie das aus F-dur und das alternierende aus F-moll mit seinem Kanon in der Doppelunteroktave, das man ja nicht als tiefe Klage auffassen soll, sondern als leichten, bald wieder weggleitenden Schatten, der sich auf das Dur gesenkt hat: Ein Menuett an vierter Stelle erscheint vielmehr als Überrest aus der alten Form der Suite, die gern einer ausgedehnten, von uns heute als abschließend empfundenen Chaconne etwa ein reizendes Tänzchen folgen ließ, eine harmlose Besänftigung nach der großen Ernsthaftigkeit und Gravität, während das moderne Menuett der Mannheimer zur Steigerung und in Beziehung zum Ausdruck des ganzen Werkes dasteht.

Die Sätze haben alle Sonatenform, meist im Typus 6a) und b), aber auch 1), 2a), b), und fast 7). Nach dem Doppelstrich setzt das Thema in D ein, bisweilen folgt keine, bisweilen ausgedehnte Durchführung mit fesselnder thematischer Arbeit; ein gegenüber der Aufstellung etwas verkürzter Vortrag des thematischen Stoffes schließt in der Tonika ab.

Zur Bildung eines selbständigen zweiten Themas kommt es selten, doch sind in das Hauptthema stark gegensätzliche Nebengedanken eingeflochten. Die Bässe und Bratschen sind so beweglich und am Vortrag des Themas beteiligt wie in keiner Schöpfung homophoner Natur vor Stamitz sonst. Oft wird die stellenweise kaum entbehrliche Begleitung des Cembalos überflüssig, ja geradezu ein Nachteil. In der Behandlung der Violine in allen sechs Sinfonien geht Bach auf neuen Wegen und besonders in den riesigen Sprüngen weit über seine Vorgänger, auch über die späteren Sinfonien seines Lehrers J. G. Graun hinaus. Die folgenden Beispiele beweisen diese Behauptungen[2].

---

[1] Mennicke a. a. O. S. 145; nach Nagel a. a. O. haben auch Graupnersche Sinfonien das Menuett, ja fünf Sätze, Nagel gibt aber weder Entstehungszeit noch Reihenfolge der Sätze an, und das ist gerade wichtig.

[2] Die Beispiele brechen oft mitten in der Entwicklung ab, weil die Verwaltung der Singakademie nicht erlaubt, größere Abschnitte mitzuteilen.

Die erste Sinfonie F-dur beginnt mit einem Gedanken A, der im
Äußeren an die Haltung der Ouvertüren gemahnt, aber durch die Vorschrift Vivace den herkömmlich steifen Charakter abstreift; eigenartig
moderne Schlußbestätigungen folgen ihm (B), dann kommt wieder A
mit der durch Pausen unterbrochenen ersten Violine zur Geltung, das
auch nach einem Sätzchen mit Motiv C, die 34 Takte lange Aufstellung beschließt. Die Form dieses Satzes ist insofern noch nicht voll
entwickelt, als nach der 50 Takte langen Durchführung vom Hauptthema nur zehn Takte mehr kodaartig in der Tonika wieder auftreten.

Das D-moll-Andante mit seinem kapriziös in die Tiefe steigenden
Sechzehnteltriolen gegenüber dem schreitenden Hauptmotiv und mit seinem
Aufschwung im zweiten achttaktigen Satz diene als Beispiel, wie auch
im langsamen Satz das unbedingte Festhalten derselben Stimmung auf-
gegeben ist. Nach acht Takten von Tp aus und sechs T-Takten ist das
Andante schon zu Ende.

Das geistreich feurige Allegro hat dreiteilige Sonatenform mit
Wiederholung. Daß es kein Tonspiel nach Art der älteren Sinfonie-
schlüsse. ist, dafür zeugen die jeden Teil abschließenden Takte mit
ihren dynamischen Gegensätzen, Pausen und vorübergehendem An-
schlagen der °T. (Hauptthema vgl. them. Verz.).

Es ist nicht zu übersehen, daß das nun folgende Schlußmenuett
(vgl. them. Verz.) der Anlehnung des Hauptthemas des ersten Satzes
an ältere Melodik entspricht. Ein eigentümlicher Zufall machte diese
Sinfonie mit Recht zur ersten der Sammlung der Singakademie!

Kaum findet man starke Anklänge an älteren Brauch in den folgenden Sinfonien.

Die aus C-dur atmet die gleiche erfrischende Luft wie die
Klaviersonate dieser Tonart. Ein fanfarenartiges Akkordmotiv steigt
stolz durch drei Oktaven in die Tiefe, während sich Sechzehntel mutig in
die Höhe arbeiten. Der neue weiche Nachsatz (B) mit acht Takten
Anhang wendet sich von der Tonika zur D⁺, ein neues drängend und
geheimnisvoll wühlendes Motiv (C) moduliert über B-bruchstücken des
Basses nach der Tp, von wo aus ein Satz aus C mit Anhängen die
Aufstellung beschließt (18 Takte). Nach der Durchführung (25 Takte),
von deren echt modernem Geiste drei Beispieltakte eine Ahnung geben,
erscheint in der Tonika nur B und C ohne den Herold A (15 Takte).

Am C-moll-Largo in dreiteiliger Sonatenform mit Wiederholung kann man im Vergleich mit den Mittelsätzen der Sinfonie aus F-dur und der aus G-dur 1 (u. 2) die Vielseitigkeit von Friedemanns langsamen Mollsätzen beobachten. Der Anfang ist reich an Imitationen, die Fortführung geht in beweglich erregte Sechzehnteltriolen über. Im Presto in dreiteiliger Sonatenform ohne Wiederholung lösen sich die Geiger außerordentlich behend im Motivvortrag ab. Die gebrochnen Sechzehntelakkorde knüpfen an die Haltung des Allegro molto an.

Der pompösen F-dur-, der jugendfrisch brausenden C-dur-Sinfonie schließt sich die anmutig neckende aus G-dur an. Der wenig entwickelte Typus 2a, den auch die einsätzige G-dur-Sinfonie zu „O Wunder" benutzt, steht ihrer heiteren Anmut wohl an. Die Mittelstimmen betätigen sich meist nur geschmackvoll harmoniefüllend. Die Skizze des Anfangs zeigt in den weiten Sprüngen und weiter in der walzenförmigen Figur modernen Violincharakter.

Nur dreistimmig ist das wertvolle G-moll-Andante in zweiteiliger Liedform mit Wiederholung. Wir staunen, wenn wir in dem tiefernst beginnenden Satz auf dieses ganz moderne Tändeln der Instrumente stoßen:

Das Presto nimmt die Homophonie und den Charakter des Anfangs wieder auf. Alt und Neu scheint verquickt, wenn sich aus den mit dem 18. Takte einsetzenden Trioepisoden von Flöten und Bässen ein regelrechtes zweites Thema entwickeln möchte:

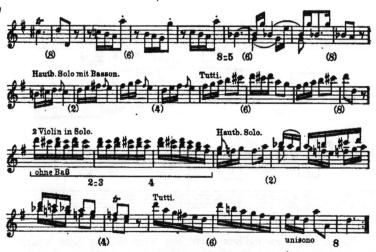

Den in der B-dur-Klaviersonate angedeuteten Charakter nimmt auch die B-dur-Sinfonie auf, der fröhliche, aber kriegerische Bruder der weiblichen G-dur-Sinfonie. Auch sie bildet kein zweites Thema, sondern fügt zwischen die den männlichen Anfang mit seinen Doppeloktavensprüngen (s. them. Verz.) verleugnenden Pianoanhänge und den Schluß, dessen stockende Pausen in allen Stimmen eine wahre humoristische Wirkung tun, eine Sequenzkette aus neuem Material ein. In der Verwendung der Pause bald zum Ausdruck des tief Ernsten (Sonaten), bald des Komischen ist Friedemann ein unübertroffener Vorläufer klassisch-romantischer Künstler:

Das Andante in dreiteiliger Sonatenform, das wie das der Hallischen D-dur-Sinfonie in Dur, hier in der Tonart der S⁺ steht, gehört mit den Mittelsätzen des A-moll- und E-moll-Konzertes zu den langsamen Dur-Sätzen Bachs, die am stärksten in die Zukunft. weisen. Von dem Modulationsteil mit seinen Steigerungen und einmaligem Zitat des Allegros Beispiele zu bringen, ist leider unmöglich, nur die an Mozart erinnernde Kantilene des Beginns darf hier stehen.

9*

Das Presto in zweiteiliger Form mit Wiederholung liebt scharfe dynamische Gegensätze. Es greift zeitweilig auf die Harpeggien des Andantes zurück. Ein genauer Vergleich der auf den ersten Blick ähnlich scheinenden Schlußsätze offenbart, daß Bach meist in ihnen an den Charakter der übrigen Sätze anknüpft, daß er in ihnen kein Schema ausfüllt, keine Masken, sondern lebensvolle, persönliche Gestalten geschaffen hat.

Die fünfte Sinfonie aus G-dur 2, ist am wenigsten polyphon und vielleicht ein späterer Nachläufer. Ihre Melodik, ihre Baßbewegung, besonders von Takt 9 an, und die Triolen der ersten Violine erinnern stark an die Anfang der 50er Jahre entstandene Kantate „Der Herr wird mit Gerechtigkeit". Diesen glatten, eleganten Stil trifft man bei Friedemann zu anderer Zeit nicht an. Das Hauptthema zeigt ähnlich große Sprünge wie die andern Sinfonien. Das weltschmerzliche Adagio piano in E-moll in Liedform weicht durch seine Chromatik von Bachs sonstiger Art ab. Das Presto steht nicht auf der Höhe der übrigen Sätze, wie überhaupt diese ganze Sinfonie hinter der Instrumentation und reichen Stimmführung der andern zurücksteht.

Dagegen gehört die unvollendet überlieferte in A-dur zu den erstbesprochenen Sinfonien aus F, C, G 1), B. Wie die aus G 1), gibt der erste Satz den Oboen und dem Fagott besondere Stellen zur alleinigen Ausführung.

Vom ersten Satz ist nur der Schluß erhalten, der den Verlust des Anfangs wegen seiner Vortrefflichkeit beklagen läßt (vgl. them. Verz.). Das A-moll Siziliano: *Trio à Hautb. Basson e Continuo* ist von Bitter irrig als selbständiges Trio betrachtet worden. Es ist eine Huldigung an die alte Zeit. Trotzdem finden sich moderne Züge wie der Wechsel von T+ und °T ohne Modulation und die Arbeit des Modulationsteils (dreiteilige Form mit Wiederholung).

Vom Presto in zweiteiliger Liedform mit Wiederholung ist soviel vollendet, daß man annehmen muß, die paar fehlenden Takte habe der Künstler aus Zeitmangel gleich in Stimmen geschrieben; auf der nächsten Seite beginnt das D-dur-Konzert. Das ziemlich homophone Presto gleicht mit seinen Sprüngen den Sinfonien der Singakademie.

Es ist begreiflich, daß diese Werke in dem italienisierenden Dresden keinen Wiederhall weckten. Wenn auch ein Teil Sinfonien aus Dresdener Zeit verloren sein mag, so scheint es doch, daß der Mißerfolg Bach hinderte, auf der betretenen Bahn entschieden weiterzugehen, zumal die Aufgaben der Kirchenkomposition, die nach seiner Übersiedelung nach Halle an ihn herantraten, zunächst die Hervorbringung weltlicher Werke etwas zurückdrängte. Die wachsende Verbitterung scheint ihm dann die Kraft genommen zu haben, der Berliner Schule gegenüber, mit der er durch allerlei Umstände verknüpft war, seine Anerkennung als moderner Sinfoniker neben Emanuel durchzusetzen. Vielleicht wäre die Übersiedlung nach Darmstadt mit dem Anschluß an den Süden fruchtbar geworden.

Jedenfalls zeigt die offenbar viel später als die sechs Sinfonien geschriebene Sinfonia für zwei Hörner, zwei Hautboen, Fagott, zwei Violinen, Viola und Violone[1]) aus der Mitte der 50er Jahre in ihrer Melodik nicht zu ihrem Vorteil Einflüsse des Berliner Zopfstiles (vgl. das Hauptthema mit dem des Quantzschen Flötenkonzerts D-dur, das Friedemann beziffert hat!). Formal geht sie nicht über die früheren Sinfonien hinaus, an Frische und Mannigfaltigkeit der Stimmung steht sie hinter ihnen zurück, zumal wegen der vielen Halbschlüsse. Die Oboen werden manchmal etwas moderner behandelt, häufiger aber mit dem

---

[1]) Handschriften vgl. oben S. 124.

Fagott zu Trioeposoden zusammengestellt. Die Hörner füllen meist, nur einmal wechseln sie einen Takt lang im Vortrag des Motivs mit den Flöten ab. Das Allegro maestoso hat nur ein Thema und keine Wiederholung, im Grunde noch Typus 2a; das Vivace, das die Bedeutung der Schlußsätze der sechs Sinfonien kaum erreicht, hat dreiteilige Sonatenform mit Wiederholung. Trotz motivischer Verwandtschaft erstrebt der auf der Dominante einsetzende achttaktige Satz fast den Charakter eines zweiten Themas; nach der Durchführung kehrt er in der T+ mit dem Hauptthema wieder.

Am ursprünglichsten mutet das Andante G-dur für Streicher und zwei Flöten an, das reizvoll instrumentiert ist. Weiterhin übernehmen vom Hauptthema die Flöten Takt 3—4, die Violinen 1—2 des Beispiels. Die naive Melodik, die Imitationen im Baß sind für die Zeit ihrer Entstehung moderne Züge.

Die einsätzigen Sinfonien Friedemann Bachs sind Einleitungen zu Kantaten. Davon ist die Sinfonia in F-dur, hervorgegangen aus dem Es-dur-Klavierkonzert 1) und als Konzert für zwei Oboen mit Streichorchester anzusehen, sicher erst in Halle entstanden (vgl. Es-dur-Konz. 1); wohl auch die Sinfonia aus G-dur zur Kantate „O Wunder," deren zweiter Teil mit der Transposition des Themas in die D beginnt und in weitem Bogen zur T des dritten Teils zurückmoduliert. Die Form gleicht der des ersten Satzes der Hallischen D-dur-Sinfonie, die wir eben besprochen haben. Mit ihr teilt sie die Behandlung der Corni und Oboen, die hier nicht einmal zu Trioepisoden verwendet werden, sondern fast nur füllen sollen. Unbegreiflicherweise spricht Bitter von einem zweiten Thema. Was er dafür hält, sind die nicht einmal motivverschiedenen zahllosen Anhänge des Hauptsatzes.

Von größerem Belang ist die D-dur *Sinfonia à 2 Tromp. Tymp. 2 Hautb. 2 Violin. Violo e Basso* zur Himmelfahrtskantate „Wo geht die Lebensreise hin". Sie kann als Konzert für zwei Trompeten und zwei Oboen aufgefaßt werden, die immer neu gestaltete Ideen zwischen das Ritornell des Tutti einwerfen, das einen beliebten Gedanken der Zeit verwendet [1] [2]):

Die unmoderne Haltung der Sinfonia, deren hohe Trompetenstellen an Aless. Scarlattis Opernsinfonien und Seb. Bachs Kantaten erinnern, soll nicht hindern, die Frische der Erfindung und die feurige geistvolle Arbeit zu bewundern.

In den Sinfonien zeigt sich Bach von der geistreichsten und heitersten Seite, selbst die Molladagien verbinden die Trauer mit sinnlichem, fast süddeutschem Wohlklang. Die Bedeutung Bachs für die Entwicklung der Sinfonie ruht auf den sechs Dresdner Sinfonien. Was diese noch von den Mannheimern scheidet, ist das Fehlen des Menuetts an dritter Stelle, die unmoderne Verwendung der Bläser, und der bei der modernen Allgemeinhaltung verwunderliche Mangel einer stärkeren Betonung des zweiten Themas, obwohl Bach es nicht umgeht; Friedemann scheint aber in den Sinfonien Zusammenfassung verschiedenen Materials zu einer Themengruppe dem selbständigen zweiten Thema vorzuziehen. In der Vielgestaltigkeit, Gegensätzlichkeit und Bedeutung

---

[1]) Breitkopf Kat. von 1762.
[2]) Bayr. Denkm. 1, S. XLV Nr. 19.

des Ausdrucks innerhalb einer Themengruppe, in der Belebung der Bässe, in der er die späteren Schöpfungen Emanuels übertrifft, in der neuartigen Violinbehandlung und der aus ihrem Geiste erfundenen Thematik, geht Bach über seine Vorgänger Graun, Hasse, Graupner, zum Teil auch über seine nicht Mannheimer Nachfolger (die späteren Werke J. G. Grauns und der übrigen Norddeutschen) hinaus, und ist hierin der unmittelbare und bedeutende Vorläufer der Stamitz und Richter.

W. F. Bachs Wirken als Instrumentalkomponist ist, soviel wird klar geworden sein, durchaus fortschrittlich: In den Sonaten früh starke Betonung des zweiten Themas, in den Sonaten C-dur 1), F-dur 1) (Presto), und einigen Sinfonien entwickeltste Durchführung, überall, besonders auch in den Polonaisen, moderne Melodieentwicklung, neuartige Violinbehandlung. Am weitesten in die Zukunft weist aber seine polyphon belebte Homophonie. Gerade sie brachte den Künstler zu Fall, verschleierte sie doch dem ungeübten Blicke der Zeitgenossen die klaren Linien seiner meist gesangvoll modernen Melodik.

9. Die Vokalmusik.

Das absprechendste Urteil in seinem an Tadelworten reichen Buche über Friedemann Bach fällt Bitter über des Komponisten Vokalmusik. Bei seinem geringen Stilgefühl, das ihn die unbedeutende, vielleicht nur teilweise echte deutsche Messe den interessanteren Kompositionen zuzählen ließ, das in der Kantate „Lasset uns ablegen" ein Werk Sebastians vermutete, fühlte er sich in seiner Abneigung durch das Urteil Winterfelds ermutigt[1]), der den Kantaten Friedemanns Unlust, gangbares Floskelwesen und Unausführbarkeit vorwarf. Wenn Winterfeld seine Urteile nur nach einer beschränkten Auswahl der Kantaten fällte, so war er dazu bei der weiten Anlage seines Werkes berechtigt; es war ein unglücklicher Zufall, daß er dabei von einem Werke ausging, das in keinem Teile Original, sondern durchweg Parodie ist, und zwar sehr handwerksmäßige. Des Biographen Aufgabe aber ist doch wohl, alle Werke zu kennen und über ihren Wert nicht mit strenger Miene zu Gericht zu sitzen, sondern die Bedingungen ihrer Entstehung aufzudecken, die Absichten und den Sinn ihrer vielleicht dunkeln Sprache zu erraten. Hätte das Bitter ernstlich versucht, so hätte wohl selbst er unter mancherlei Schutt seltene Kostbarkeiten finden müssen.

Wenn wir erst einmal die Passionsmusik „Jesu deine Passion"[2]) und das Lied „Kein Hälmlein wächst auf Erden"[3]) als zweifellos unechte Werke von Friedemanns Namen getrennt haben, bleiben uns eine

---

[1]) Der Evangelische Kirchengesang . . . 1843—47, 3. Teil.

[2]) BB; da der Titel von „J. S. Bach" Unrecht haben muß, schreibt sie der Zettelkatalog Friedemann zu, vermutlich, weil sie aus der Grafen v. Voß-Buch Sammlung stammt, die manches von Friedemann erwarben.

[3]) Batka hat es schon 1908 im Kunstwart als Fälschung des 19. Jahrh. nachgewiesen. Ältere Hdss. gibt es nicht.

Reihe Kantaten und Messensätze sowie ein Lied als Gesangskompositionen Bachs, die mit geringen Ausnahmen zwischen 1746 und 1764 entstanden sind. Der Künstler hat selbst nur seine erste Kantate und „Lasset uns ablegen" datiert, weil sie mit wichtigen Ereignissen verknüpft waren. Die übrigen Daten gibt der Ergänzer des Polonaisenautographs, ein Textbuch und ein geschichtliches Ereignis. Die folgende Aufstellung ordnet Nr. 1—25 nach dem Papier und der Schrift der Autographen; die Parodien zeigen, daß Bach im Anfang verschiedenes Papier verwandt, dann aber eine Sorte bevorzugt hat: 1. Wappen mit Kurschwertern, darüber eine Krone, 1746. 2. Großes ovales Wappen, darüber ein Halbkreis mit etwa 6 (nicht lesbaren) Buchstaben. Gegenüber in dünner lateinischer Schrift ein Monogramm, aus dem man FAR herausliest. Es kommt mit 1. zusammen vor, gehört also in die erste Hallische Zeit, worauf auch die Schrift deutet. 3. Ein Doppelschild nebeneinander, gegenüber Leiste mit drei Buchstaben (INM oder MIH). Die Schrift und der Umstand, daß die Introduzione der Katechismuspredigten nicht erst in späten Jahren geschaffen sein wird, stellen es nach 2. 4a. Adler mit Brustschild, darüber eine Krone. Im Schilde ein R. Gegenüber HALLE (1755, 1756, 1758). 4b. Dasselbe Wappen wie 4a, aber gegenüber CGK. Nr. 16 zeigt, daß es neben 4a benutzt wurde. X) Hirsch, zusammen mit 4a 1755. 5. Nackte Frau mit Fahne auf Halbmond; darunter FATA.

Kantate 2 und 3a können frühestens 1747 entstanden sein, da die ersten Palmsonntags- und Beschneidungsfeste Bach erst 1747 in Halle verlebte. 3b auf 2. Sonntag nach Epiphanias fällt daher erst ins Jahr 1748 (frühestens), da es schon Nr. 3 auf Palmsonntag 1747 parodiert. Nr. 9 muß vor Ostern 1756 geschrieben sein, da 14 schon eine Bearbeitung von 9 enthält usw. So ergibt sich die Hauptanordnung der Kantaten 1—25 aus der folgenden Tafel selbst. Nach der Schrift wurden die übrigen um die so ungefähr datierten gruppiert, nur die Nummern 20—22 werden teilweise früher einzuordnen sein, als sie hier stehen. Die Gruppe nach 25 umfaßt Messensätze; die folgende gibt Textbücher vermutlich Friedemannscher verlorener Kompositionen, die nächste Textbücher unsicherer Herkunft, nach der Haltung der Worte vielleicht von Sebastian komponiert, die nächste erhaltene Sebastianische Kantaten, die sämtlich in der Kirche zu U. L. Frauen in Halle Sonntags vormittags und nachmittags aufgeführt worden sind.

Natürlich müssen wir die Stücke, die sich als Parodien früherer Werke herausstellen, von vorn herein bei der Würdigung der Absichten und Leistungen Bachs als Gesangskomponisten ausschließen.

In Nord- und Mitteldeutschland wirkten in den dreißiger bis sechziger Jahren neben Sebastian für die Kirche besonders: Zelenka, Hasse, Homilius, Telemann, Scheibe, Graun, Rolle, G. F. Kaufmann, Stölzel, Fasch, Förster, Graupner, Harrer und Goldberg, später auch C. P. E. Bach, um nur einige zu nennen. Sie verwenden in den Chören entweder Fugenform mit einer Introduktion oder die kurze Arienform mit oder ohne Trio, deren Hauptteil diese Form aufweist: Vorspiel, 1. Text-

Nr.	Titel	Original	Parodie	Fest	Jahr	Hds.	Papier des Autogr.
1	Wer mich liebet	ganz		Fer. Pentecost: 1.—	1746	P 322	1
2	Der Herr zu Deiner Rechten	ganz		Festo Circumcis	[1747]	P 322	1 und 2
3a	?	ganz?		Dom. Palm.	[1747]	verloren	
3b	Wir sind Gottes Werk	[1—2] 3—6	1—2 aus 3a	Dom. 2 p. Epiphanias	[1748]	P 322	2
4	Gott fähret auf	ganz		Festo Ascens. Christi		P 322	2
5a	Wohl dem	ganz		Zu Anfang derer Catechismus Predigten		P 323	3
5b	Rec. in „Vergnügte Ruh"	2	1 u. 3 von J. S. Bach: „Vergnügte Ruh" und „Herz u. Mund u. That" $^3/_4$ u. a. Text!	Zu Ende derer Katechißmus Predigten.		Prof. Rudorff	4a
6a	Heilig	ganz				P 322	3 } zu-
7	Arienbruchstück („Onade finden")					P 322	3 } sammen
8	Lasset uns ablegen	ganz		Am 1. Pfingstfeyertage (und Dom. 1. Advent)	1749 (1753)	P 323 meist Kopie	
9	Der Herr wird mit Gerechtigkeit	ganz		Festo visit. Mariae	früher als 1756	P 322	4 (—)
10	Ihr Lichter jener (Wie schön leucht uns)	nur Choral	1 u. 2 aus Nr. 3; 4 aus Nr. 9	Dom. II. p. Epiph.		P 323	2 u. 4b
11	Erzittert und fallet	ganz		Fer. 1. Paschalis		P 323 Kopie P 321	2 u. 4b
12	Dienet dem Herrn	ganz			fatto 1755	Singak. Kopied. Polonaisenautographergänzers u. Autograph	X u. 4a (autogr.)
13	Dieß ist der Tag, da Jesu Leidenskraft	ganz außer 1—3	3 Sätze der D-dur-Sinfonie			St. Prof. Rudorff	4a
14	Der Höchste erhöret	2, 3, 4, 5	1 aus Nr. 9	Predigerabschied 16. Sonnt. nach Trin.	3. Okt. 1756	P 323, Textbuch gedr.	4a

Nr.	Titel	Original	Parodie	Fest	Jahr	Hds.	Papier des Autogr.
15	Verhängnis Dein Wüten	3	1 u. 4 aus Nr. 9; 2 aus Nr. 14	?	nach 1756	St. 171	4a u. b
16	Ertönet, ihr seligen Scharen	3, 4, 5	1 aus Es-dur-Konzert; 2 aus Nr. 2	Pfingsten		Autogr.: St. 474 BB u. P i. Sing-akad. Kopie P Ms 17911 Wien. Hofbibliothek	St. 4b P 4a
17	Es ist eine Stimme	ganz		Festo Joannis e Ad-vent. × sti.		P 322	4a
18	O Himmel, schöne	2,4,5,6,8,10,11	1 u. 7 fehlen; 3 aus Nr. 4; 9 aus Nr. 11	Friedrichs Geburtstag	24. Jan. 1758	P 323	4a
19	Wo geht die Lebens-reise hin	ganz		Festo Ascensionis		P 323	4a
20	O Wunder	ganz		Weihnacht	?	Kopie(P 321)	
21	Ach, daß Du den Himmel zerrissest	ganz		Festo Nativit. Csti.	?	St. 169	4a
22	Arie „Zerbrecht, zerreißt"	ganz			?	Kopien (P 321 u. Amalienbibl.)	
23	Auf, Christen, posaunt	2, 3, 6	1 u. 4 aus Nr. 18	Nach dem Hubertus-burger Frieden	1763	Kopie d. Polon.-Autogr.-Ergänz. in Singak. (498)	
24	Heraus, Verblendeter	nur Choral 1 u. 5	2, 3, 4 aus Nr. 16	Dom. 10. post trinit.	Braun-schweig?	P 322	5
25	Cavata: Herz, mein Herz, sey ruhig		nach Andante des O-dur-Konzerts	„Cantinela (!) nuptia-rum consolatoria"	Berlin	Autogr. u. Kopie m. eigh. Aufschr. in Singak (502)	ohne Wasser-zeichen
6a	Hellig	ganz					
6b	Lobet Gott und Alle-luja		aus 6a			P 322	3
26a	Deutsche Messe (Ky-rie usw.)	Kyrie „Christe, Du bist allein der Höchste	„Und auf Erden', „Wir loben dich', „Herr Gott' jedenfalls unecht			P 332 (autogr.), Kopie P u. St. in Singak.(499,501)	4a
						Kopie BB	

Nr.	Titel	Original	Parodie	Fest	Jahr	Hds.	Papier des Autogr.
26b	Agnus Dei		= „Du bist allein"			Kopie BB(P 678)	
27	Amen und Alleluja		Fuge D-moll = „Du bist allein" Fuge F-dur a.3a			Singak.aut.P.	4b
28	Kyrie à Sopra, A, T, B usw.	ganz?				Prof. Rudorff	4a
[29]	Blast Lermen, ihr Feinde	ganz		Rambachs Antrittspredigt	21. Nov. 1756 vorm.	Textbuch	
[30]	Blast Lermen (II)	4, 5	1, 2, 3 aus Nr. 29, 1—3	Dankfest f. Lissa	18. Nov. 1757 vorm.	Textbuch	
[31]	Ja, Ja! Es hat mein Gott	ganz?		4. Advent	18. Nov. 1857 nachm.	Textbuch	
[32]	Halleluja, wohl diesem Volk	ganz?		Investitur Rambachs	19. Juni 1757 vorm.	Textbuch	
[33]	Viele sind berufen	?		2. Sonnt. n. Trin.	19. Juni 1757 nachm.	Textbuch	
A (34)	Wertes Zion, sei getrost		J. S. Bach?	23. Sonnt. n. Trin.	21. Nov. 1756 nachm.	Textbuch	
B (35)	Lobe den Herrn in seinem Heiligtum		J. S. Bach?	Friede zwischen Rußland und Preußen	6. Juni 1762 vorm.	Textbuch	
C (36)	Gott ist unsre Zuversicht und Stärke		J. S. Bach?	Trinitatis	6. Juni 1762 nachm.	Textbuch	
D —	„Man singet mit Freuden"		J. S. Bach	Michaelis	3. Okt. 1756 nachm.	Textbuch	J. S. Bach
E —	„Es ist das Heyl"		J. S. Bach				
F —	„Gaudete omnes populi"	Einrichtung Friedemanns	J. S. Bach			P.d.BB Kopie m. Zusätz. Friedem.	
Oper	Lausus und Lydie	W. F. Bach			1778/79	verloren u. unvollendet	

Annotations in the upper part of the table: Musik verloren — jedenfalls von W. F. Bach (über [29]–[33]) — vielleicht J. S. Bach (über A–C) — J. S. Bach

vortrag T⁺ D⁺ oder °T—Tp, Zwischenspiel, 2. Textvortrag D⁺—T⁺ oder
Tp—°T, Nachspiel; größeren Kantatenchorgebilden fehlt aber fast ausnahms-
los eine formale Geschlossenheit oder gar einheitliche Steigerung im modernen Sinne. An Stelle der Entwicklung findet sich Abwechslung
oder Registergegensatz; bezeichnend dafür ist die Häufigkeit der zwei-
chörigen Schreibweise bei Telemann[1]), bezeichnend die messenartige
Wiedergabe eines Spruches durch verschieden aneinandergehängte imitierende und homophone Sätzchen, ohne daß das Orchester einen Zusammenschluß versuchte. Kleine oder wirrere große Form haben auch
die Arien. Neben Händel und den schwächeren Hasse und Zelenka
ist es vor allem Sebastian Bach, der diese kleinen und vielgliedrigen Formen geweitet und durch den Zusammenschluß der ausgedehntesten
Steigerungen fähig gemacht hat.

Der Riesenvorsprung, den Sebastian vor seinen Zeitgenossen ge-
wonnen hatte, mußte ebenso anspornend wie lähmend auf die Phantasie der Söhne Bachs wirken. Emanuel ist es eigentlich nie gelungen,
eine einwandfreie Kirchenmusik zu schreiben. Auch Friedemann tastet,
ehe ihm ein vollendetes Werk gelingt, bleibt auch nicht auf der er-
rungenen Höhe, versucht und gewinnt wieder ab und zu.

Gerade dem homophon fühlenden Künstler mußte der Neuerungen
wenig zugängliche Kirchenstil schwer fallen. In seiner ersten Kantate
unterliegt er denn auch fast vollkommen dem Einfluß der Dresdner Meister,
auch in 3a. Schöne Melodie, faßliche, der kontrapunktischen Arbeit
leicht zugängliche Motivchen ohne starkes Ausdeuten des Textes sind
die Hauptsache; der zweite Teil des Vorspiels ist dresdnisch fast ganz
mit der unverhüllten Manier der Überstülpung und verwandten Manieren über einen gebrochenen Achtelbaß gearbeitet:

Der Chor hat ganz unklare, aber ausgedehnteste Arienform. Der
unübersichtliche Modulationsplan sowie das Verfahren, einmal die einzelnen Textstellen durch kurze Zwischenspiele begrenzten polyphonen
Sätzchen aus verschiedenen ausdruckslosen Motivchen anzuvertrauen,
zum andern wieder unbegründet verschiedene Textstellen mit derselben
Melodie auszustatten, stört trotz feiner Einzelzüge (Reigenmotiv „Wir
werden zu ihm kommen") den einheitlichen Zug und läßt die Logik ver-
missen. Das persönlichere Rezitativ, das an das Hauptmotiv des Chores
anknüpft (vgl. them. Verz.), leitet zum Arioso über, in dem ein kleiner

---

[1]) G. P. Telemann: Musicalisches Lob Gottes, Nürnberg 1744, und Kantaten der BB gruppieren so häufig Solo—Chor, oder zwei Stimmen gegen
zwei u. ä. mehr im Sinne des Registerwechsels als aus innerer Nötigung.

Kanon zwischen Sopran und Continuo die Wechselbeziehung der Liebe Gottes zum Guten und des Guten zu Gott darstellt; ähnlichen Nachahmungen begegnet man bei „Anschauen, Bild, Vorstellung" (vgl. Der Herr wird mit Gerechtigkeit), ein auch von Homilius beliebter Brauch. Die nächste Arie mischt stillos weichliche Dresdner mit Friedemannschen, fast allzu weltlichen Klängen.

Erst die letzte Arie „O herrliche Wohnung" ist ein fast ausgereiftes Kunstwerk voll Erhabenheit und tiefer Religiosität. Leider erinnert einmal eine zappelnde Melodieführung daran, daß die Arie der ersten Kantate des Künstlers entstammt. Einem längeren Vorspiel von einheitlicher Stimmung (H-moll) folgt der zweimalige Vortrag des Textes (°T—Tp). Der lange Pulsschlag der Takte, das Gefühl des Nichtsseins vor dem Erhabenen, steht im starken Gegensatz zu dem lieblichen Trio „Laß fröhliches Pfingsten auf lieblichen Auen auch diesmal viel Tempel des Höchsten erbauen, in denen Dein flammendes Gnadenlicht wohnt". In zwei Takten, gleichsam als gedehntem Auftakt zum ersten Takt, unter den fröhlichen Sechzehnteln der Streicher alle Lust gestaut, bis sie sich in den lieblich glatten Verlauf der Takte 1—6 unter den melodischen Sechzehnteln der Singstimme und des Basses ergießen kann, die wie Tautropfen auf Frühlingswiesen niederrollen. Die Fortführung nähert sich wieder der verwickelten Metrik des Hauptteils sinngemäß.

In der Heranziehung der Metrik zum Ausdruck hat sich Bach
von den Dresdnern losgelöst, die bei konventionellen metrischen Manieren nur mit Harmonie, Rhythmus, Melodik und Instrumentation
charakterisieren. Übrigens ist Friedemann ziemlich selten darauf zurück-
gekommen, die Begleitung vierstimmig für Streichquartett auszuarbeiten.
Die Harmonisierung des Schlußchorals ist etwas weichlich geraten.
Trotz der leichten Figurierung der Unterstimme erkennt man schon
hier den Unterschied von der Choralbehandlung Sebastians: Friedemann harmonisiert rein musikalisch die Melodie für die Bedürfnisse
der Gemeinde, später mitunter einfacher und kräftiger gelungen, während Sebastian den Text ausdeutet, — zwei vollständig gleichberechtigte

Grundsätze. Wir können daher Bitter und Winterfeld nicht beistimmen, wenn sie Friedemann einen Verächter des schlichten Volksgesanges nennen.

Friedemanns Bemühen mußte nun dahin gehen, eine ihm gemäße Form für seine groß gedachten Chöre zu finden. Auf diesem Wege bedeutet seine nächste erhaltene Kantate „Der Herr zu Deiner Rechten" für zwei Hörner, zwei Oboen, Streichquartett und vier Singstimmen einen starken Fortschritt. Die unbedingte Abhängigkeit von Dresden ist überwunden, die Manieren, die nur um ihrer selbst willen da waren, beseitigt. Der Modulationsplan des Chores, dem die Arienform ohne Trio zugrunde liegt, ist musterhaft klar: Vorspiel, Teil 1 und 2 des Textvortrags F-dur, Teil 3 C-dur; Zwischenspiel, 4. und 5. Teil des Textvortrags C-dur—A-moll, D-moll, C-dur, 5. Teil F-dur, Nachspiel. Gewiß zerfällt der Gesangsteil in mehrere motivisch verschiedene, teils wesentlich homophone, teils im alten polyphonen Stile gesetzte Gruppen, mangelt dem Gesangsmaterial also die Durchführung im modernen Sinne. Aber das Orchester, das seine eignen Motive ganz modern verarbeitet, schließt die widerstrebenden Gesangsgruppen durch seine Durchführung zur Einheit zusammen. Diese Chorsätze

werden durch die fortgesetzt selbständige Verarbeitung folgender im
Vorspiel aufgestellter Orchestermotive zusammengehalten:

Der Künstler bildet damit ein von Zelenka und Hasse in ihren Messen
mitunter geübtes Verfahren weiter. [W. Müller: J. A. Hasse als Kirchenkomponist. Beihefte der IMG 1911.]

Das Zwischenspiel läßt sehr reizvoll das brausende Sequenzmotiv
O_3 mit diesem wechseln:

Was Bach daraus in einer Umarbeitung gemacht hat, werden wir bald sehen. Das folgende Rezitativ, Duett und Arie stehen mit ihrem Ernst im Gegensatz zu dem feurigen Chore. „Gott, der da in dem Himmel wohnet" ist eine herbere, düsterere Fassung des in der H-moll-Arie „O herrliche Wohnung" ausgesprochenen Gefühls.

War auch der Chor nicht in allen Teilen gleichwertig, so war er doch bedeutend genug, um auch anderweit verwendet zu werden. Erst nach einigen Jahren legte Friedemann der Musik einen ganz entgegengesetzten Text unter: „Ertönt, ihr seligen Völker mit jauchzenden Chören, der selige Geist, der Tröster kommt herab und lässet auf Euch die Strahlen seiner Gnade fließen". Daß die Unterlage zum Teil ausgezeichnet gelungen ist, liegt daran, daß der Künstler gar nicht so sehr den richtenden, zermalmenden Gott dargestellt, als vielmehr seiner Freude über die Macht und sieghafte Größe des Weltenherrschers Ausdruck verliehen hat, sehr im Gegensatz zur Kantate „Der Herr wird mit Gerechtigkeit richten". Nur einige Deklamationssünden und die Gesamtanlage weisen schon äußerlich auf die Parodie hin:

Das Wechselspiel von Oboen und Streichern hat Bach dem Sinn entsprechend im Zwischenspiel noch bedeutend verschärft, ein besonders moderner Zug; der Sequenzgedanke siegt schließlich.

Von den Hornfanfaren, dem Sequenzgedanken und dem Zwischenspiel des Chors ließ sich nun Bach auch bei der Komposition der
meisterhaften Da Capo-Arie für Alt mit zwei Hörnern, zwei Oboen und
Streichquartett anregen, deren Instrumentation ebenso ausgezeichnet ist
wie die Deklamation des Altes.

Vorspiel zu „Heraus verzehrender Kummer, verborgene Schmerzen,
verläßt des Geistes mattes Haus".

Her - aus, her . aus ver . zeh . - - - - - -

- - - - ren . der Kummer, ver . bor . ge . ne, ver .

bor . - - ge . ne Schmerzen, ver . laßt, ___ ver . laßt

Die abschließende Da Capo-Arie „Laß dein Wehen" vermag sich mit kleinlichen Tonmalereien nicht auf der Höhe des Vorangegangenen zu halten. Sie kehrt etwas anders in „Heraus, verblendeter Hochmuth", das wieder eine Parodie auf „Heraus, verzehrender Kummer" ist, wieder. Die Orgelstimme dazu findet sich im Friedemannschen Autograph des Wohltemperierten Klaviers und deutet auf Braunschweiger Niederschrift. Die Sinfonia (vgl. Es-dur-Konzert 1.) setzte Bach der Kantate erst später vor: Die eigenhändige P. der Singakademie enthält sie nicht.

Von seiner zweiten Kantate aus entwickelte Bach nun zwei Chorformen. Beiden liegt die Form der Arie mit oder ohne Trio zugrunde. In der einen Gruppe waltet mehr Sonatengeist, der Sonderbildungen innerhalb seines Organismus nicht duldet, sondern nur das im Anfang von Orchestertutti und Gesang aufgestellte Material durchführt und auf Fugierung gänzlich verzichtet; hierher gehören „Lasset uns ablegen", das sich auch äußerlich der Sonatenform nähert, „Der Herr wird mit Gerechtigkeit" (und seine Parodien), „Ach daß Du den Himmel zerrissest" und „Erzittert und fallet" in reinster Form der Da Capo-Arie. Eine zweite Gruppe legt gerade auf die Fugierung Gewicht. Ein Vorspiel mit folgendem ersten Textvortrag T—D beginnt leicht imitierend meist, und nach dem Zwischenspiel und angefangenen zweiten Textvortrag von der D aus setzt eine ausgesponnene Fuge ein; nur in zwei Fällen bildet sie den Schluß. Meist bemüht sich Bach, sie mit dem ersten Teil möglichst eng zu verknüpfen, indem er zwischen die einzelnen Durchführungen der Fuge das Ritornell des Orchesterbeginns einschiebt oder die Fuge durch das schon in der Coda ansetzende Vorspiel des ganzen Satzes beschließt. Mitunter formt er auch das Fugenthema oder wenigstens die Zwischensätze aus einem Motiv des ersten Teils und moduliert nicht im Sinne der absoluten Fuge, sondern nach dem Plane des gesamten Chores. In diese Gruppe gehören die Kantaten: „Gott fähret auf", „Wohl dem", „Es ist eine Stimme", „Dienet dem Herrn", „Heilig" und Parodien, „Zu welchem uns Gott bereitet hat" und Parodie 10 und 26a. Am

schwächsten und am wenigsten friedemannisch, trotz Bitters gegen-
teiliger Ansicht, erscheinen die Gesangsfugen und Fugati der beiden
Kyrie, Christe und „Du bist allein der Höchste" (mit ihren Parodien),
in denen Graunsche Einflüsse walten, so künstlich sie auch gearbeitet sein mögen. In „O Himmel, schone" 1758 kommen kleine
Fugierungen vor, doch ist diese Kantate mehr nach den Grundsätzen
der ersten Gruppe gearbeitet. Außerdem hat Bach mehrere Solokantaten geschrieben. Wir werden jetzt ein paar Beispiele zur Betrachtung
herausgreifen.

Eine der gelungensten Kantaten ist die auf die Himmelfahrt Christi
„Gott fähret auf"; sie kann sich fast in der Nachbarschaft der Sebastian-
schen, sicher neben der Zachauschen über die gleichen Worte halten.
Der Eingangschor für vier Singstimmen und mit zwei Clarini, Tympani,
zwei Hautbois und Streichern D-dur zerlegt den Text in die Teile
„Gott fähret auf mit Jauchzen" sowie „und der Herr mit heller
Posaune".

Das Vorspiel[1]) legt den thematischen Stoff dar. Die Blicke der andächtig harrenden Menge scheinen dem auffahrenden Gott nachzueilen, um von der Fülle des Glanzes geblendet bald wieder sich auf die Erde zu senken. Der Chor bricht mit anschwellenden „Gott"- Rufen in Staunen aus (die Viertel nicht schnell: Andante!), Sopran und Baß tragen imitierend das Kopfthema vor, der ganze Chor folgt in freien Imitationen eines kleinen Motives und schließt in D⁺. Nach dem Zwischenspiel beginnt wieder der Chor, wie vorhin, von der D⁺ aus, aber sogleich setzt zu einem laufenden Sechzehntelbaß der Tenor mit dem neuen Textteil zu einem schmetternden Fugenthema ein, das in S beantwortet wird. An die erste vierstimmige Durchführung mit abschließendem vokalen Zwischensatz schließt sich sofort eine Engführung der vier Stimmen an, wobei die Clarini noch zwei Einsätze markieren. Auf den H-moll-Schluß folgt das Orchesterritornell (dem Vorspiel fast gleich) in H-moll. Der letzte Chorvortrag besteht wieder in einer neuen Engführung und wendet sich nach einer kurzen Ausspinnung von Themamotiven nach D-dur, wo das Orchesternachspiel schließt, dem Vorspiel gegenüber erweitert.

Den Chor D-dur „Lobsinget" verbindet ein lebendiges Rezitativ mit dem Vorangegangenen. Den dramatischen Unisonoanfang setzt eine knappe Fugierung desselben Themas fort.

Aller höchste Jubel entlädt sich aber erst in der Arie für Baß mit zwei Clarini, Tympani und Continuo, die später in die Kantate auf Friedrichs Geburtstag übergegangen ist.

Die festliche Stimmung hat Bach bis hierher gesteigert. Die Quartenrufe des Rezitativs hatte der „Lobsinget"-Chor aufgegriffen, bis in der Arie die Lüfte von dem Jubelgeschrei der Quarten widerhallen.

---

[1]) Der in der Skizze angedeutete Aufbau wird vielleicht durch eine Deutung der Halbsätze als Einschaltungen, Vorder- und Nachsätze nach Art des 1. Satzes des D-dur-Konzertes noch klarer.

Nun ist der Glanz der Himmelfahrt geschwunden und der Mensch wieder auf der Erde mit Sorgen. Das Rezitativ bittet um einen Lehrer, der Jesus ersetzen soll. In naiven Echos wird Gewährung versprochen.

Die Da Capo-Arie G-dur wiederholt die Bitte sanft mit einem Schmeichel-
motiv, das in der Arie „Komm, Du holdes Kind des Lebens" wiederkehrt (vgl. them. Verz.). Das Trio ist, ohne kleinlich zu werden, aus
der Vorstellung des aufsteigenden Jesus und des herabsinkenden guten
Geistes geschaffen. Ein Rezitativ leitet zur Arie „Wenn ich erhöhet
werde von der Erden, will ich sie alle zu mir ziehen" (ohne Trio).
Sie offenbart mit den Arien gleichen Inhalts „O herrliche Wohnung",
„Gott der da in dem Himmel", „Jesu hoher Himmelskönig" mit dem
anschließenden Rezitativ den herben Ernst des religiösen Fühlens des
Künstlers. Den erhabenen Gott über den Wolken kannte er, während
er dem Kind in der Krippe, dem Menschen Jesus zwar reizende, aber
mehr sinnliche als herzliche Arien gewidmet hat.

Ein Choral schließt die Kantate ab, die auch heute noch der
Aufführung wert wäre.

Weniger gelungen ist die Introduzione der Katechismuspredigten.
Die äußerst kunstvolle, aber im Thema zu instrumental gedachte Fuge
(s. them. Verz.) moduliert eigenartig: 1. Durchführung F-dur, B-dur,
F-dur, B-dur. 2. Durchführung modulierend. 3. Durchführung Es-dur,
B-dur, Es-dur, B-dur. Die Rückleitung von der Fuge zum Vorspiel
zeigt die Entstehung des Fugenthemas deutlich:

61

Von dem wertvollen Duett gibt das Beispiel im thematischen Verzeichnis einen Begriff (Nr. 76, 2).

Außer der oben besprochnen sind die selbständig verwendbare
aus dem „Heilig" und die aus „Es ist eine Stimme" die vorzüglichsten,
inhaltvollsten, ganz im Stile der F-dur-Tripelfuge für Orgel, während
sich die Fuge zu „Dienet dem Herrn", die Doppelfuge „Zu welchen uns
Gott bereitet hat" trotz großer Kunstfertigkeit und inhaltlich bedeutenden
Einzelzügen dem Formalismus allzusehr nähern. Besonders zu beklagen ist, daß sich die Doppelfuge „Alle Tale sollen erhöhet werden",
die zu dem Außerordentlichsten gehört, was je an Doppelfugen geschrieben wurde, nicht aus der zum Teil entsetzlich platten, zum Teil
auch mit genialen Zügen versehenen Umgebung von „Es ist eine
Stimme" lösen läßt (treffliche Sinfonie und Wüstenschilderung).

62 Doppel-Fuge.

Wüstenschilderung.

Es ist ei_ne Stim_me ei_nes Pre_di_gers in der Wü_ste

und ähnliche
Plattheiten.

Zu den die Fugenform meidenden Kantaten gehört die Oster-musik „Erzittert und fallet" für Singstimmen mit zwei Clarini, Tympani und Streichern. Der Einleitungschor in Da Capoform beginnt mit den unbegleiteten Singstimmen, die auch das Ende des Vortrags T—D und Anfang und Ende des Vortrags D—T mit den Worten „Erzittert und fallet" und „Der Heiland ersteht" bezeichnen (them. Verz.), während die Worte „ihr brausenden Scharen" ein Sechzehntelmotiv

gemeinsam mit dem Orchester in freier Polyphonie durchführen. Der unbegleitete Chorschluß wird durch unfigurierte Schritte des Gesanges zu den Sechzehnteln der Geiger wirkungsvoll vorbereitet.

Der Höhepunkt liegt im Trio (H-moll—Fis-moll). Schildernd und tonmalend im Anfang steigert es sich zum dramatischsten Ausdruck des Schmerzes am Ende.

Die nächsten Sätze nach dem Rezitativ (vgl. them. Verz.): die Arie „Was für reizend sanfte Blicke schickt Dein Auge mir zurücke, holder Jesu, Siegesfürst" mit der ausgezeichneten Flötenbehandlung, und das später in der Kantate auf Friedrichs Geburtstag unglücklich parodierte Duett „Komm, mein Hirte, laß Dich küssen, meine Sehnsucht will zu Dir" mit Oboe, sind entsprechend dem Texte wenig kirchlich, aber Meisterwerke der Liebeslyrik (Dacapo-Arien).

Metrisch interessant ist ein ausgeschriebenes Ritardando im Duett:

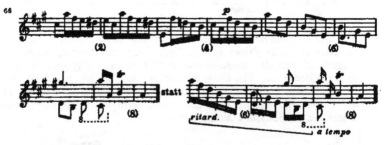

Die letzte Arie kommt auf den tonmalerischen Charakter des Chores er-
folgreich zurück. Der Schlußchoral ist schlicht mit Begleitung von
Clarini und Tympani gesetzt.

Noch homophoner ist der Chor „Lasset uns ablegen"; das Orchester gibt
den Kopf des Gesangsthemas und flirrende Sechzehntelfiguren, die das

Aufflackern des die Finsternis besiegenden Lichts illustrieren; sie kehren auch im Rezitativo accompagnato wieder. Die Singstimmen stellen ihr Material im ersten Vortrag auf T—D, führen es im zweiten D—T sehr ausgedehnt durch und bilden den dritten Teil T ohne Zwischenspiel mit anderer Modulationsrichtung dem ersten nach. Das Nachspiel ist auffallend kurz. Leider beeinträchtigt die nicht immer glückliche Deklamation die Wirkung des an harmonischen Feinheiten reichen Chores. Da der Chor im Klavierauszug jetzt angekündigt ist,[1]) geben wir keine Beispiele von ihm. Welche Ähnlichkeit mit Sebastianschem Stile bestehen soll [vgl. Bitter], weiß ich nicht. Von den vortrefflichen Rezitativen und Arien gibt Bitter einige Beispiele [vgl. die Proben des them. Verz. Nr. 80]. Die BB besitzt die Kantate in drei Abschriften. St. 172 stammen aus Emanuels Nachlaß, der sie laut Pölchaus Bemerkung in P 334 in Hamburger Kirchen öfters aufgeführt hat; E. Bachs Nachlaßverzeichnis gibt die namenlosen Stimmen, zu denen übrigens Emanuel einige bezifferte Orgelbässe geschrieben hat, als Friedemanns Komposition an. Die alte Abschrift in P 323 enthält Verbesserungen von Friedemanns Hand und die Aufschrift Dom. 1. Advent: di W. F. Bach a° 1753. Das hat der Meister später in 1749 geändert. Wahrscheinlich war das Werk vor 1753 als Pfingstmusik geschaffen worden, als die es Emanuels Stimmen bezeichnen. Die bräutliche Stimmung will besser zu dem Frühlingsfest Pfingsten denn als Adventsmusik passen. Als 1753 sich Bach um den Zittauer Posten bewarb, ließ er eine Abschrift der Kantate, vielleicht nach den Stimmen, anfertigen, die er bei seiner Probe incognito in Zittau aufführte. Als vermutlich wichtiges Ereignis datierte er sie. Als seine Bewerbung aber fehlgeschlagen war, tilgte er die nun unangenehme Zahl 1753 und setzte das Jahr der ungefähren Entstehung darauf: 1749.

Weniger glücklich ist der gleichfalls homophone Chor „Der Herr wird mit Gerechtigkeit richten", der nach dem wirkungsvollen Anfang mit den Riesenschritten der Violine mit der einfachen Triolenbegleitung der ersten Violine Telemannsche Gewohnheit aufnimmt. Dem ausgezeichnet deklamierten Beginn folgt eine unleidlich deklamierte Gruppe, die die Wirkung des Ganzen zerstört.

Aus dieser Kantate ist besonders die Arie „Die Wunderkraft des abgelebten Stammes erreget sich" hervorzuheben, die jeder leisesten Wendung des Textes folgt:

Die Wun-der-kraft, die Wun-der-kraft des

---

[1]) Breitkopf & Härtel, New York, bearbeitet von G. B. Weston.

ab. . ge- leb- ten Stammes er- re - get sich, er- re - get

(6) sich und treibt, und treibt den ed- len Zweig her- für.

Auch der Anfang der Arie „Liebster Jesu" soll hier stehen als Beweis ihrer Vortrefflichkeit und des Ungeschicks Bitters, der eine Parodie dieser Musik abdruckt, um die Unfähigkeit Bachs zur Deklamation darzutun [1]).

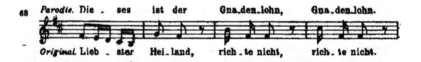

Parodie. Die - ses ist der Gna-den-lohn, Gna-den-lohn.

Original. Lieb - ster Hei- land, rich- te nicht, rich- te nicht.

Bemerkenswert besonders im Hinblick auf die 1778—79 geplante Choroper ist die Kantate „Ach daß Du den Himmel zerrissest". Der gut deklamierte Chor geht in ständigem dramatischen Oktavenunisono unter der schütternden Begleitung des Orchesters, bis in plötzlichem Gegensatz ein mildes Recitativo accompagnato des Basses einsetzt,

Der al- ten Vä - ter hei- ßes

Seh- nen ist nun er- füllt, ihr Glau-bens- durst ist längst gestillt,

----
[1]) a. a. O. 2, S. 187.

ge_stillt sind ih _ re Hoffnungs! trä_nen.

Des Himmels Rie_gel bricht.

das in ein imitierendes Arioso zwischen Alt und Sopran mit Continuo übergeht, nach dessen *pp*-Abschluß das dem Chorvorspiel ähnliche Nachspiel *ff* Maestoso den an dramatischen Gegensätzen reichen ersten Teil der Kantate beschließt.

Die beiden Arien haben abweichende Form. Die erste G-dur „Willkommen, Erlöser auf Erden" hat zwei Trios hintereinander E-moll—H-moll und H-moll. Die Flötenbehandlung ist wieder meisterhaft [them. Verz.]. Die zweite Arie für Baß mit zwei Violinen, zwei Hörnern und Baß „Rüstet Euch, erboste Feinde" hat diese rondoartige Da Capo-form:

a	b	a	b	Nachspiel mit	a		Text
A	B	A	B	neuem Stoffe.	Ca (Motive aus A, =Trio)		Musik
Dd-Ad	Ad	Ad-Dd	Dd		Dd	hm-fism.	

Da Capo

und erreicht die Dramatik des ersten Teiles mit wertvoller Musik [them. Verz. Nr. 93].

Eine von der gewöhnlichen Da-Capo-Arie abweichende Form hat auch die Tenorarie (Nr. 5) der Kantate auf Friedrichs des Großen Geburtstag.

Nur zwei von den auf kriegerische Ereignisse der Jahre 1756/63 komponierten Kantaten Bachs haben sich erhalten, unter ihnen die genannte Geburtstagsmusik und „Auf Christen posaunt" nach dem Hubertusburger Frieden (kirchliche Feier 13. März 1763), die den Chor der Geburtstagskantate parodiert und einige wertvollere Neuschöpfungen enthält. Von den Musiken auf das Dankfest für den Sieg bei Lissa und den Frieden zwischen Rußland und Preußen (6. Juni 1762) sind

11*

nur die Textbücher erhalten[1]), von andern nur Zeitungsnachrichten (Schlacht bei Roßbach, Sonntag, 20. November 1757; Friedrichs Geburtstag s. u.; Einnahme Breslaus, 8. Januar 1758; Friedensfeier im Paedagogium Regium[2]), 18. April 1763; Universitätsfriedensfeier, 26. u. 27. Mai 1763; nur bei der Friedensfeier der Gesellschaft schöner Wissenschaften, 28. Mai 1763 hat Friedemann sicher nicht mitgewirkt[3]).

Eine Analyse der Kantate auf Friedrichs Geburtstag gibt Bitter, allerdings mit irriger Darstellung des Baues des Chores, der äußerlich wirksam und frisch, wenn auch nicht tief ist.

Entstanden ist das Werk 1758, nicht wie Prieger meint 1757[4]); das geht aus dieser Darstellung hervor[5]):

Mit Erlaubnis des Prorektors J. F. Stiebritz und des Senats feierten die schlesischen Studenten die Wiedereroberung ihrer Heimat durch Friedrich, wozu der Geburtstag des Königs am 24. Januar 1758 „am füglichsten bestimmet und ausersehen wurde, an welchem die hier befindlichen schlesischen Landeskinder die innern Empfindungen ihrer ausnehmenden Ehrfurcht und Freude öffentlich an den Tag legen wollten". Durch eine Schrift Wideburgs wurde zur Feier eingeladen. Der Musiktext wurde gedruckt als: „Singgedichte bey dem allerhöchsten Geburtsfeste des ... Königs von Preußen, aufgeführt auf hiesiger Kgl. Friedrichsuniversität, den 24. Jenner 1758. Halle, bey C. P. Francken".

Um 9 Uhr wurde von der Wage am Markte mit Trompeten und Pauken zur Feier gerufen. Die Herren Schlesier hielten ihren Einzug auf der Wage. Um 10 Uhr wurden die Professoren in kostbaren Ornaten und der diesmalige Redner Baron Herm. Ferd. Christian von Lynker feierlichst mit silbernen Szeptern der Ministeriorum Academiae in das Redezimmer geleitet. „Hierauf wurde eine wohlgesetzte und zahlreich besetzte Instrumental- und Vokalmusik aufgeführet", d. h. Nr. 1—9 der Friedemannschen Kantate. Darauf hielt Lynker, der Neffe des Paten Friedemanns, eine vortreffliche „teutsche Rede", deren Schluß: „Der Himmel erhöre unsere treueste Wünsche, und verleihe uns allen das vorzügliche Glück, daß wir noch lange ausrufen können: ,Es lebe unser großer Monarch! Es lebe Friederich!'" zu den Worten der „abermals erschallenden, wohlklingenden Musik" überleitete, die Schlesien ausspricht (Nr. 10 Rez.): „Monarch, der Reiche Lust, Du weisester ..., höre Du, der Musen Leben, den lauten Zuruf meiner Söhne". Der folgende Coro wäre ja in der Tat nach dem vorausgegangenen Duett eine überflüssige Wiederholung desselben Gedankens, wenn nicht dazwischen Lynkers Rede[6]) fiele.

---

[1]) Universitätsbibl. Halle. Wöch. Hall. Anzeigen 1758, S. 74.

[2]) Wöch. Hall. Anz. 1763, S. 385, bei ihr trug der junge Gottfried August Bürger eine selbstgefertigte Ode vor.

[3]) Wöch. Hall. Anz. 1763, S. 385, 297, 416.

[4]) Vorwort zur Ausg. der D-moll-Sinfonie.

[5]) Wöch. Hall. Anz. 1758, S. 74 ff.

[6]) Rede bey Gelegenheit des hohen Geburtstagsfestes des .... Herrn Friedrichs des Großen: von Heinr. Ferd. Christian Freih. von Lynker. Halle bei C. P. Francken. Groß 8°.

Die einleitende Sinfonie, die das Autograph verlangt, könnte wohl die Fugensinfonie D-moll sein, die jedoch schon vor der Kantate komponiert worden ist (vgl. Sinfonien). Eine zweite Sinfonie an siebenter Stelle ist gleichfalls nicht vorhanden. Bitter und Prieger irren, wenn sie das „segue Sinfonia" auf das Vorspiel der Arie Nr. 5 beziehen. Sie übersehen, daß nach 5. „segue Recit. Sopran" gefordert ist: „Er siegt, Dein Held, Dein König", dann „Segue Sinfonia", die das Siegen dargestellt haben wird, dann folgt ein langes Altrezitativ, das mit den Worten des Sopranrezitativs beginnt und Friedrichs Tat schildert. Nach dem Altrezitativ steht „segue Duetto", das eine Parodie ist.

In den jugendfrischen Gedanken des Chores:

äußert sich, wie in der ganzen Kantate, die ehrliche Begeisterung für den vaterländischen Helden, den der Künstler 1747 auch persönlich kennen gelernt hatte, und dessen Bewunderung für Sebastian ihn dem Sohne besonders verehrenswert machte.

Auf die meist sehr handwerksmäßigen Parodien brauchen wir nicht einzugehen. Während Bach in den Chorkantaten mitunter verunglückt, sind die originalen Solokantaten oft vollkommen gelungen. Eine Sinfonia ersetzt den Einleitungschor.

So gehört die zweite Himmelfahrtskantate zu den besten Werken. Nach der festlichen Sinfonia D-dur (vgl. unter den Sinfonien) wird die Frage des Soprans nach den Wegen zum Himmel und zur Hölle von Tenor und Baß in vorzüglichen Rezitativen beantwortet. Eine Tenorarie mit Trompeten und Violinen greift die Feststimmung der Sinfonia auf. Ein Rezitativ leitet zur Altarie mit obligater Bratsche im Sebastianschen Stile über [them. Verz. Nr. 91].

Hinter der freudigen Himmelfahrtsmusik steht die herbere Weihnachtskantate „O Wunder, wer kann dieses fassen" ein wenig zurück. Bemerkenswerterweise ist die „in sich hineinhörende" Akzentuierung der Melodie nach der Tiefe den ersten vier Sätzen gemeinsam. Das nach dem etwas zu breiten Duett einsetzende Arioso mit Violino solo übt durchaus kein trockenes Konzertieren; freilich ist es nicht absolut schöne, sondern charakteristische Musik, bei der man zudem die Rolle des Akkompagnisten nicht unterschätzen darf [s. them. Verz. Nr. 92, 4].

Daß Bach aber auch volkstümlicher Töne mächtig war, beweise das Bruchstück aus der Kantate „Es ist eine Stimme":

71

Holdseligster Engel, du Bote des Friedens,

erwecke die Herzen, bereite die Bahn. usw.

Zu bedauern ist, daß Schittler durch die Ausgabe eines so mäßigen Werkes wie der Arie „Zerbrecht, zerreißt" von Friedemanns Vokalmusik abschrecken mußte, von der eine verständige Auswahl noch heute Leben gewinnen könnte. (Übrigens stammt die Arie nicht aus dem Jahre 1779, wie Schittler im Programmbuch, München 1910, und in Zeitungsankündigungen des Druckers Schittlers im Wunderhornverlag behauptet: Die Bemerkung der BB „1 Bgn." liest er für 1779!)

Die schwachen Messenteile zeigen stärkere Einflüsse der Graunschen Richtung [vgl. Proben des them. Verz. Nr. 98 und 100]. Ob die Mittelsätze der deutschen Messe von Friedemann stammen, darf man schon nach den thematischen Anfängen bezweifeln.

Bei einer strengen Scheidung der Originalschöpfungen von den Parodien kommen wir also zu einem wesentlich günstigeren Urteil über Friedemanns Vokalmusik als frühere Beurteiler. Tiefe Trauer und helle Freude bringt Bach zu wahrem Ausdruck. Von einer sklavischen Nachahmung Sebastians kann keine Rede sein; im Gegenteil hat der Künstler im Chore neue Formen gesucht und sich ebenso oft eines homophonen, frei polyphonen Stiles wie der streng gebundenen Schreibweise bedient. In der Arie schließt er sich mehr Sebastian als den Berlinern, Graun und Genossen an, ohne seine Eigenart aufzugeben. Im Rezitativ hält er sich vom Schwulste eines Homilius u. a. fern und erreicht oft die Ausdruckskraft seines Vaters. Trotz vieler Fehlgriffe übertrifft Friedemann Bach in seinen vorzüglichsten freien Schöpfungen und in der Technik und dem wirklichen Erleben seiner Fugen in „Gott fähret auf", „Heilig" und „Es ist eine Stimme" („Alle Tale") die im Niedergange begriffene evangelische Kirchenmusik seiner Zeitgenossen, auch die einst so gerühmte Heiligfuge Emanuels, der der wahre Fugengeist fehlt. Aber seine Vokalmusik ist das Ende einer Entwicklung, deren Höhepunkt schon erreicht war, kein Anfang wie seine Instrumentalmusik, die daher allein in der Geschichte der Kunst von tieferer Bedeutung ist.

III. Verzeichnis der Namen.

Wilhelm Friedemann Bach

Zeichnung von P. Gülle in der Königl. Bibliothek zu Berlin

IV. Thematisches Verzeichnis
der Kompositionen
Wilhelm Friedemann Bachs.

Die **Instrumentalwerke** sind innerhalb der einzelnen Gattungen nach der Tonart geordnet, die zweifelhaft echten und die unechten am Schlusse jeder Gruppe aufgeführt.

Die **Vokalwerke** sind übereinstimmend mit der Tafel auf Seite 139—141 geordnet.

Die Zahl hinter jedem Werke gibt seine Erwähnung im Text an.

Instrumentalmusik.

Sonaten für 1 Klavier.

Verlag von C. F. Kahnt Nachf., Leipzig.   Copyright, 1911, by C. F. Kahnt Nachf., Leipzig.

C. F. K. N. 7122

2

und die Sonatinen der Kölner Hds. und die Emoll-Sonate in Winters Mancher-
ly Music. Stück 21, S. 83 (Eitner schreibt sie Friedemann zu).   S. 80.

Sonaten für 2 Klaviere.

4

12. 12 Polonaisen.
Cdur 1)   Cmoll.

Ddur.   Dmoll.

Esdur.   Esmoll.

Edur.   Emoll.

Fdur.   Fmoll.

Gdur.   Gmoll.
                                                    S. 81.

13. 1 Polonaise.
Cdur 2)   Trio.
                                                    S. 84.

Unecht:
Fdur.   Gdur.
                                                    S. 84.

und sämtliche Polonaisen und Tänze der Kölner Hds.

Fantasien für Klavier.

14. Cdur.
Presto.
                                                    S. 85, 86.

15. Cmoll 1)
                                                    S. 86.

C. F. K. N. 7122

16. Cmoll 2)

S. 86.

17. Ddur.

S. 85.

18. Dmoll - Fdur.

S. 85.

19. Dmoll.

Fugato.

S. 86.

20. Emoll 1)

S. 44, 85, 86.

21. Emoll 2)

S. 86.

22. Gdur.

S. 85.

23. Amoll.

Prestissimo.

S. 85, 86.

Unecht:
Fdur.

Allegretto.　**Bdur.**　(Em. Bach.)

Arpeggio.

S. 85.

Suiten und kleinere Klavierstücke
(außer Polonaisen und Fugen).

24. Suite Gmoll.
Allemande. *Courante.*

Sarabande. *Gigue.*

Bourrée. **25, 1** *Menuet.*
(2 Trii) S. 89. = 24,4 darin als Trio
S. 89. 25,2 (Tempo di Min.)

25, 2
Presto.

26. Bourleska. (L'Imitation de la Chasse.) **27. La Reveille.**
S. 87. S. 88.

28. Gigue. **29. Andante.** (Preludio.)
S. 88. S. 88.

30. Marsch Esdur.
S. 88.

Unecht:
Divertimento Amoll.
Allegro. *Min.*

Pol. *tr.* *Presto.*
S. 88.

Etüde.
S. 88.

Alle Sätze der Kölner Hds. C. F. K. N. 7122

Fugen für Klavier und Orgel, Choralvorspiele, Kanons.

31. 8 Fugen. Berlin 1778. (Klavier)

32. Cmoll 2) (Klavier)

33. Fdur 1) (Klavier)

34. Bdur 2) (Klavier)

35. Cdur 2) Bruchstück. (Orgel)

36. Fdur 2) (Orgel)

37. Gmoll. (Orgel)

8

38, 1. 7 Choralvorspiele für Orgel.
Nun kommt der Heiden Heiland.   Christe, der du bist Tag und Licht.

Jesu, meine Freude.   Durch Adams Fall.

Was mein Gott will.   Wir Christenleut.

Wir danken dir, Herr Jesu Christ.

S. 94.

38, 2. Orgeltrio über „Allein Gott in der Höh sei Ehr" (verloren).

39. Kanons und ähnl.

u. s. w.

6 Studien über

über

über

u. s. w. **2, 3, 4stimm. Kontrapunkte in dorisch, phrygisch, lydisch.** S. 90.

Unecht:

Orgelkonzert Amoll.

Fuge.

Largo. Finale.

(Vivaldi-Sebastian Bach)

S. 53, 94.

Amollfantasie, herausg. von Stradal (wahrsch. Seb. Bach).

Konzert für 1 Klavier allein.

40.

Konzerte für 2 Klaviere allein.

Vergleiche № 10, 11, 43.

Konzerte für 1 Klavier mit Streichorchester und Continuo.

41. Ddur.

42. Esdur 1)

43. Emoll.

Auch für 2 Klaviere eingerichtet.

44. Fdur.

45. Amoll.

Unsicher:
e) Gmoll.

Unecht:
Cmoll.

Adur ⅜ Bruchstück, Bitter N⁰ 12 gibt es nicht (mehr) S. 95.

Amoll.

(Em. Bach.)
S. 95.

Konzert für 2 Klaviere mit Streichorchester, Hörnern, Pauken (und Trompeten).

46. Esdur 2)

S. 113.

Konzert für Flöte und Orchester; Konzerto für 4 Instrumente.

Unecht:

(Zusammenstellung aus dem Ende des 18. oder Anfang des 19. Jahrhunderts.)

Triosonaten für 2 Soloinstrumente mit Basso continuo.

47. Ddur 1) 2 Flöten u. Baß.
Allegro ma non tanto.

Largo.

Vivace.

S. 117.

48. Ddur 2) 2 Flöten u. Baß.
Andante.

Allegro.

S. 115, 117.

49. Amoll. 2 Viol. (od. Flöten?) u. Baß.
Allegro.

unvollendet (8 Takte)

S. 117.

50. Bdur. 2 Violinen u. Baß.
Largo.

Allegro ma non troppo.

Vivace.

S. 117, 118.

Unecht:

4 Sätze. (W. Fr. E. Bach.)

S. 116.

2 Sätze. (W. Fr. E. Bach.)

Triosonaten für 1 Soloinstrument mit Cembalo.

Unsicher:
f. Violine u. Cembalo.
Adagio.

Allegro.

Presto.

S. 115.

g. **Fdur.** Violine od. Flöte u. Cembalo, od. Violine, Flöte u. Baß.

Adagio.

Allegretto.   *Allegro assai e scherzando.*

S. 116.

Unecht:
Edur. Flöte u. Cembalo.

Allegretto.   *Adagio di molto.*

Allegro assai.

(Em. Bach.)
S. 114.

Sonaten für Flöte und Baß.

51.   (verloren)   **52.**   (verloren)

53.   (verloren)

S. 114.

Duette ohne Baß.

Flötenduette.
54. Emoll.

Larghetto.

S. 119, 120.

55. Esdur 1)
Allegro.

Adagio ma non molto.   *Presto.*

S. 119, 120.

56. Esdur 2)

Un poco Allegro.

Largo. *Vivace.*

S. 119.

57. Fdur.

Allegro e moderato. *Lamentabile.*

Presto.

S. 119.

58. Fmoll.

Un poco Allegro.

Largo. *Vivace.*

S. 119, 121.

59. Gdur 1)

Allegro ma non troppo. *Cantabile.*

Alla breve. *Gigue.*

S. 119.

Bratschenduette.

60. Cdur.

Allegro di molto. *Scherzo.*

Vivace.

S. 119. 120.

61. Gdur 2)

Allegro. *Lamento.*

Sinfonien.

Einrichtung aus 2 Friedemannschen Singfugen von fremder Hand.

16

68. Gdur 1) (Streich., Ob. u. Fag.)

S. 124, 126.

69. Gdur 2) (Streich.)

S. 124, 129.

70. Adur. (Streich., Ob., Fag. [Contin.])

S. 124, 132.

71. Bdur. (Streich.)

S. 124, 131.

Siehe auch №. 88,1; 90,1 u. 7; 91,1; 92,1.

<u>Unecht:</u> **Blassextett.**

3 Sätze. (W. Fr. E. Bach.)
S. 123.

Vokalmusik.

Kantaten.

72. „Wer mich liebet." Pfingsten. à 3 Tromb.,Tymp. 2 Viol., Viola, 4 Voc. e Contin.

1. Chor.

Wer mich lie_ _bet,

2. Rec. Sop. **3. Arioso.**

Wer Gott liebt, der weiß   Vor sei _ ne Lie_ _be

4. Aria. Baß, Organo.

Sü _ ßer, Lie _ ber, hohes Gut

5. Aria. Alt, Streichquart.

O herr _ li_che Woh_nung

6. Choräle.

a)   b)   c)

S. 139, 142.

73. „Der Herr zu deiner Rechten." Beschneidung Christi. 2 Cor., 2 Ob., 2 Viol.,
Viola, Contin., 4 Voc.

1. Chor.

Der Herr zu dei _ ner Rech_ten

2. Rec. Ten.

Muß nun der heil_ge Got_tes_sohn im Bach   am We_ge selber trin-
ken.

3. Duett. Sop., Alt, Viol. (od. Ob.?), Contin.

Gott, der _ da

4. Rec. Ten.

in __ dem Himmel wohnet.   Gott tritt selbst in uns_re Or_den

5. Aria. Baß, 2 Ob., Contin.

Chri_sten,   Chri_sten

zeigt___   durch   eu_er Le_ben

Tutti Da Capo.

S. 139, 145.

74. „Wir sind Gottes Werke." 2. Sonnt. n. Epiph. 2 Viol., Viola, Contin. 4 Voc.

1. Aria. Sop., Streichquart.

Wir sind Got_tes, Gottes Werke

2. Doppelfuge.

Vivace.

Zu wel_chen   uns Gott zu_vor be_rei_tet hat

3. Rec. Sop.- Baß- mit Contin.   **4. Aria.** Alt, Orgel.

Sind wir nun Got_tes Werk in Christo

Der Him_mel ist___ nur eine Straße.

5. Rec. Ten.   **6. Choral** (fehlt).

ohne Text   S. 139.

75. „Gott fähret auf." Himmelfahrt. 2 Trp., 2 Ob., Pauk., 2 Viol., Viola, Cont., 4 Voc.

1. Chor.

Gott, Gott,   Gott

2. Rec. Ten.   **3. Chor.**

Komm, Toch_ter Zi_ons, komm   Lob_sin_get, lob_

sin_get,   lob_sin_get un_serm   Kö_nige

4. Aria. Baß, 2 Clarini, Tymp., Contin.

Er-schallet,   er-schallet

5. Rec. Sop., Contin.

6. Aria. Sop., 2 Viol. Contin.

Herr, eh ich dich aus dem Gesicht ver-lier...

Komm, ach komm, komm, ach komm,   auf Christi Glie-der

7. Rec. Alt.

8. Aria. Alt, Contin.

Noch eins   mein Heil, mein Schatz

Wenn ich er-hö-het wer-de,   er-

9. Choral.

hö-het wer-de   S. 139, 151.

76. Introduzzione delle predicazione del Catechismo. 2 Viol., Viola, Cont., 4 Voc.
1. Chor.

Un poco Allegro.

Wohl dem, wohl dem,   der den

der den Her-ren fürchtet   **Fuge.**

Her-   -ren fürchtet   Der gro-ße Lust hat zu sei-   -

2. Duett. Sop., Alt, Contin.
Cantabile.

-   -   nen Ge-bo-ten   Got-tes sü-ße See-len-

3. Chor.

leh-re   Se-lig,   se-lig

S. 139, 155.

77. Zu Ende derer Katechißmus Predigten di J. S. Bach.

Jedenfalls 3. Rec. v. W. F. B.   1. u. 3. v. J. S. B.   S. 139.

78. „Heilig und Alle Lande." Tromp., Pauken, 2.Viol., Viola, Contin., 4 Voc.

1. Chor.

79. Bruchstück. 2 Fl., 2 Ob., 2 Viol., Viola, Contin., Baß.

80. „Lasset uns ablegen." Pfingst. 1. Adv. Trp., Pauk., 2 Viol., Viola, Cont., 4 Voc.

1. Chor. 1749 (1753).

2. Rec. Alt.

3. Choral. (od. Mel. wie Nº 8.) 4. Rec.

5. Aria. Sop., 1 Viol., 1 Fl. trav., Contin.

6. Rec. acc. Baß, 2 Viol., Viola, Contin.

7. Aria. Baß, Ob., Contin.

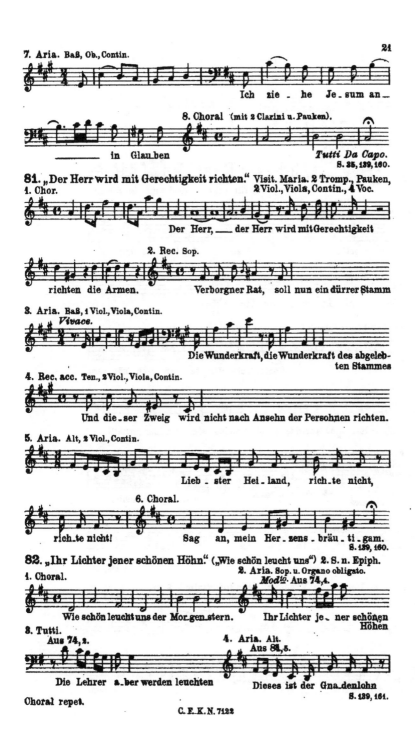

Ich zie _ he Je _ sum an _

8. Choral (mit 2 Clarini u. Pauken).

in Glau_ben

Tutti Da Capo.

S. 35, 139, 160.

81. „Der Herr wird mit Gerechtigkeit richten." Visit. Maria. 2 Tromp., Pauken,
1. Chor. 2 Viol., Viola, Contin., 4 Voc.

Der Herr, __ der Herr wird mit Gerechtigkeit

2. Rec. Sop.

richten die Armen. Verborgner Rat, soll nun ein dürrer Stamm

3. Aria. Baß, 1 Viol., Viola, Contin.

Vivace.

Die Wunderkraft, die Wunderkraft des abgelebten Stammes

4. Rec. acc. Ten., 2 Viol., Viola, Contin.

Und die _ ser Zweig wird nicht nach Ansehn der Persohnen richten.

5. Aria. Alt, 2 Viol., Contin.

Lieb _ ster Hei _ land, rich _ te nicht,

6. Choral.

rich _ te nicht! Sag an, mein Her _ zens _ bräu _ ti _ gam.

S. 139, 160.

82. „Ihr Lichter jener schönen Höhn." („Wie schön leucht uns") 2. S. n. Epiph.
1. Choral. **2. Aria.** Sop. u. Organo obligato.

*Mod.*½º Aus 74,4.

Wie schön leucht uns der Mor _ gen _ stern. Ihr Lichter je _ ner schönen
Höhen

3. Tutti. **4. Aria.** Alt.

Aus 74,2. Aus 81,5.

Die Lehrer a _ ber werden leuchten Dieses ist der Gna _ denlohn

S. 139, 161.

Choral repet.

22

83. „Erzittert und fället." Ostern. Tromp., Pauk., 2 Viol., Viola, Contin.

1. Chor.

Er _ zit _ tert, er _ zit _ tert und fal _ let

u. s. w.

2. Aria. Ten., a 2 Trav. e Contin.

Was für rei _ _ zend sanf _ te Blicke

3. Rec. Ten.- Sop.- Contin.

Das Grab ist leer, es ist voll _ bracht: Der Sieg ist nun er _

run _ gen, ihr Ly _ den, gu _ te Nacht

4. Duett. Sop., Baß, Flauto d'amour, Contin.

Komm, mein Hir _ te, laß dich küs _ sen.

5. Rec. Sop., Alt, Contin.

Mein Hei _ land kommt, o! welch ,ein Freu _ den _ schall!

6. Aria. Sop., 2 Viol., Contin.

Rauscht! rauscht! _

7. Choral (mit Tromp. u. Pauken).

rauscht, ihr Flu _ ten, rauscht! Heut tri _ um _ phie _ ret Got _ tes Sohn.

S. 139, 157.

84. „Dienet dem Herrn mit Freuden." (Aus 100. Psalm.) 2 Tromp., Pauken,

1a) Chor. 2 Viol., Viola, Contin., 4 Voc. (1755.)

Die _ net dem Herrn _ mit Freu _ _ _ _ den.

4 b) Fuga.

S. 53, 139.

85. „Dies ist der Tag, da Jesu Leidenskraft." Hörner, Flöten, Fagott, 2 Viol., Viola, Contin.

1. Sinfonia = N? 64, 1-3.

2. Rec. acc. Sop.

Largo.   acc. Rec.

Dies ist der Tag, da Je _ su Lei _ dens_kraft auf unsre Seelen fließet.

3. Aria. Ten., Fl., Contin.   4. Rec.

Sü _ ßer Hauch von Gottes Throne

5. Aria. Baß mit Streichquart.

Con spiccato.

Ent _ zün _ de mich, ent _ zün _ de mich, du Kraft.

6. Choral.

Heil _ ger Geist ins Him _ mels Thro _ ne

S. 139.

86. „Der Höchste erhöret." (3. Okt. 1756.)

1. Chor.

Aus 81, 1.

Der Höchste erhöret das Flehen der Armen.

2. Aria. Alt, 2 Viol., Viola, 2 Ob., Viol. grosso.

Andante.

Das Her _ ze, Her _ ze_ klopft, klopft

3. Rec. Ten., Baß, Contin.

So macht der treu _ e Mund   den letzten Abschiedssegen kund.

4. Aria. Ten. u. Organo.

O!__Himmel, treuf _ le, treufle deinen Regen.

5. Choral.

All   die   mir   Gu _ tes   tun

Tutti Da Capo.

S. 139.

87. „Verhängnis dein Wüten.“
1. Chor.
Aus 81,1.

Verhängnis,dein Wüten entkräftet die Armen.

2. Aria. Alt, 2 Viol.,Viola, 2 Fl.,Viol.grosso.
Aus 86,2.   **3. Rec.** Sop.

Die Weh _ mut klopft   Dortha ro eilt,   die Krone dieser Welt.

4. Aria. Baß.
Aus 81,5.   **5. Choral.**
                            Aus 86,5.

E _ wig We _ sen, richte nicht   *Tutti Da Capo.*
                                        S. 140.

88. „Ertönet, ihr seligen Völker.“ Pfingsten. 2 Cor., 2 Ob., 2 Viol.,Viola,Cont., 4 Voc.
1. Sinfonia. 2 Ob., 2 Viol.,Viola, Contin.
Un poco Allegro.

(Umarbeit. aus No 42.)

2. Chor. 2 Cor., 2 Ob., Streicher, 4 Voc.

(Umarbeit. aus No 73,1.)

Ertönet,ihr seligen Völker, mit
jauchzenden Chören.

3. Aria. Alt, 2 Cor., 2 Ob., 2 Viol.,Viola,Contin.

Her _ aus, her _ aus, ver _ zeh _ _ _ render Kummer.

4. Rec. Sop., Alt, Contin.

Be _ glückt, wer von dem Geist ent_flammt, ent_flammt

No 4. Rec. hat nur im P. Ms. 17911 (Wiener Hofbibl.) schlechten Stel-Baß, vergl.
Bitters Beisp.,die Autogr. Hdss. haben liegenden Baß.

5. **Aria.** Ten., 2 Ob., Contin.

Laß dein We _ hen   in mir spie _ len

S. 140, 147.

89. „Es ist eine Stimme eines Predigers." Joh. u. Ankunft Christi. 2 Trp., Pauk., 2 Ob., 2 Viol., Viola, Cont., 4 Voc.

1. **Chor.**

Clarini.

Sop. Solo.

Viol.

Es ist ei _ ne

Stim _ _ _ _ _ _ _ _ _ _ me

Al _ _ _ _ _ _ _ le

Doppel-Fuga.

Al _ le Ta _ le sol _ len er _ hö _ _ _ het wer _ _ _den

2. **Rec.** Ten.

Gott hat uns Gnad.   und   Heil in Christo angetragen

3. **Aria.** Sop. u. Organo obligato (u. Basso ripieno c'è da cavare).

Cantabile.

Der Trost _ ge _ hö _ ret

nur _ für Kin _ _ der, nur für Kinder, die in der wahren Buße stehn

4. **Rec. acc.** Alt.

Dein Hei _ land läßt die Bahn durch seinen Engel zubereiten

5. **Aria.** Baß, Contin.

Moderato.

Hold _ se _ lig _ ster En _ gel, du _ Bo _ te des Frie _ dens

5. **Choral.**

Wir Men _ schen sind zu   dir, o   Gott

S. 140, 155, 165.

90. „O Himmel, schone." (Weltliche Kantate) Friedr. Geburtst. 24. Jan. 1758.
1. Sinfonia fehlt.
2. Rec. acc. Baß, 2 Viol., Viola, Contin.

O Himmel, schone, schone

3. Aria. Baß, 2 Hörner, Pauken, Contin.
Vivace. Aus 75, 4.

Öff _ net, öff _ net, öff _ net, Me _ talle, den glühenden Rachen

4. Rec. acc. Baß, dann Tenor (Schlesien).
Allegro.

Der Waffen rauschendes Ge _ tö _ se

5. Aria. Ten., Hörner, 2 Viol., Viola, Contin.

Blüht noch Hoffnung, noch Hoffnung

6. Rec. Sop., Contin.

Er siegt   dein Held, dein König

Segue 7. Sinfonia
fehlt.

8. Rec. Alt, Contin.   9. Duett. 2 Soprane, Flöte, Contin.
Aus 88, 4.

Festrede.

Er siegt, dein Held   Was meines Stammes Ehre schützet

10. Rec. Ten.   11. Coro. 2 Clarini, 2 Viol., Viola, Cont., 4 Voc.

Monarch, der Reiche Lust   Heil jauchzet, jauchzet
S. 140, 163.

91. „Wo geht die Lebensreise hin." Himmelfahrt.
1. Sinfonia. â 2 Tromp., Tymp., 2 Hautb., 2 Viol., Viola e Basso.

2. Rec. Sop. - Baß - Ten. - (Arioso).

Wo geht die Le _ bens _ rei _ se hin

3. Aria. Ten. 1 Tromp., 2 Violin., Contin.

Ihr frommen See_len

fah_ _ _ _ret, fah_ret auf

4. Rec. Alt.

Doch den_ket nicht, es sei dies hel_le Gna_den_licht

5. Aria. Alt, Bratsche, Contin.

Der Him_mel

nei_get sich zur Er_de, da Je_sus zu den Va_ter geht. Der Himmel

6. Choral.

Herr Je_su, zieh__ uns für und für   S. 136, 140, 165.

92. „O Wunder." Weihnacht. 2 Hörn., 2 Ob., 2 Viol., Viola, Contin.

1. Sinfonia.

Allegro assai.   **2. Rec.** Baß-, Alt, Contin.

O Wunder, wer kann dieses fassen

3. Duett. Sop., Alt, 2 Flöt., 2 Ob., Contin.

Moderato.

Je_su, gro_ßer Himmels_kö_nig

4. Rec. Sop., Violino Solo, Contin.

Du

bist, o Je_su, in der Welt erschienen

C. F. K. N. 7122

28

5. Arioso. Sop. u. Baß mit Contin. So wirst du

Un poco Allegro.

So wirst du täg-lich in ___ uns neu-__-geboren

6. Aria. Baß, 2 Corni, 2 Ob. u. 2 Viol., Contin.
Andante.

Komm, du hol-des Kind des Le-bens

7. Choral. Corni, Viol. u. Viola col Voci.

O lie-bes Kind, o sü-ßer Knab S. 136, 140, 165.

93. „Ach, daß du den Himmel zerrissest." Weihnacht. à 2 Cor., 2 Fl., 2 Viol., Viola e Contin.
1. a) Chor.

Ach! daß du den Himmel zer-ris-sest, ach! daß

b) Rec. acc. Baß.

Der al-ten Vä-ter hei-ßes Seh-nen ist nun er-füllt

c) Arioso. Sop. u. Alt, Contin.

Kommt, laßt, ___ laßt uns sein Geburtsfest feiern

d) = Vorspiel von a.
2. Aria. Ten. 2 Fl. u. Contin.

Will-

kom-men, will-kom-men, Er-lö-__-ser auf Er-den

3. Rec. Alt.   4. Aria. Baß, 2 Cor., 2 Viol., Contin.
                               Spirituoso.

Da al-les sich er-freut   Rü-stet euch,

5. Choral.

rü-stet euch, erboste Feinde   Schweig, ar-ger Feind
                                S. 140, 162

94.
Aria. Sop., Orgel u. Corno da Caccia.

Zer _ brecht, zer _ reißt, ihr schnö _ _ den Ban _ de
S. 140, 166.

95. „Auf, Christen, posaunt." Nach dem Hubertusburger Frieden. 13. März 1763.
1. Chor.
Aus 90, 11.

Auf, Christen, posaunt in jauchzenden Chören

2. Aria. Sop., Viol., Contin.
Moderato.

Gro _ ßer Held, gewohnt zum Siegen

3. Rec. Baß.

Wohl dir, du reich be _ glück _ tes Land (*und Parodie*)

4. Aria. Ten.
Furioso. Aus 90, 5.

5. *Tutti da Capo.*

Kracht, zerbrecht und fallt, ihr Himmel

6. Choral.

Wohl dem, der mit Lust und Freu _ de das Gesetz des Höchsten treibt
S. 140, 163.

96. „Heraus, verblendeter Hochmut." 10. Sonnt. n. Trin. a 2 Cor., Hautb., 2 Viol., Viola, Contin.
1. Choral.

2. Aria. Baß.
Aus 88, 3.

Her _ aus, her _ aus, ver _ blen _ _ _ _ deter Hochmut

3. Rec. Sop. u. Alt.-Contin.
Aus 88,4.

Mein Gott, wie sehr entweiht man doch den Ort

4. Aria. Ten. u. Organo.
Aus 88,5.

5. Choral.

Laß dein Wehen

S. 140.

97. Cavata.
Cantinela (!) nuptiarum consolatoria. (Berlin)
Aus dem Gdurkonzert (№ 40,2).

Herz, mein Herz sey ru_hig, blei_be ru_hig, still und har_re

S. 140, 56, 95.

Messenartige Sätze.

(78, 1-2 a) Heilig und Alle Lande. b) Lobet Gott und Alleluja.)

98. Deutsche Messe.

1. Kyrie. à Sop., Alt, Ten., Baß, Viol. I, II, Viola e Fondr.mento da Friedemann Bach.

a) Ky_ Ky_

Ky_

Ky_ _ri_e

Fond.

b) Christe e_le_ _i_son

Kyrie Da Capo.

2. Duett. Sop., Alt, Fond.

Und auf Er den Frie_ den

3. Chor mit Streichquart.

Wir lo_ _ben dich

4. Baß-Solo mit Streichquart.

Herr Gott, himm_li_scher

5. Fuge.
Alla breve.

Kö_nig, Gott áll_mäch_ti_ger Va _ ter Du bist al _

Fond.
lein der Höch_ _ _ _ _ste, du bist al_lein

Die Echtheit von 2, 3, 4 ist zweifelhaft. S. 140, 166.

98. b) Agnus Dei.
Aus 98, 5.

Ag _ nus De _ i S. 141.

99. Amen und Halleluja.
Amen-Fuge aus 98, 5. Alleluja aus 74, 2. S. 141.

100. Kyrie. â Sop., Alt, Ten., Baß, 2 Viol., Viola e Contin. [di J. S. Bach,
an Stelle von W. F. (ausradiert) vermutlich.]

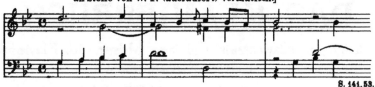

S. 141, 53.

101 - 105 = Die verlorenen Kantaten. s. S. 141.

106. Oper „Lausus und Lydie." s. S. 141, 55.

Unecht.
Quartettstimmen einer Arie (Bitter S. 177).

Lied „Behutsam sei und schweige" (Eitner) gibt es nicht.

Lied „Kein Hälmlein wächst" Fälschung des 19. Jahrh. S. 137.

Passion: P 81 BB ist weder von Seb. Bach, wie der Titel sagt, noch von Friedem.
S. 137.

Ingram Content Group UK Ltd.
Milton Keynes UK
UKHW022059050423
419688UK00006B/240